ビジネス・キャリア検定試… …テキスト

経… システム
（情報化活用）

久保 貞也 監修
中央職業能力開発協会 編

2級

第2版

発売元 社会保険研究所

ビジネス・キャリア検定試験標準テキストについて

企業の目的は、社会的ルールの遵守を前提に、社会的責任について配慮しつつ、公正な競争を通じて利潤を追求し永続的な発展を図ることにあります。その目的を達成する原動力となるのが人材であり、人材こそが付加価値や企業競争力の源泉となるという意味で最大の経営資源と言えます。企業においては、その貴重な経営資源である個々の従業員の職務遂行能力を高めるとともに、その職務遂行能力を適正に評価して活用することが最も重要な課題の一つです。

中央職業能力開発協会では、「仕事ができる人材（幅広い専門知識や職務遂行能力を活用して、期待される成果や目標を達成できる人材）」に求められる専門知識の習得と実務能力を評価するための「ビジネス・キャリア検定試験」を実施しております。このビジネス・キャリア検定試験は、厚生労働省の定める職業能力評価基準に準拠しており、ビジネス・パーソンに必要とされる事務系職種を幅広く網羅した唯一の包括的な公的資格試験です。

２級試験では、課長、マネージャー等を目指す方を対象とし、担当職務に関する幅広い専門知識を基に、グループやチームの中心メンバーとして、創意工夫を凝らし、自主的な判断・改善・提案を行うことができる人材の育成と能力評価を目指しています。

中央職業能力開発協会では、ビジネス・キャリア検定試験の実施とともに、学習環境を整備することを目的として、標準テキストを発刊しております。

本書は、２級試験の受験対策だけでなく、その職務のグループやチームの中心メンバーとして特定の企業だけでなくあらゆる企業で通用する実務能力の習得にも活用することができます。また、企業の要として現在活躍され、あるいは将来活躍されようとする方々が、自らのエンプロイアビリティをさらに高め、名実ともにビジネス・プロフェッショナルになることを目標にしています。

標準テキストは、読者が学習しやすく、また効果的に学習を進めていただくために次のような構成としています。

現在、学習している章がテキスト全体の中でどのような位置付けにあり、どのようなねらいがあるのかをまず理解し、その上で節ごとに学習する重要ポイントを押さえながら学習することにより、全体像を俯瞰しつつより効果的に学習を進めることができます。さらに、章ごとの確認問題を用いて理解度を確認することにより、理解の促進を図ることができます。

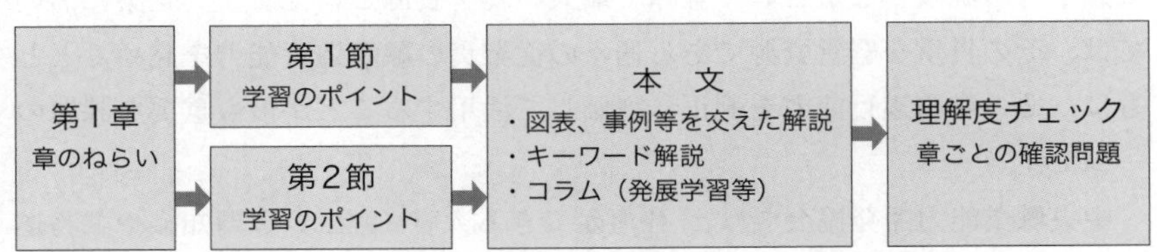

本書が企業の人材力の向上、ビジネス・パーソンのキャリア形成の一助となれば幸いです。

最後に、本書の刊行に当たり、多大なご協力をいただきました監修者、執筆者、社会保険研究所編集部の皆様に対し、厚く御礼申し上げます。

中央職業能力開発協会

（職業能力開発促進法に基づき国の認可を受けて設立された職業能力開発の中核的専門機関）

目次

ビジネス・キャリア検定試験　標準テキスト
経営情報システム 2級〔第2版〕
（情報化活用）

第1章

運用工程

この章のねらい

第1章では、情報システムの運用工程、保守工程での諸活動について理解し、具体的な管理活動ができるように管理のポイントを学ぶ。

運用工程は、通常、情報システムのライフサイクルで最も長いステージである。情報システムは、運用工程で適切に稼働させ成果を得ることで、経営に寄与することができる。運用工程では、IT資源を適切に稼働させることと、IT資源を適切に管理し維持することが必要になる。

いまや経営にとって、ITソリューションは不可欠なものといっても過言ではないことから、情報システムを適切に運用することは、経営の重要事項の1つといえる。

第1節 運用工程の概要

学習のポイント

◆情報システムのライフサイクルにおける、運用工程の位置づけ、役割を理解する。
◆運用工程の統制の視点を通じて、運用工程で行う活動を概観する。

1 ライフサイクルにおける位置づけ

情報システム Key Word のライフサイクルは、一般に図表1-1-1のように、企画→調達・開発→導入・移行→運用・保守→廃棄・更新のようなサイクルを経る。運用工程は、開発や調達されたアプリケーションを、稼働に必要な他のIT資源と統合し、情報システムとして稼働させ、ビジネスで利用する工程である。情報システムは、運用フェーズで利用されて初めて価値を生み出し、経営に貢献することができる。情報システムから得る価値を最大化するためには、運用工程で適切な費用と適切な品

図表1-1-1●IT資源のライフサイクル

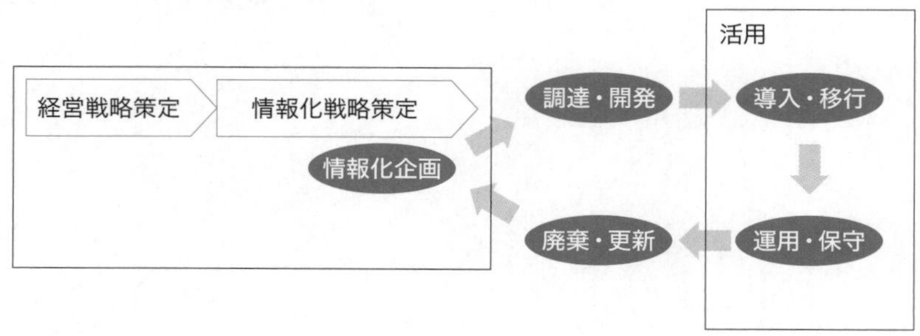

質で情報システムを稼働させることが求められる。

運用工程は、調達・開発プロセスの成果物であるアプリケーションやその他IT資源を受け取り活動するため、運用工程が始まる前に、運用に関する要件に対して運用計画、運用設計をまとめ運用環境を構築する必要がある。運用の品質を確保するためには、運用工程を開始するまでの適切な時期に、適切なリソースを割り当て、運用についての計画・設計・(手順、環境、ツールなどの) 構築・テストを実施する必要がある。

2 運用工程の役割

(1) 運用と保守

運用工程では、用意された稼働環境で運用設計や運用手順に基づき情報システムを稼働させ、バッチ処理による帳票などの成果物やオンライン処理による業務処理機能を利用者に提供する「運用」サービスと、この成果物や業務処理機能を提供するための情報システムやその構成要素を適切に機能するよう維持する「保守」の２つの役割がある。これら「運用」「保守」とそれらを行う一連の管理作業はサービス Key Word としてとらえることができる。つまり「運用」「保守」をITサービスとして体系化し、適切なサービス品質で、サービスの価値を利用者に提供することが必要になる。

Key Word

情報システム——情報処理システムと、これに関連する人的資源、技術的資源、財的資源などの組織上の資源とからなり、情報を提供し配布するもの（JIS X 0001)。

情報処理システム——データ処理システムおよび装置であって情報処理を行うもの。事務機器、通信装置などを含む。

サービス——顧客が達成することを望む成果を促進することによって、顧客に価値を提供する手段（JIS Q 20000-1）。サービスは一般に無形である。また、サービスは、供給者、内部グループ、または供給者として活動する顧客によって、サービス提供者にも提供されうる。

（2）運用と保守の関係

アプリケーションの変更作業は、運用工程とは別の工程として管理され、異なる組織（開発部門）が担っていることが多い。運用部門が開発部門から引き渡されたアプリケーションをいわれたとおりに安定稼働させることだけを考えるなら、「安定稼働のためにできるだけ新しい機能を追加したくない」「追加するなら時間をかけて慎重に受け入れたい」と考えがちである。一方で開発・保守部門では、早く新しい機能を提供することに追われると運用を考えずに機能を追加しようとしがちである。しかし、情報システムはビジネスの価値をより高めることが最終的な目的であり、そのために情報システムから得られるビジネスの価値を確実かつ迅速に利用者に届け続ける必要がある。そこで、開発と運用が協力し、ビジネス要求に対して、より柔軟に、スピーディに対応できるよう、ツールや文化を変化させていこうとするDevOps Key Wordの考え方を取り入れる企業もある。

3 運用工程の活動

本章では、運用工程で行う活動を、図表１－１－２のように①統制活動、②運用管理活動、③保守管理活動、の大きく３つの活動に分けて説明を行う。

Key Word

JIS（Japanese Industrial Standards）――日本産業規格のこと。産業標準化法に基づき制定される鉱工業品等の国家規格である。JISは、部門を表すアルファベット１文字（“X”は情報処理、“Q”は管理システム）、数字４桁～５桁の組み合わせ（および発行年４桁）の固有の規格番号が与えられる。

DevOps――開発（Development）と運用（Operations）を組み合わせた造語。開発と運用が協力し、ビジネス要求に対して、より柔軟に、俊敏に対応できる情報システムをつくり上げるための手立てのこと。

図表１－１－２●運用工程の機能

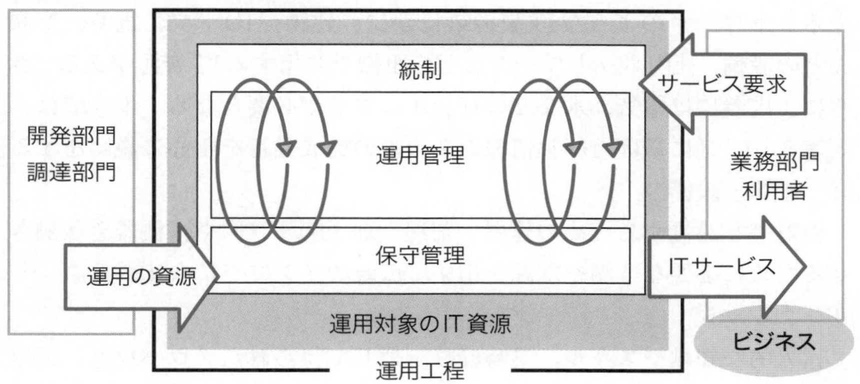

4　管理の対象

運用工程では、先行する調達・開発工程から、運用や保守の対象となるIT資産を引き継ぎ、既存のIT資源と統合し、運用や保守を行う。業務や経営を支援するためのアプリケーションは、稼働に必要なハードウェアやソフトウェア、ネットワークなどさまざまなIT資源と一体となり処理を実行することで、初めて情報システムとして機能することができる。したがって、運用工程では、ITサービスを提供するために必要となる以下のような資源全般が管理対象となる。

（１）情報システムの構成要素

情報システムを構成する要素には、次のようなものがある。

①　アプリケーション

ある特定の業務処理を行うソフトウェア Key Word である。業務処理を行うソフトウェア全般を指す場合もある。

②　ITインフラ

アプリケーションを稼働させるために必要となるIT資源を総称してITインフラストラクチャ（以下、ITインフラという）と呼ぶ。ITインフラには個々の情報システムごとに管理するハードウェア、ソフトウェアやネットワークのようなIT資源のほかに、建物やIDドア、電源、空調などの設備、社内ネットワークなどの組織で共用するIT資源がある。さらに、広義には電気、水などの社会インフラが必要となる。本章では、図表１-１-３に挙げた経営情報システムの構成品目を中心に説明をする。

③　施設・設備

機器等を設置するための建屋・部屋、扉（IDドア）や、機器を稼働させるために必要な空調や電源を指す。広義のインフラに含まれる。

④　ナレッジ

属人的な知識やスキル、業務経験を通じて得られたノウハウも、運用工程で管理すべき資産の１つである。

（２）情報システムの構成と管理の特徴

情報システムを運用する体制や組織は、企業や組織ごとに異なる。企業や組織が保有し運用する情報システムの構成や形態によって運用の形態はさまざまであり、一般化することは難しいが、大きくは集中と分散を繰り返してきた。情報システムの構成による管理の変化を大まかに図表１-１-４にまとめた。

①　ホスト集中処理

コンピュータが企業に導入され始めた1960年代の情報システムは、高

Key Word

ソフトウェア（コンピュータ・ソフトウェア）――情報処理システムのプログラム、手続、規則および関連文書の全体または一部分。ソフトウェアは、それを記録した媒体とは無関係な知的創作物である（JIS X 0001）。システムおよびアプリケーション・ソフトウェア（以下、アプリケーションと呼ぶ）の双方に関する、コンピュータ・プログラム（以下、プログラムと呼ぶ）、プログラム説明書およびサポート用資料で構成される。市場で販売されるものに加え、自社開発も含む。

図表１-１-３●ITインフラ

IT資源の種類	構成品目の例
ハードウェア	コンピュータ（サーバー用、PC等）、ストレージ装置、プリンターやテープ装置などの周辺機器、モバイル機器など
ソフトウェア	オペレーティングシステム（OS） ミドルウェア Key Word ソフトウェア製品 Key Word（システム運用管理ソフト、資産管理ソフト、構成管理ソフトなどでパッケージソフト、OSS Key Word やフリーウェア Key Word など有償無償を問わない）
ネットワーク	LAN、WAN、通信回線、通信機器、配線など
人	運用や保守にかかわる人や組織。管理者やITサービスの利用者。 外部への作業委託や、クラウドサービスなど外部のITサービスの利用など、外部の資源を利用する場合は、外部の組織、人を含む場合がある。
データ	デジタル化された情報。 業務処理のデータ、利用者のデータ、IT資源情報、IT構成情報、日付や時間、ハードウェアやソフトウェアのパラメータなどさまざまな情報がある。
ドキュメント	広義にはデータに分類できる。運用に必要な管理ドキュメント、運用・保守に関する組織方針や標準、業務や情報システムを単位とした運用設計書や手順書がある。

図表１-１-４●情報システムの構成と管理のトレンド

トレンド／キーワード	ホスト集中処理	→	分散処理	→	仮想化サーバー統合	→	サービス化外部化
ハードウェア	メインフレーム		サーバーPC ブレードサーバー クライアントPC		高性能サーバー		仮想化 （サービス化） モバイルデバイス Web API Key Word
ソフトウェア	ハードやOSの専用ソフトウェア		サーバーソフト クライアントソフト 汎用ミドルウェア		仮想化ソフト ブラウザソフト		
処理形態	バッチ処理 オンライン処理		３階層システム Key Word		Webシステム		
管理の特徴	集中 情報システム部門		分散 （部門で管理）		集中（統合） 情報システム部門 統合管理システム		最適化 サービスの利用

額で運用に専門的な知識が必要なホストコンピュータ（メインフレームや大型汎用コンピュータとも呼ぶ）を情報処理センターに１台から数台設置し、管理・運行を行う専門の組織である情報システム部門が、各部門から依頼を受けて処理を行うホスト集中処理であった。

Key Word

ソフトウェア製品――有償・無償を問わずベンダーより製品として提供されるソフトウェアを指す。プログラムプロダクト（PP：Program Product）とも呼ばれる。自社開発ソフトウェアと対比される。一般には無形資産であり、通常はソフトウェアをコンピュータに複製し使用する権利（ライセンス）が販売の対象である。

パッケージソフトウェア（package software）――１つまたは一体となって機能するソフトウェア群を、１つの製品として、物理的な記憶媒体に記録して、箱などに梱包（パッケージ）されるなどして流通するソフトウェア製品。自社開発するソフトウェアと対比される。

ミドルウェア――オペレーティングシステム（OS）と、業務処理を行うアプリケーションとの中間で機能するソフトウェア。ミドルウェアには、データベース管理システム（DBMS）、トランザクションモニター（TTPモニター）、Webサーバーソフト、Webアプリケーションサーバーソフトなどがある。

OSS（Open Source Software）――ソースコードの使用・改変・再配布が認められているソフトウェアのこと。利用、改変、再配布等は、OSSの著作権者が定めたライセンスの規定に従う。

フリーウェア――インターネット上などから入手する無償で利用できるソフトウェア。ソースコードの開示がない場合も多い。ライセンス条件で一定の制限が課されているものもあり、自由に複製や改変、再配布ができるとは限らない。

３階層システム――クライアントサーバー（型）システムで利用されるシステム構成の１つ。ソフトウェアの機能をプレゼンテーション層（ユーザーインターフェース）、ファンクション層（ビジネスロジック）、データ層（データベース）の３つに分けて構成する手法。

Web API（Web Application Programming Interface）――サービス提供者が、サービスを利用するために提供するHTTP／HTTPSによるインタフェースのこと。

② 分散処理

その後、ハードウェアの低価格化や性能の向上、パソコンやネットワークの普及により処理機能の分散（**分散処理**）が進められ、ネットワークで接続されたサーバーとクライアントにそれぞれアプリケーションをインストールした**クライアントサーバーシステム**（CSシステム）の利用が広まった。CSシステムは、各層のソフトウェア間の通信・連携方法を明確にすれば、開発や展開を分割して行えることからビジネスの変化に対応しやすい反面、部門ごとにサーバー機器などのIT資源を導入したことで、管理が難しくなり、IT資源の無駄が生じるなどの短所が指摘された。

③ 仮想化・サーバーの統合

ネットワークやモバイル機器の利用拡大に合わせ、クライアント側のプレゼンテーション層を汎用のブラウザソフトウェアとし、HTTP（HTTPS）による通信で処理を行う**Webシステム**（→図表1-1-5）の展開が進んだ。Webシステムも広義には分散処理である。サーバー側には、Webサーバー、アプリケーションサーバー、DBサーバーなどのサーバー機能を担当する多数のサーバーが必要となり、統制やコスト管理

図表1-1-5●Webシステムの構成例

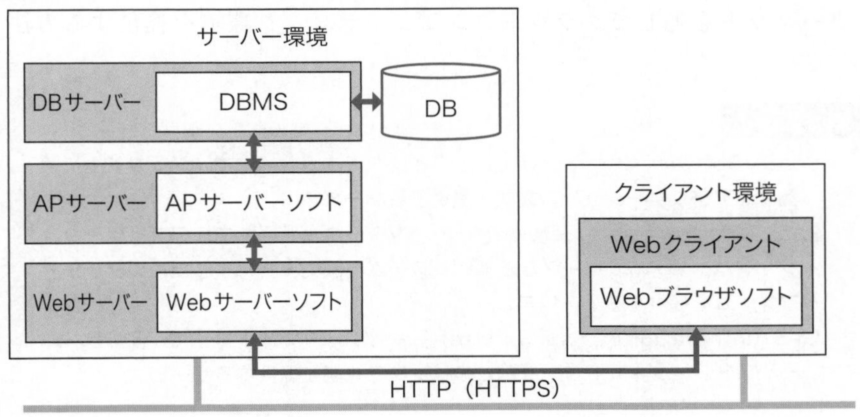

で運用の負担となった。これらの問題から、別々のハードウェア上にあったサーバー機能を仮想化技術により、少数のハードウェア上に統合し集中管理する再統合が行われた。

④ サービス化・外部化

事業環境の変化が激しくなり情報システムに要求される性能や能力も短期間に大きく変わるようになった。また、技術の変化やセキュリティ対応の要求もあり、機器・ソフトウェアの陳腐化も早くなった。そこで、導入期間の短縮や運用にかかる負担の軽減、事業の変化に応じた資源の増減、技術の変化へ対応するため、サーバー機能だけでなくソフトウェアなどさまざまな機能を仮想化して提供するサービス化が進んだ。また、インターネットを通じて仮想化された機能をサービスとして提供するクラウドサービスの利用も進んでいる。

クラウドサービスは、提供される機能により、図表1-1-6のように、SaaS Key Word、PaaS Key Word、IaaS Key Wordなどに区分される。クラウドサービスは、クラウドコンピューティングを利用し、ITインフラや情報システムの機能の一部を仮想化し、サービスとしてインターネットを経由し提供されるものである。自社の機器等を用いて自社でシステムを運用し社内にサービス提供を行う方法（またはシステム構成）を、プライベートクラウドと呼ぶ。一方、広く一般の企業やユーザーにインターネットを通じてクラウドコンピューティング環境を提供する方法

Key Word

SaaS（Software as a Service）――インターネット経由で、クラウド上で稼働するアプリケーションの機能を提供するサービス。

PaaS（Platform as a Service）――インターネット経由で、アプリケーションサーバーやデータベースなど情報システムを開発・実行するためのプラットフォームを提供するサービス。

IaaS（Infrastructure as a Service）――インターネット経由で、仮想サーバーやストレージネットワークなどのインフラ機能を提供するサービス。

図表1-1-6●SaaS、PaaS、IaaSで提供される機能の違い

		IaaS	PaaS	ASP/SaaS
提供する機能	アプリケーション			↕
	OS/ミドルウェア		↕	↕
	ハードウェア	↕	↕	↕
	ネットワーク	↕	↕	↕

※それぞれのサービスとして提供される機能を矢印で示す。

（またはシステム構成）を、パブリッククラウドと呼ぶ。また、プライベートクラウドとパブリッククラウドを組み合わせた実装形態を、ハイブリッドクラウドと呼ぶ。プライベートクラウドには、ITインフラ等を自社の資産として用意するオンプレミス型（所有型）と社外のサービスを利用するホステッド型（利用型）がある。

5 運用の統制

ITサービスの提供に責任を持つためには、ITサービスに必要なプロセスを認識し、すべてのプロセスを統制する必要がある。主な運用のプロセスには、プロセスの管理、運用の組織、文書の管理、財務管理、継続性と可用性の管理、継続的な改善がある。

ここでは、運用工程における組織的な取り組みの視点で統制活動について説明し、本章第2節以降で、個々の情報システムに対する運用管理、保守管理について説明する。

（1）プロセスの管理

運用工程では、図表1-1-7のように、計画どおりに情報システムを稼働させ成果を得る活動である「運用」と、情報システムの構成要素を計画したとおり機能するよう修理・修正や改善を行う活動である「保守」

図表１-１-７●運用のプロセス

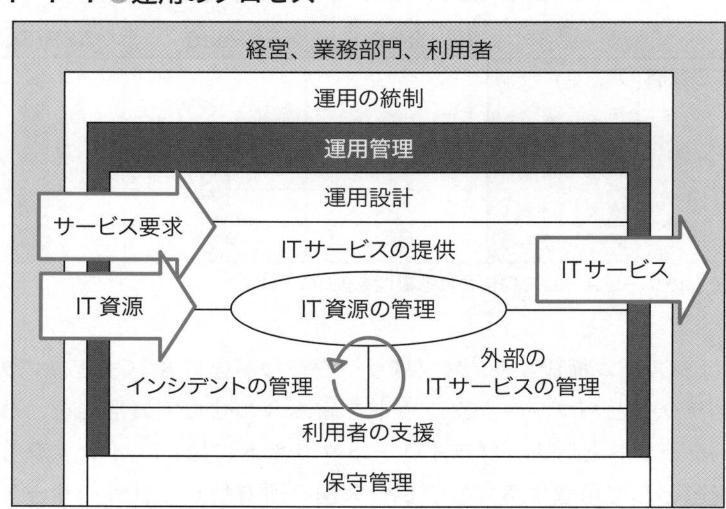

を行う。

① 運用の統制

組織として、運用や保守の方針や標準を作成し、運用状況を計測・点検し、評価を行い、改善を継続的に行う。

② 運用管理

１）運用設計

運用・保守の方針や標準に従い運用設計を行い、設計の成果として、運用に必要なジョブフローやオペレーション手順書などを作成する。

詳細は、本章第２節で説明する。

２）IT資源の管理

情報システムの運用の構成要素を把握し、保守等の変更を既存のIT資源に統合する。

このプロセスでは、資産管理、構成管理、変更管理、移行（リリースおよび展開）などの活動を行う。IT資源の管理については、情報システム単位で管理を行いながら、全社で統制を行う必要がある。

資産管理、構成管理については、本章第２節で説明する。

また、変更管理、移行（リリースおよび展開）については、本章第４節で説明する。

３）ITサービスの提供

情報システムを稼働させ、ITサービスを利用者に提供し、あわせて利用者の情報システムの利用を支援するプロセスである。このプロセスの活動は、業務運用とシステム運用に大別できる。業務運用は、特定の情報システムや、特定の業務に関する情報システムの運用を対象とした管理を行う。システム運用は運用部門の管理下にある情報システムに共通するITインフラの管理を行う。

このプロセスでは、キャパシティ（容量・能力）管理、可用性やサービス継続の管理、サービスレベル管理、情報セキュリティ管理、予算・会計管理、そして報告などの活動を行う。

詳細は、本章第３節で説明する。

４）インシデントの管理

発生した問題事象への対応について管理を行うプロセスである。インシデントの管理では、情報システムについての問題事象の受付から、原因の特定、機能の復旧、原因の除去までの活動を行う。

詳細は、本章第３節で説明する。

５）外部のITサービスの管理

情報システムの運用で使用するITサービスや外部委託の管理を行う。

詳細は、外部のITサービスを利用するそれぞれの管理作業の中で説明する。

③　保守管理

情報システムを構成する機器の故障の修理やソフトウェアのバグの修正など、機能を維持・回復させたり業務の変更やシステム環境の変化に適応させるための改修を管理する。

保守管理では、自社開発をしたアプリケーションや自社でカスタマイズを行ったソフトウェア製品と、外部より調達したハードウェアやソフトウェア製品やネットワーク等が対象となる。

詳細は、本章第４節で説明する。

（2）運用の組織

情報システムの運行や管理に必要な体制について、全社的な視点で、適切な体制を構築し、維持する必要がある。

① 組織

運用工程では、図表１-１-８のように、統制や運用管理を担当する運用部門、保守を担当する社内の関係部門のほかに、EDI（電子商取引＝Electronic Data Interchange）でのデータの交換、ITサービスの利用や、作業委託・業務委託などの利用で社外とも連携が必要となる。

運用や保守の管理形態は、企業や対象となる情報システムの規模、位置づけにより異なるが、たとえば情報システム部門や運用管理部門といった運用や保守の専門部署で管理をする形態や、業務部門により個別に

図表１-１-８●運用組織の例

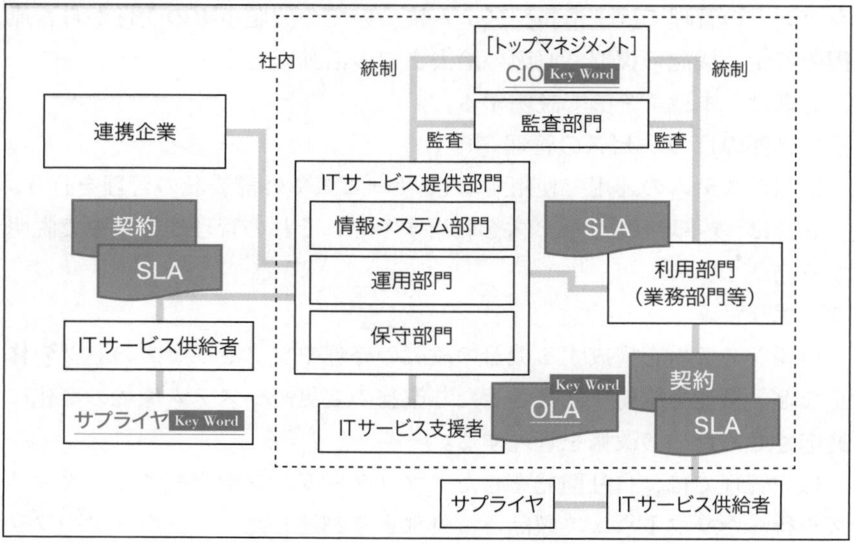

社内
統制
［トップマネジメント］
CIO Key Word
統制
監査部門
監査
監査
連携企業
ITサービス提供部門
情報システム部門
運用部門
保守部門
契約
SLA
SLA
利用部門
（業務部門等）
ITサービス供給者
サプライヤ Key Word
Key Word
OLA
契約
SLA
ITサービス支援者
サプライヤ
ITサービス供給者

管理を行う形態がある。また、企業規模や経営における情報システムの位置づけによっては、ごく少数の体制で情報システムのすべてのライフサイクルを管理する企業もある。しかし、組織の大小にかかわらず、運用や保守に必要な役割を洗い出し、組織に割り当て、権限や責任とコミュニケーション手段を明らかにしておく必要がある。

②　体制・役割

体制や役割については、企業ごとに組織や情報システムの特徴を踏まえ設定する必要がある。例として図表１－１－９を示す。

③　運用組織の体制整備、調整

運用組織の体制整備や調整については、次のような点に考慮が必要である。

- 関連する組織を把握するために、社内の関係部門、社外のデータ連携先や委託先などを含めて、体制の俯瞰図や、関連する組織を一覧表で整理するとよい。
- 高い機密性や可用性が求められる情報システムについては、運用担当部門と開発・保守担当部門との職務が分離されていることが望ましい。
- 開発部門と運用部門等が協働してソフトウェアのリリースを迅速か

Key Word

サプライヤ――ITサービス供給者に、サービス提供に必要なIT資源を提供する事業者をITサービスにおけるサプライヤと呼ぶ。

CIO（Chief Information Officer）――最高情報責任者。企業の情報戦略における最高責任者である。情報活用による経営戦略の創造、全社横断のビジネス変革、ITガバナンスの確立の役割を担う。

OLA（Operational Level Agreement＝オペレーショナルレベルアグリーメント）――ITサービス提供者が、同じ組織内の別の部署との間で交わす合意または合意内容を記述した文書。ITサービス提供への支援や提供について、内容や品質（目標値）、責任範囲などを定義する。組織内SLA（→本章第３節5）とも呼ばれる。

図表1-1-9●組織・役割の例

部　門	役　割	
トップマネジメント	マネジメントシステムの運用、監視、レビュー、維持および改善等に最終的な責任を負う組織内の最高意思決定者。サービスマネジメントのプロセスが目的に適していることに責任を負う。	
	CIO	CIOには、経営的な観点から戦略的意思決定を行う経営陣の一員としての役割と情報システム部門の統括責任者としての役割が期待される。情報システムから価値を得るためには、ITに関する専門的知識が求められる。経営陣はCIOを任命し、必要な権限を委譲する。小規模な組織、あるいは経営陣が十分な専門的知識を有している場合にはCIOを任命しないことがある。
ITサービス提供部門	運用（ITサービス）責任者	情報システムの適切な運用や管理を統括し、企業内の情報システムの最適化を実現する。サービスの提供と説明責任に対する責任を負う。
	運用（ITサービス）管理者	情報システムに関する運用や保守作業を管理する。依頼を受けて対応を行う受動的（リアクティブ）な活動に加えて、自発的（プロアクティブ）に情報戦略の効果的かつ効率的な実現に取り組むことが期待される。
	運用（ITサービス）担当者	情報システムに関する運用や保守作業を実施する。情報システムのオペレーション（運行）を担当する者を"オペレーター"と呼ぶこともある。
利用部門（業務部門）	業務システム責任者	情報システムの業務要件の管理に責任を持ち、担当する業務システムの最適化を行う。利用部門とサービス提供部門との調整についても責任を持つ。業務システムの運用要件、保守要件の内容、サービス提供部門等への依頼や調整事項を承認する。
	業務システム担当者	業務システムの利用について、利用者側で実施するべき事項について対応（実施・周知等）する。業務システムの業務要件（機能要件・非機能要件）を管理し、要望や要求をとりまとめ、保守部門や運用部門に依頼する。
	利用者	情報システムを規則や手順に従い利用する。みずからが利用する機器等の日常的な維持管理を行う。不具合を発見した場合には、速やかに所定の方法で連絡する。

つ頻繁に、あるいは反復的・継続的に実施する方法を用いる場合は、各部門は情報を共有し、コミュニケーションおよび相互チェックが可能なしくみを確立することが必要となる。

・事業環境の変化、情報システムの構成や技術の変化、運用・保守の管理方法や技術の変化といった運用や保守を取り巻く環境の変化に合わせ、組織や役割、責任を継続的に見直す必要がある。

④ 地理的な要件

支店や事業部門が地理的に分散している多くの企業では、図表1-1-11のように情報システムはネットワークで接続され地理的な制約を受けないが、さまざまな管理上の注意が必要となる。本社や情報システム部門など情報システムの管理部門のある場所（本章では本部と呼ぶ）、地理的に離れた利用部門のサイト（本章では遠隔サイトと呼ぶ）それぞれにおけるIT資源の管理には、次のような注意点がある。

・情報システムの運用について、全社で共通に守るべき運用管理指針や運用規則を作成する

・全社で管理すべき情報（ネットワークアドレス、ユーザーIDなど）

Column コーヒーブレイク

《RACIモデル》

管理体制など役割と責任について参考となるモデルに、RACIモデルがある。RACIは、図表1-1-10の4つの役割の頭文字である。

図表1-1-10●RACIモデル

役　割	説　明
Responsible（実行責任者）	業務の遂行に責任を持つ人物。システム管理者と呼ばれる場合もある。
Accountable（説明責任者）	個々の活動の説明責任者。
Consulted（協議先）	相談を受け、意見を求められる人物。
Informed（報告先）	進捗状況などについて最新情報を常に受け取る人物。

図表1-1-11●地理的な組織例

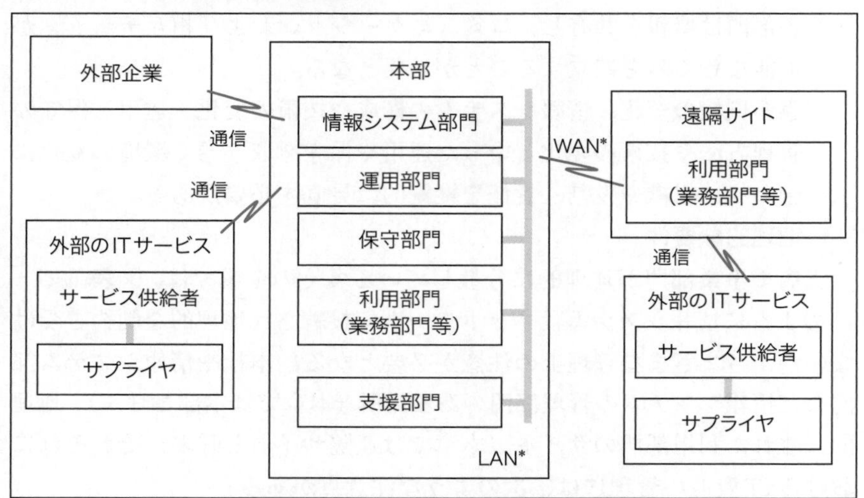

＊WAN：Wide Area Network、LAN：Local Area Network

を定め、管理部門を明確にする

・本部と遠隔サイトでの役割・権限を明確にする
・本部と遠隔サイトの資産は、全社として情報の集約や利用を行えるようにする
・遠隔サイトにもシステムや施設の管理者を設置する。管理者は適宜教育を行う
・グループウェアやワークフローを利用するなどし、情報の連携を円滑にするしくみを整える
・本部管理者は、定期的に遠隔サイトでの管理状況の点検を行う
・ネットワーク障害時の対応手順を作成し、障害対応訓練を行う
・帳票など搬送が必要なものがある場合、搬送にかかる日数や費用を踏まえ運用設計を行う

（3）文書の管理

運用・保守のサービス提供に必要な文書を作成し、適切に変更管理を行い、維持する。管理対象の文書には、図表１－１－12のようなものがある。

図表１－１－12●文書の例

<table>
<tr><th>区　分</th><th>特　　徴</th><th>文書例</th></tr>
<tr><td>組織の標準</td><td>・CIOや情報システム部門が管理
・組織内の情報システムが対象
・手順やルール
・見直しの時期を定め、定期的に見直す</td><td>・運用標準
・保守標準</td></tr>
<tr><td>運用管理</td><td>・運用（オペレーション）の単位で作成
・運用管理部門で管理
・定期的な見直しと構成変更に伴い見直す</td><td>・全体運用計画
・申請書等の書式や作成要領</td></tr>
<tr><td>業務運用ドキュメント</td><td>・個々の情報システム用に作成
・主に業務部門で管理
・定期的な見直しと業務システムの変更に伴い見直す</td><td rowspan="2">・運用設計書
・運用体制図・連絡網
・運用項目一覧
・運用フロー図
・手順書
・作業チェックリスト
・管理台帳
・申請書、指示書等
・運用スケジュール
・運用報告書</td></tr>
<tr><td>システム運用ドキュメント</td><td>・特定の情報システムによらず、社内の情報システムで共用するインフラ等の運用管理項目で作成
・一般的には運用部門や情報システム部門などで管理
・定期的な見直しに加えて構成の変更のつど見直す
・変更は、あらかじめ社内の利用部門と調整し、変更を事前に周知する必要がある</td></tr>
</table>

（4）財務管理

運用・保守サービスの管理における財務について、予算、会計および課金について管理する。

①　予算管理

予算管理は、ある期間内のコストを計画（見積り）し、執行実績を把握し、計画と実績を比較し、差異の原因の分析と対処を行うことで、資金の不足や余剰を管理する活動である。資金が不足しITサービスの提供に必要な資源が準備できないと、ITサービスの提供に支障をきたすことになる。また、予定した費用が執行されていない場合には、作業の遅滞など、活動や管理に問題が発生しているおそれがある。予算管理を適切に行うためには、コストの予測（見積り）を正確に行うことと、正確な会計を行うことが必要となる。

② 会計

会計 Key Word には、経営層やITサービスの利用部門に対して、資金の使い方の説明が可能になるよう管理をする役割がある。そのために、利用部門ごと、ITサービスごと、費目（支出する内容によって分けた費用の名目）ごとに説明できるよう、会計をすることが望ましい。また、期、半期、四半期、月次といった経営や利用部門が必要とする期間での報告ができることが必要となる。

ITサービスごとに会計を行うサービス指向のIT会計を行うことで、ITサービスごとに費用対効果を評価し投資効果の最大化を支援する。

③ 課金

課金は、利用部門に提供したサービスに対して、費用を配賦（請求）するために行う活動である。

課金の最大の目的は情報システムの費用を利用者から徴収することであるが、そのほかに、利用者のコスト意識を高めることや、時間帯などで偏りのあるサービスの利用を平準化するために用いられる格差課金 Key Word のように需要管理を目的として用いることもある。課金を円滑に行うためには、課金方法などについてあらかじめ利用部門に説明を行うなど、利用者の納得を得ることが有効である。

Key Word

会計――収入や支出を記録し、一定の方法で管理すること。

格差課金――時間帯などで偏りのあるサービスの利用を平準化するために用いられる課金方法。同じITサービス機能の課金単位（たとえば時間帯）に対して異なる金額を課金する。

1）課金の基準

課金の基準の代表的なものに実績課金方式や基準課金方式、定額課金方式がある。

・実績課金方式（従量課金）…実際のIT資源の使用量に応じて課金をする方式。たとえば、CPUの使用時間やディスク使用量などに単価を掛けて課金を行う。
・基準課金方式…実際のIT資源の使用量とは関係なく、他の基準で課金を行う方式。部門の売上げや、部門の人数やマスター件数などで費用を按分し課金を行う。
・定額課金方式…一定期間内の利用に対して定額を課金する方式。

2）賦課する金額の算出方法

実績課金方式において賦課する金額の算出方法には、図表1-1-13のようなものがある。

図表1-1-13●賦課する金額の算出方法

算出方法	内　　容
単純積算課金	（使用量×単価）、または（定額課金＋実績課金）で算出する方法
最低額課金	最低支払額（基本額）を定め、使用量に応じて算出した金額が最低支払額（基本額）を超えるまでは、使用量に関係なく最低支払額（基本額）を請求する方式。利用頻度の低いユーザーを排除するときにも用いられる。
最高額課金	最高支払額を定め、使用量に応じて算出した金額が最高支払額を超えても最高支払額を請求する方式。情報システムの利用を増やしたい場合にも用いられる。
階層別固定額課金	使用量をいくつかの段階（層）に分け、段階（層）ごとに課金額を決める方法。同じ段階（層）の中では同じ課金額となる。

（5）継続性および可用性の管理

この活動は、ITサービスについて、あらかじめ利用部門と合意したサービスの継続性と可用性を、あらゆる状況のもとで満たすことを目的とする。事業計画やSLAをもとに、ビジネスインパクト分析およびリスク

Column  コーヒーブレイク

《信頼性の指標》

システムの信頼性を表す指標としてRASISがある。→図表1-1-14

図表1-1-14●RASIS

信頼性評価指標	概　　略
Reliability（信頼性）	障害、故障やシステムダウンのしにくさ
Availability（可用性）	装置やシステムを使用できる可能性
Serviceability（保守性）	装置やシステムの保守のしやすさ
Integrity（保全性）	装置やシステム、データが正確かつ完全であること
Security（安全性）	装置やシステム、データの機密性が高いこと

「RASIS」のRASについては、図表1-1-15のような評価指標が用いられる。

図表1-1-15●信頼性の評価指標

信頼性評価指標	評価指標
Reliability（信頼性）	MTBF
Availability（可用性）	稼働率
Serviceability（保守性）	MTTR

稼働率、平均故障間隔、平均修復時間は、次のように算出する。

○平均故障間隔（MTBF：Mean Time Between Failures）の算出方法

$$\mathrm{MTBF}=\frac{\text{期間中の全運転時間}-\text{期間中の故障時間の総計}}{\text{期間中の故障回数}} \quad \text{または} \quad \mathrm{MTBF}=\frac{\text{期間中の正常稼働時間の合計}}{\text{期間中の故障回数}}$$

故障が復旧してから次の故障が発生するまでの時間の平均、つまり連続稼働ができる時間の平均である。この値が大きいほど、システムが故障なく連続して稼働することができる故障しにくいシステムといえる。

○平均修復時間（MTTR：Mean Time To Repair）の算出方法

$$\mathrm{MTTR}=\frac{\text{期間中の故障時間の総計}}{\text{期間中の故障回数}}$$

Column

１回の修復（故障から回復）に要した時間の平均、つまり１回の故障時間の平均である。この値が小さいほど、修復が簡単なシステムといえる。

○稼働率①（構成品目単独の稼働率）

稼働率は、ある期間にシステムが利用できる割合であり、そのシステムがある特定の時間に稼働している確率である。この値が高いほどシステムの信頼性は高いといえる。

$$稼働率=\frac{期間中の全運転時間-期間中の故障時間の総計}{全運転時間} \quad または \quad 稼働率=\frac{MTBF}{MTBF+MTTR}$$

○稼働率②（複数の要素が直列に接続されている場合の稼働率）

複数の構成要素が直列に接続されている場合、系が機能するためにはすべての構成要素が稼働している必要がある。そこで稼働率は、次のとおり求めることができる。

直列に接続したときの稼働率＝
（要素Ａの稼働率）×（要素Ｂの稼働率）×（要素Ｃの稼働率）…

○稼働率③（複数の要素が並列に接続されている場合の稼働率）

複数の構成要素が並列に接続されている場合、どれか１つが稼働すれば系は機能する。つまり、系が機能しなくなるのは、すべての構成要素が同時に稼働しなくなった場合である。そこで稼働率は、次のとおり求めることができる。

並列に接続したときの稼働率＝
１−（１−要素Ａの稼働率）×（１−要素Ｂの稼働率）×（１−要素Ｃの稼働率）…

なお、（１−要素Ａの稼働率）は、要素Ａの故障発生率に相当する。

アセスメントを行い、要求事項を決定する。要求事項は、関係者と合意することや、情報システムの変更や事業環境の変化に応じて適宜見直すことが必要である。

①　継続性の管理

○対象とする事象

事業の継続に影響を及ぼす地震・津波のような災害やテロ等を対象

とした緊急時の活動である。

○対応（要求事項）

重大なサービス障害や災害発生時を想定し、**事業継続計画**（**BCP**：Business Continuity Plan）を作成し、**事業継続管理**（**BCM**：Business Continuity Management）を実施する。事業継続計画は、訓練により、実行性を高めるとともに手順の適切性や計画の有効性の評価を行い、必要な改善を行う。訓練は、定期的に行うもののほかに、事業環境が変化した場合にも行う。

② 可用性の管理

○対象とする事象

主に日常的に起こりうる可能性の高い機器障害などの障害を対象とした、主に平時の運用管理で行う管理活動である。

○対応（要求事項）

日常的な管理が中心となる。数値目標（応答時間、障害（停止）の回数などサービス全体の可用性）を設定し、継続的に監視・記録・分析を行う。可用性の計画を作成して、可用性の管理を実施する。

可用性の計画は、数値目標の達成状況などを用いて評価し、必要な改善を行う。

○可用性の向上策

可用性を高める方法には、次のようなものがある。

ア）構成要素の信頼性を高め故障間隔（MTBF）を長くする

イ）システムを**冗長化**してシステムのダウンタイムを減らす

システムを冗長化して、１つの系が障害を起こしても処理が継続できるように、予備装置を平常時からバックアップとして配置し運用する。冗長化の例としてはクラスタリングがある。**クラスタリング**は、複数のサーバー等が連携して１つのシステムとして運用する。クラスタリングには、障害を検知し系の切り替え（**フェールオーバー**）を行うHA（High Availability）クラスタシステムと、負荷分散クラスタシステムがある。

〔HAクラスタシステム〕

HAクラスタシステムの構成には、デュアルシステムとデュプレックスシステムがある。

・デュアルシステム

２つのシステムを用意し、並列で同じ処理を実行して結果を比較する。一方に障害が発生した場合は、片側のみで処理を継続する。信頼性は高いが、コストも高い。そのため金融機関など高い信頼性が求められる場合に採用される。

・デュプレックスシステム

２つのシステムを用意して、通常は現用系（主系ともいう）で処理を行い、もう一方は待機系（従系ともいう）として待機させる。主系の障害発生時は従系で処理を継続する。

従系の状態やフェールオーバー方法により３つの種類がある。

・ホットスタンバイ…従系を常に起動させ、主系のデータと同期を行い、稼働可能な状態で待機させる。理論上ダウンタイムは発生しないか短時間であることが期待できる。ほかの２つに比べコストは高くなる。

・ウォームスタンバイ…従系は常に起動しているが、データの鮮度などからすぐには稼働可能ではない状態で待機させる。切り替え時にはオペレーションが発生し、ホットスタンバイに比べて時間がかかる。

・コールドスタンバイ…従系は平時には起動せず、主系に障害がありフェールオーバー時に稼働環境を起動する。コールドスタンバイの従系では、主系にインストールしているソフトウェアライセンスを二重に持つ必要がない製品も多くある。通常時の運用や費用の負担はほかの２つに比べ軽いが、フェールオーバーが決まった後に環境を起動しデータの更新を行うため、フェールオーバーに手間・時間がかかる。

〔負荷分散クラスタ〕

同一の役割を持たせた複数台のサーバー等を、負荷分散装置（ロードバランサー）で並列に動作させる。通常時の性能向上、障害への可用性向上に用いられる。

ウ）障害発生時に機能停止時間を短くする（MTTRの短縮）
- ・監視ツールを利用して、障害発生を早期に発見し対応を開始する
- ・故障した部品をすぐに交換できるように予備の部品を用意する
- ・診断ツールを利用して、故障した箇所を短い時間で特定し、修理に着手できるようにする
- ・保守要員のスキルを高める

エ）障害予知、予防保守で、予定外の故障・障害を減らす

障害の要因となる事象を把握することで、障害発生の可能性を低減する
- ・日常点検で、機器からの異音や警告ランプ点灯などの障害の予兆を早期に発見する
- ・監視で、ログの注意や警告メッセージから障害の予兆を早期に発見する
- ・日常点検で、室温の上昇など稼働環境の悪化による障害の予兆を早期に発見する

（6）継続的な改善

運用・保守を取り巻く環境は、日々変化している。そのため、サービス提供のプロセスについても、継続的に変化をとらえ、評価し、見直す必要がある。ITILでは、継続的サービス改善について、図表1-1-16のようなアプローチを紹介している。

継続的な改善の計画や実施では、次のような点に考慮する必要がある。

○点検を組織的に行うこと

監査などの手法により点検を行い、プロセスが確立され、継続的に改善されていることを確認することが必要となる。

図表１-１-16●ITILの継続的サービス改善のアプローチ

問いかけ	求められる行動
ビジョンは何か	事業を理解する
われわれはどこにいるのか	対象の情報システムを理解する
われわれはどこをめざすのか	測定可能な目標値を設定する
どのようにして目標を達成するのか	改善計画を立案し、実行する
目標を達成したのか	評価指標に従って、達成度を測定する
どのようにして推進力を維持するのか	改善活動を組織に定着させる

出所：官野厚『ITILの基礎』2013年を参考に作成

○組織の成熟度に合わせた管理を行うこと

組織の成熟度を無視した計画は、無理や無駄を生じ、問題を生じさせ、PDCAサイクルによる継続的改善を阻害する。JIS Q 9001の要求事項やITILのベストプラクティスを用いたベンチマークにより優先項目を絞るなど、効果的な改善に取り組む工夫を行う必要がある。

6　参考となる基準や資料等

情報システムの運用工程について、参考となる規格やフレームワークには、図表１-１-17のようなものがある。

図表1-1-17●運用工程の規格、フレームワーク

主な適用範囲	規格やフレームワーク	
	規格番号、名称	概　　要
システム管理	システム管理基準	組織体が主体的に経営戦略に沿って効果的な情報システム戦略を立案し、その戦略に基づき情報システムの企画・開発・運用・保守というライフサイクルの中で、効果的な情報システム投資のための、またリスクを低減するためのコントロールを適切に整備・運用するための実践規範である。経済産業省によって策定された。
ITサービスの提供や利用	JIS Q 20000（ITSMS）	ISO/IEC 20000をベースにJIS化されたITサービスマネジメントシステムに関する規格。JIS Q 20000は、適合性評価の要求事項を規定したJIS Q 20000-1とITSMSプロセス運用の推奨事項を記載したJIS Q 20000-2で構成されている。
	ITIL（Information Technology Infrastructure Library）	ITサービスマネジメントに関するベストプラクティスがまとめられている。ITILは、ITサービスマネジメントのデファクトスタンダードとして多くの国で採用されている。1980年代に英国で作成され、改訂が続けられている。
ソフトウェアのライフサイクル全般	共通フレーム（SLCP）	システムやソフトウェアの構想から開発、運用、保守、廃棄に至るまでのライフサイクル全般にわたって、ソフトウェア、システム、サービスの関係者が“同じ言葉”を話すことができるよう共通の枠組みを提供し、必要な作業内容を包括的に規定したガイドライン。

※ISO：国際標準化機構（International Organization for Standardization）
※IEC：国際電気標準会議（International Electro technical Commission）
※JIS：日本産業規格（Japanese Industrial Standards）

第2節 運用管理（1）

学習のポイント

◆計画した成果が得られるように、情報システムを稼働させるためのルールやプロセスを定義する運用設計について理解する。
◆IT資源の管理について理解する。

第2節では、運用設計と、資源の管理について説明する。

なお、ここで説明する運用設計についての活動は、ITSMS（JIS Q 20000-1）の「新規サービス又はサービス変更の計画」やITILにおける「サービスデザイン」として要求されている活動が参考になる。また、IT資源の管理の活動は、ITSMS（JIS Q 20000-1）やITILにおける構成管理、変更管理、リリースおよび展開管理が参考になる。

1 運用設計

運用設計では、組織の運用・保守の方針や標準に従い、情報システムを稼働させるためのルールやプロセスを定義し、設計の成果として、運用に必要なジョブフローやオペレーション手順書などドキュメントを作成する。

（1）運用設計の項目、成果物

① 運用設計の項目

組織の運用方針、保守方針や標準に従い、業務要件やシステム要件を充足するために必要となるルールやプロセスを定義する。構成はさまざ

図表1-2-1●主な運用設計の項目例

運用設計項目例	設計する内容
統制にかかる項目	対象となる情報システムの運用管理作業の統制に関すること。 作業プロセス、運用体制、財務管理、サービスレベル管理、継続性や可用性の管理、監査対応、報告などに関すること。
業務運用	情報システムの業務に関する運用管理項目。 主に業務アプリケーションの実行に関するジョブ管理、インシデントの管理、アプリケーションの管理、情報セキュリティ管理、サービスレベル管理、可用性の管理などの仕様、手順、基本計画（マスタースケジュール）を作成する。
インフラ運用	情報システムに共通して行われる運用管理項目。組織や業務で共通で利用・管理する。インフラに関するジョブ管理、IT資源の管理、監視（イベント管理）、バックアップ・リストア方法、ログ管理方法などの仕様、手順、基本計画（マスタースケジュール）を作成する。 具体的な作業には業務アプリケーションを実行するための環境の起動・停止、ログのアーカイブ、機器の管理に必要な特権ユーザーの管理などがある。
保守 （保守運用）	構成要素ごとの保守方針、保守項目の洗い出しと仕様の設定、保守作業の前提や制約（停止が必要など）などの保守実施にかかる項目。
システムのライフサイクル	システムの想定利用期間や、予想される改修など。
ユーザー管理方法	業務運用で使用するユーザー認証やアクセス権（実行権限）について定める。すでに社内で提供されているユーザーアカウントを利用する方法や、新たにユーザー管理のしくみを構築する方法がある。 ユーザーの登録・変更・削除の管理方針、アクセス権の管理方針、必要となる特権ユーザー、ロール（グループ）などの管理仕様を決める。
バックアップ、リストア	データのバックアップの仕様、制約や方法を設定する。 RPO（目標復旧時点）とRTO（目標復旧時間）をもとにバックアップの対象や方法、サイクルと、リストアの方法を設定する。また、バックアップに必要な媒体などのメディアの必要数を算出する。
インシデント管理	インシデントの緊急度の設定や、標準的な対応手順を作成する。
監視	イベント管理における監視項目や種類・指標を設定する。
セキュリティ対策	情報システムの関係する情報資産を洗い出し、リスク評価を行い、必要となる管理策を作成し、管理仕様を作成する。ぜい弱性対策、ウイルス対策、パスワード管理など。

までであるが、主な設計項目には図表1−2−1のような項目がある。

② 運用設計の成果物

運用設計の成果物として、①の運用設計の項目について運用設計書を作成する。運用設計書の構成はさまざまであるが、たとえば次のような成果物を作成する。

・運用項目一覧
・運用フロー図
・運用体制図・連絡網
・管理台帳（構成管理台帳、IT資産の管理台帳など）
・申請書、指示書等
・運用スケジュール
・運用報告書の仕様（項目等）

（2）運用設計の実施時期

運用設計の実施時期は、組織の開発方針や開発プロジェクトにより異なるが、開発プロジェクトの早い段階から運用を踏まえた設計作業を行う必要がある。たとえば、基本設計にて運用の基本仕様（運用項目、目標復旧時間などの条件や制約等）を定め、詳細設計で具体的な実装方法（バックアップの方法等）を定めるなど、運用設計の対象となるシステム機能の設計作業の時期に合わせ、あらかじめ運用設計の作業を計画し、システム要件を充足した運用を確実にする。

また、具体的な運用手順や、運用管理に利用するジョブ管理ツールなどのパラメータの設定は、運用する環境に合わせて設計・実装する必要がある。そのため、運用設計に基づき準備をする期間が確保できるよう運用先を決定する必要がある。特に外部のサービス（マネージドサービス等）を利用する場合には、運用設計、委託要件の作成、RFP Key Word やRFQ Key Word の作成など調達のために必要となる作業の期間を開発計画に組み込むことが必要となる。

（3）運用設計の担当

運用設計を誰が行うかは、組織や開発プロジェクトによって異なる。要件定義や基本設計で検討される内容については開発担当が担当し、ジョブ管理など運用管理のしくみにかかわるような項目は運用担当で分担することもある。パッケージ製品では、ベンダーの支援を受けて、導入部門が行うこともある。いずれの場合でも、情報化企画や開発・調達の計画段階から、運用設計・実装の担当を明確にしておく必要がある。既存の運用管理環境を利用する場合には、その環境を担当する部門が早い段階から運用設計に加わることが望ましい。

（4）運用管理ルールや運用手順の管理

運用設計に基づいて運用管理ルールを作成する。また、運用設計および運用管理ルールに基づき、運用手順を作成する。運用ルールや運用手順は次のような点に注意し作成する。

・技術的要求や社会的要求に適応していること
・文書化すること
・運用管理ルールを関係者に周知徹底すること
・定期的に運用管理ルールの有効性を確認し、改善すること
・運用体制とその役割・責任を明確にすること
・運用管理ルールや運用手順は、運用の責任者が承認すること

（5）運用スケジュールの管理

決められた日・時間・条件に基づき確実に処理を実施するとともに、

Key Word

RFP（Request For Proposal）――提案依頼書。ITソリューションとしての構成やサービスの調達要件を明記し、提案を依頼すること、またはその文書。
RFQ（request for quotation）――見積依頼書。個々の製品仕様や型式を指定し、見積りの提出を求めること、またはその文書。

機器、施設・設備、要員といったIT資源を過不足なく効率的に利用するために、**運用スケジュール**を作成し、運用する。複数の情報システムで共用する資源は、関連する情報システムで競合を起こさないよう、スケジュールの調整を図る必要がある。運用スケジュールには、年間・月次・週次・日次のスケジュールがある。

運用スケジュールは、次のような点に注意し作成する。

・処理を平準化するために、全体が俯瞰できる粒度の粗い計画から作成することが望ましい。たとえば年間スケジュールから、月次・週次・日次スケジュールを作成する
・各イベントは、スケジュールの重複がないように、業務の優先度を踏まえ関係者で調整する
・運用スケジュールは責任者の承認を受ける
・計画は、関係部門の準備が可能な時期に周知する

（6）処理の設計

システム設計や運用要件をもとに、処理サイクルごとに、実行するプログラムや機能、実行順序、実行条件、開始条件・実行制約、実行方法、異常終了時の対応（再実行の方法）などを定める。処理は、実行のタイミングや処理形態、実行方法、実行条件などで分類することができる。

①　実行のタイミング

処理の実行のタイミングには、図表１-２-２のように**リアルタイム処理**と**バッチ処理**がある。

②　処理形態、実行方法

処理形態には、図表１-２-３のように**オンライン処理**と**オフライン処理**がある。

処理の実行方法は、開発工程の方式設計の対象となるが、別途運用設計の一部として設計されることもある。

処理には、図表１-２-４のような種類がある。

定期処理では、処理の実行条件（開始、終了条件）や、機器・ソフト

図表１-２-２●処理の種類による分類

処理の種類	概　要
リアルタイム処理（即時処理）	処理依頼があるつど即時に処理し結果を返す処理形態。たとえば、端末（PC）から利用者が投入した処理依頼（トランザクション）を、即時に処理をして結果を返すオンラインリアルタイム処理がある。
バッチ処理	入力データを一定期間蓄積しておき、あるタイミングで一括して処理をする形態。たとえば、業務運用では管理画面から実行される月次の給与計算処理や、オンライン処理の中でサーバー側の処理を実行する処理形態（オンラインバッチ）などがある。

図表１-２-３●処理の実行方法による分類

処理の種類	処理形態	概　要
オンライン処理	リアルタイム処理	利用者による情報の入力や照会処理などネットワークを通じた処理依頼に即座に結果を返す。
	バッチ処理	ネットワークを通じて利用者がサーバーやホストコンピュータに非同期で処理依頼を行い、処理終了後に利用者が処理結果の照会を行う。ネットワークで接続された端末側のアプリケーションからサーバー側での一括処理を起動する。
オフライン処理	バッチ処理	他のコンピュータとは接続されていない状態で、あらかじめ蓄積されたデータを一括して処理を行う。

Column　コーヒーブレイク

《「処理」と「ジョブ」》

「処理」と「ジョブ」は、“業務上の特定の結果を得るために必要なプログラムを実行する１つのまとまりにしたもの”として同じ意味で用いられたり、「処理」を動詞として“コンピュータが処理する単位をジョブと呼ぶ”と用いるなど、さまざまに用いられる。

図表１-２-４●処理種別による分類

区　分	特性（作業のトリガー）
定期処理	曜日や日付などあらかじめ決められた条件で実行されるもの。 情報システムの起動や停止、バッチジョブの実行、サービスの起動・停止やバックアップの取得などがある。
不定期処理（随時処理）	作業の発生は予測できるが、いつ発生するかを計画することができないもの。 ユーザーの登録・抹消やアクセス権の設定、利用状況に応じたデータベースの再編成などがある。前年の実績などにより実施時期の予測を行い、IT資源の不足を回避するよう定期作業などの調整を図る。
臨時処理	利用部門の要請により臨時に発生するもの。
緊急処理	障害発生時の復旧作業など緊急に対応すべきもの。 処理を迅速に行うために、処理を受け付ける条件や手続をあらかじめ定め、周知しておく必要がある。

ウェアの能力から導かれる実行可能な処理量をもとに運用スケジュールを作成する。運用スケジュールを作成するにあたっては、随時処理や臨時処理、緊急処理について年間の業務イベントや過去実績から可能な限り処理の予測を行い、定期処理のスケジュールをあらかじめ調整したり、サーバーなどの処理能力の見直しを行う。

③　要件の確認

運用設計においても、アプリケーションの設計同様に、処理の機能要件・非機能要件の確認が必要となる。特に大量のデータを一括で処理するバッチ処理では、処理に許された時間内に必要な処理を完了することが重要になる。そのため、図表１-２-５のような視点で処理件数、処理タイミング、障害時の対応、利用可能なIT資源などの処理要件を確認することが必要となる。

④　障害時の対応手順の確認

処理が途中で異常終了した場合の、処理の大まかな再開手順、回復に必要な時間を考慮し設計を行う。再開時にデータの回復や特別な前処理、データの加工ができるだけ少なくなるよう、あらかじめ処理の再開点を設計することが望ましい。

⑤　実行の制約、実行環境の確認

図表1-2-5●処理設計で確認する要件（例）

処理要件	内　容
処理件数	バッチ処理が1回で処理をする想定件数を設定する。 業務要件の理解が必要。既存の処理がある場合は、過去実績から推測し、新規業務の場合は、業務要件をもとに設定する。たとえば、処理サイクルや想定されるイベントをもとに、処理当たりの最大・最小・平均の件数を想定する。
処理タイミング	次のような視点から処理タイミングの要件を設定する。 ○起動条件・要件 　業務要件や共用するIT資源の制約に従う。定期処理では、実行時刻は、毎時・日次・週次・月次などの周期（サイクル）を持つ。システム移行や復旧処理などの臨時処理や不定期処理では、日時や実行前提など実行条件を満たしたときにのみ実行される。 ○終了条件・要件 　業務要件で後続の処理（外部へのインターフェース処理など）の開始制約や、共用するIT資源の制約に従う。業務要件での制約がない・不明な場合は、SLAなどそのほかの制約や要求をもとに設定する。 ○IT資源の能力などその他の条件・制約 　既存処理や類似処理の実績の分析結果などから、考慮すべき条件・制約を確認する。
処理時間超過の影響	処理が予定時間内に完了しないときに、処理時間の超過が許容される時間や、処理時間が超過した場合の影響、その他考慮事項を要件として設定する。
利用可能なIT資源	処理を実行させるCPUやネットワーク、プリンター、テープ装置などITインフラの能力や、利用条件（利用可能なツールなど）について確認を行う。

並行して実行できる処理を確認する。特に処理時間が延長したときに、後続のバッチジョブを待たせるのか、処理を開始できるのかは、処理時間に制約のあるジョブの設計で重要となる。並行して実行することでデータを破壊するなど他の処理に影響を及ぼすおそれがある場合に、オペレーションによるコントロールだけでなく、データやファイルの排他制御など実行を抑止できるしくみを設けることが望ましい。

⑥　処理時間短縮の対策

設計の過程で想定される処理時間が、許容される処理時間を超えてしまうような場合には、ボトルネックを確認し、処理時間の短縮などの対策を行う。対策には次のようなものがある。

○複数のジョブを並行して実行をする

処理をマルチスレッド化 Key Word することやバッチジョブを分割し、複数のジョブを並行して実行させることで、全体の処理時間を制約内に収めることが可能か検討する。利用する資源の競合など実行の制約を回避することが必要になる。異常が起きた際の対応が複雑になる懸念がある。

○インフラの能力の増強

サーバーの処理性能をスケールアップ Key Word やスケールアウト Key Word により向上させることで、処理時間の短縮が可能か検討する。費用が増加することについての調整・承認が必要となる。

○環境のチューニング

サーバーのキャッシュの調整や、ミドルウェアでのセッション数の調整、データベースのIndex設定などチューニングを検討する。同じ環境を利用するほかのアプリケーションや情報システムへの影響の評価が必要となる。

（7）実行管理

実行管理では、ジョブスケジュールおよび指示書、運用手順書に基づ

Key Word

マルチスレッド――スレッドとは、プログラム実行の単一の流れ（CPU利用の単位）のことである。サーバー内で複数のスレッドを同時に動作させることをマルチスレッドという。トータルな処理効率を向上させることが期待できる。

スケールアップ――サーバーのCPU等の能力を増加させることで、性能向上を実現する。スケールアップを行うためにはサーバーの停止が通常必要になるが、仮想環境では、サーバーの稼働中にプロセッサやメモリ等のリソースを動的に追加することを可能にできる。

スケールアウト――サーバーの台数を増やし、処理を並列に行うことで性能向上を実現する。アプリケーションが、複数のサーバーに処理を分割できるように作成されていることが必要になる。

いてオペレーション（情報システムの操作）を行う。オペレーションでは、次のような点に注意が必要である。

- オペレーションの実施・結果が記録されていること
- 例外処理は、運用管理ルールに基づいて的確に行うこと
- 例外処理が他の業務に及ぼす影響を調査すること
- 例外処理の頻度および理由を分析し、ジョブスケジュールに反映できないか検討すること
- 例外処理の定期的見直しを行い、減らすよう検討すること
- 運用管理者は、指示書とオペレーション実施記録の差異分析を実施すること
  差異分析の結果を必要に応じてジョブスケジュールに反映すること
- オペレーション実施記録を、運用管理ルールに基づいて一定期間保管すること

① 処理実行方法

ジョブを実行させる方法として、OSが用意するコマンドを利用する方法やジョブ管理ソフトを利用する方法などがある。ジョブ管理ソフトを使うメリットとしては次の点がある。

- 複雑・多様な実行パスのスケジュール編成が容易になる
- ジョブの排他制御や依存関係を組みやすい
- 大量のジョブでも管理がしやすい
- ジョブの実行状況の可視化が容易になる

② 処理情報（ログ）の管理

アプリケーションや機器からは、実行結果や実行開始・終了などの履歴、障害原因の調査に必要な情報がログとして出力される。アプリケーションをはじめ、OSなどのソフトウェアのログは、障害の監視や対応に重要な情報となる。しかし、ログはみずから意図して設定しなければ、必要な情報が記録されるとは限らないため、あらかじめログを取得する目的を明らかにする必要がある。たとえば、障害監視であれば、監視の対象を特定し、障害の発見に必要な情報（項目）が、必要な粒度（内容）

で記録されるように設定することが必要になる。

ログの管理については次のような点に注意が必要である。

・自社開発のアプリケーションでは、設計の段階でログの内容について設計することが必要となる。たとえば、プログラムが障害を起こしたときに障害を起こしたプログラムやデータの識別をログに記録するなどの考慮が必要である

・ログに個人情報が不必要に記録され、運用や保守作業で外部に流出しないよう注意が必要である

・監視目的以外のログの出力が多いと、点検に時間がかかったり重要な情報を見逃したりする原因となる。無駄なログの出力を抑止したり、ツールを用いてフィルタリングしチェックを行うなどの対応が必要である

③　処理の監視

処理やシステム、リソースの状態を監視する。

監視対象には、図表1-2-6のようなものがある。

バッチ処理では、処理の開始、処理結果、予定処理時間超過などについて監視を行う。監視区分と監視項目の特徴や、監視の注意点には次のようなものがある。

1）処理の「開始」の監視

ログの内容から開始していることは監視できるが、開始していないことを監視することは難しい。処理開始をログに記録する設定であっても、

図表1-2-6●監視対象と監視項目（例）

監視区分	監視項目（例）
状態監視	死活状態（Pingの応答）
サービス監視	プロセスの状態
リソース監視	CPU（利用率、利用傾向）、メモリ（利用、空き、スワップ）、ディスク（記録可能容量）、トラフィック（増減）
ログ監視	ログのイベント情報

処理が開始しない場合には何もイベントは起こらないため、ログの記録から異常を発見できないことに注意が必要である。定期実行されるバッチ処理であれば、最後に実行した日時をデータベースに記録し、一定時間更新されていないことで異常とする方法などが考えられる。

２)「正常終了」の監視

処理結果に異常がないことだけでなく、終了時間などの処理要件を満たしていることの監視が必要となる。正常（異常）状態を適切に定義する必要がある。

３)「異常終了」の監視

異常終了が発生した際にログに異常終了を記録する。

異常が発生したジョブ、プログラムの識別、異常が発生した時間、異常の種類（処理終了コード（リターンコード）など)、異常が発生したデータの識別（プライマリキーなど)、その他異常時の調査に必要なデータの内容等をログに記録する。プログラムに異常を記録するしくみを組み込みこれを監視する場合、対象のプログラム自体がハングアップした場合には異常の記録も機能しないことに注意が必要である。

④　異常発見時の通知

異常を発見した場合の担当者への通知方法を設計する。たとえば、運用担当者が処理に立ち会い監視する場合には、監視画面に警告を表示する。ログを監視画面に連続して表示し、担当者が目視・点検する方法もあるが、目視では異常を見落とすおそれが高い。監視レベルに応じて警告が表示され、明示的に削除するまで表示が残ることなどの工夫が必要になる。

監視システムの中には、監視レベルに応じて、あらかじめ指定した複数の担当者へ応答があるまで順番に自動的にメール等で通知を送信するしくみを用意するものもある。

2　IT資源の管理

運用工程で使用を開始するソフトウェアやハードウェアなどのIT資源は、開発工程から移管されたり調達を行い、既存のIT資源に統合して、運用環境を構成することになる。やがて、運用や保守を進める中で変更や拡張によって情報システムを構成する資源の数や組み合わせは変化していく。稼働当初は簡潔で明瞭な構成だったとしても、時間が経過するにつれ、複雑になり、ブラックボックスが増えていく。

IT資源の管理が適切でないと、次のような問題が発生する懸念がある。

・IT資源の保有状況や構成の全体を把握していない
・インシデントの対応時に影響範囲や原因の把握に手間取る
・情報システムやITインフラの変更で、構成要素や構成要素の関連の見落としや誤認による障害が発生する
・全社としてソフトウェアライセンスや機器の不足や余剰（たとえば、予備として多量に保有している）が発生する
・ソフトウェアの不具合修正版の適用やセキュリティパッチ適用の要否の判断に手間取る

（1）IT資源の管理の概要

IT資源の管理では、情報システムの利用するIT資源の構成や、組織が保有しているIT資産の属性と数量、利用状況を明らかにして情報を蓄積し、実際の状況に照らして差異がないよう適切に情報の管理を行うとともに、運用工程のプロセスに対して情報を提供して活動を支援する。

今日の情報システムは、クラウドサービスの普及もあり、IT資産は「所有から利用へ」と考え方や管理方法が変化している。クラウドサービスの利用やアウトソーシング等の外部の資源を組み合わせる手法が一般化していることから、外部のサービスで提供される仮想的なIT資源についても管理を行う必要がある。

①　IT資源の管理の目的

IT資源の管理の目的には、次のようなものがある。

○ITマネジメント全体の支援
- ・調達計画や運用設計に情報を利用する
- ・インシデント管理、問題管理、変更管理などの運用管理の活動で情報を利用する

○ビジネスリスク管理の支援
- ・ライセンス不足によるコンプライアンス違反を防ぐ

○コスト管理の支援
- ・機器やライセンスの余剰による無駄な投資を防ぐ

② IT資源の管理の課題

IT資源の管理の課題として、次のようなものがある。

- ・保有するIT資産の属性や数を明らかにすること
- ・情報システムの構成要素と、各構成要素の属性や関連を明らかにすること
- ・保有する資産の利用状況を明らかにすること
- ・ソフトウェアについては、使用している機器との関連がわかること
- ・組織内の実際の構成情報と照らし合わせ、常に最新の構成情報を維持・管理すること

③ IT資源の管理活動

IT資源は、企画・設計、調達・導入、運用、撤去・廃棄までライフサイクル全般にわたって構成要素が目的を達成するための管理である**ライフサイクルマネジメント**（LCM：Life Cycle Management）が必要となる。

運用工程・保守工程では、情報システムを構成するすべての構成要素や構成要素間の関係を一元的に管理するために構成管理を行い、保有するIT資産を管理するために資産管理を行う。また、図表1-2-7のように運用工程・保守工程や関連する工程の各作業に、正確なIT資産やシステム構成の情報を提供する。資源を管理することを広義にとらえると、資源が機能することを維持する活動も含まれるが、資源の機能を維持する活動は保守として本章第4節で説明し、ここでは資産管理と構成管理

の活動について説明する。

④　適切なIT資源の管理による期待効果

IT資源を適切に管理することで、次のような効果が期待できる。

- ・IT資源の構成情報や資産情報を可視化できる
- ・正確な構成情報を保持することで、運用工程の他のプロセスの活動を支援することが可能となる
- ・ライセンスの過不足も明らかになるため、コンプライアンスに役立つ
- ・情報システムや構成要素の維持費用、ライセンス料金、更新費用などを予測することが可能となり、財務管理の精度を上げることが可能となる
- ・許可されていないソフトウェアの利用を抑止することが可能となる

図表1-2-7●資源管理に関連する活動

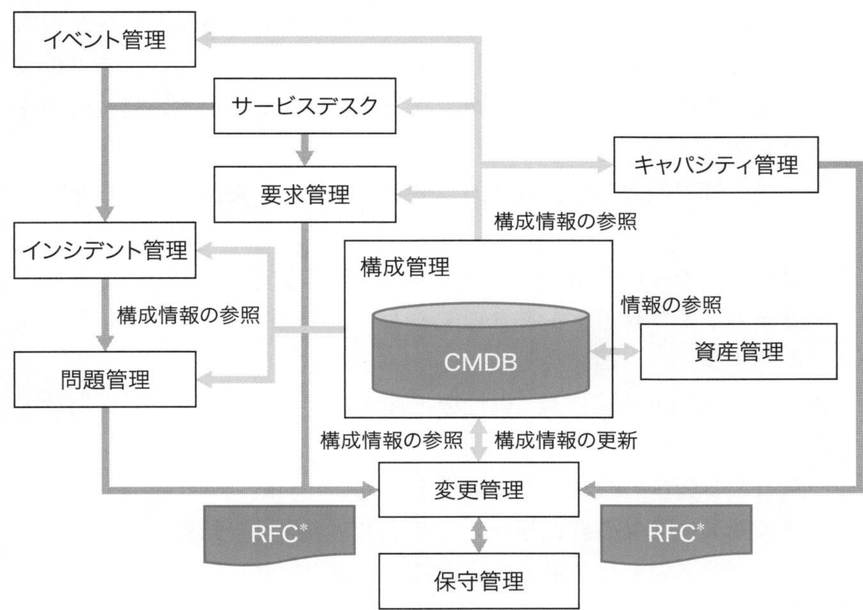

＊RFC（変更要求書＝Request For Change）…ITサービスのソフトウェア、ハードウェア、手順などを変更するように求める提案・依頼、または提案・依頼を行う文書。

・障害や災害の復旧計画の精度向上
・リリース管理作業の効率化、精度向上
・利用中の構成要素の製品やバージョンを把握し管理することによる、セキュリティ対応の効率向上や精度向上

（２）IT資産管理

IT資産管理とは、IT資源を資産としての視点から、組織で、何を、いくらの価値で、どのくらい保有しているのか、また使用しているのかを可視化して把握する活動である。不足するIT資源については、補充等整備を計画する。

① 活動

IT資産管理での活動には、次のようなものがある。

・IT資産状況を把握する
　資産管理では、台数、設置場所、資産価値を明確にし、資産台帳と呼ばれる管理台帳を作成して情報を管理する。情報システム構成要素に新設・増設・移設・撤去などの変更があるつど、資産台帳を更新する。
　資産管理の内容は、定期的に棚卸しを行い、実態との差異を修正する。
・資産管理の責任を明確にするため、責任者を定める
・資産のライフサイクルを管理する

② 期待効果

正確なIT資産の種類・数・属性を把握することで、次の効果が期待できる。

・保有する資産の組織での有効活用
・ライセンス違反の抑止等コンプライアンス違反の発見・是正
・ライセンスの不足・過多の防止による適切な財務管理

③ 管理対象単位

資産管理では、IT資源を企業単位で管理し、活用することが目的の１

つにある。したがって、資産台帳の更新は個々の情報システムや部署で行われていても、組織で保有するすべてのIT資源を一体として把握し管理できることが望ましい。

（3）構成管理

情報システムを正常かつ効率的に稼働させるためには、管理の対象の種類に何があるのか、どのように組み合わされているのかを正しく知る必要がある。機器の操作、障害の影響や原因の調査、利用者からの問い合わせ、保守など、運用工程のすべての活動は、何らかの形で情報システムの構成要素やその組み合わせに関する情報を利用するといってよい。構成管理では、組織の保有する情報システムの構成品目 Key Word のさまざまな情報をデータベースに蓄積し、各活動で利用可能にする非常に重要な活動である。

①　構成管理の目的

構成管理の目的として、次の３点を挙げることができる。

・情報システムの構成品目を明確にする
・構成情報を、インシデント管理、問題管理、変更管理、リリース管理等で参照できるようにする
・構成情報を、実態と照らし合わせて検証し、最新の状態に保つ

②　構成管理の対象

資源管理の対象となる資源は、ハードウェアやソフトウェアだけでなく、広義には運用や保守に必要な人員、施設・設備、文書などの構成要素全般を含む。

また、構成情報は、障害対応などで、特定の時点における状態（構成ベースライン Key Word ）の情報が必要となる。そのため、ある時点で凍結し保存した情報（スナップショット）を管理する必要がある。

③　構成管理の方法

迅速な運用や保守の対応には、最新および過去の構成が速やかに把握できることが必要であり、そのために構成管理システム（CMS：Configuration Management System）を利用し、構成管理データベース（CMDB：Configuration Management Database）Key Word で情報を一元的に管理することが望ましい。

構成管理は、おおむね次のような手順で開始する。

1）対象となる情報システムを特定する
2）ハードウェア、ソフトウェアなど構成品目を特定する
3）構成品目の属性（製品名、型式、バージョン、保守条件等）を明らかにする
4）構成品目の組み合わせを明らかにする
5）他のプロセスが構成情報を利用できるようにする

（4）IT資産の種類によるIT資源管理の特徴

① ハードウェア

1）ハードウェアの特徴

ハードウェア資源管理の対象には次のような資源がある。

Key Word

構成品目（CI：Configuration Item）――サービス提供のために管理する必要がある要素。一般的にはハードウェア、ソフトウェア、要因、建物、プロセス文書や承認された正式文書などが含まれる。

構成ベースライン（Configuration Baseline）――特定の時点における構成品目あるいは構成品目を集めたセットの構造および詳細のこと。構成ベースラインをある状態で凍結し保存したものを「スナップショット」と呼ぶ。

構成管理データベース（CMDB：Configuration Management Database）――構成品目のライフサイクルを通して、構成品目の属性および構成品目間の関係を記録するために使用するデータ保管庫。構成管理データベースの情報には、構成品目に関する属性（名称、所有責任者、場所、バージョン番号など）を、構成品目に関するインシデント、問題、変更、リリース管理記録などとリンクできるよう格納する。また、構成品目の相互関係、構成品目の標準化、承認などに関する情報を記録管理する。

・汎用コンピュータ、サーバー機器、PC
・外部記録装置（ストレージ装置、テープ装置など）
・周辺機器（プリンター、スキャナ、外部媒体（CD、DVD等）装置）
・モバイル機器（タブレット、スマートフォン、携帯電話）

なお、管理の目的に応じてネットワーク機器、ネットワークケーブル、また設備関係機器（無停電電源装置等の電源設備、空調設備機器、照明設備機器等）を含める。

2）ハードウェアの資産管理

ハードウェア構成要素を資産の視点から管理することをハードウェア資産管理という。

資産管理では、台数、設置場所、資産価値を明確にするために、資産台帳と呼ばれる管理台帳を作成して情報を管理する。構成要素に新設・

Column  コーヒーブレイク

《オープンシステムとクローズシステム》

情報システムは、クローズシステムと呼ばれるコンピュータメーカーが統一した設計思想のもとで製品開発したホストコンピュータやオフコンのようなハードウェアと専用ソフトウェアを利用して構築したシステムと、オープンシステムと呼ばれる多数のベンダーが提供するハードウェアとパッケージソフトウェアを組み合わせて構築したシステムとに分類することができる。

オープンシステムは、開発時点・改修時点での最適なハードウェアやソフトウェアを導入することが多いため、一部のパッケージソフトウェアを最新バージョンに入れ替えなくてはならなくなった場合、他のパッケージソフトとの連携がとれなくなるというようなトラブルが発生しやすい。オープンシステムは、安価なシステム構成がとれる、環境変化に対応した柔軟なシステムが構築できるといった利点がある。しかし、保守の段階では、障害箇所を新しいハードウェアに置き換えたり、異なるバージョンのソフトウェアに置き換えたりすることで不具合が発生するリスクが高い。そのため、オープンシステムの保守では運用環境と同等の構成での事前の動作チェックが欠かせない。

増設・移設・撤去などの変更があるつど、資産台帳を更新していく。また、資産管理の責任を明確にするため、資産管理責任者を定める。

ハードウェアは、**リース**や**レンタル**で調達されることも多い。資産管理にあたっては、図表1-2-8のようなリースやレンタルでの資産の特徴を踏まえ管理する必要がある。

3）ハードウェア資源の構成管理

機器は単体で機能するものもあるが、複数の構成品目で一体として機能する機器もある。たとえば、PCと周辺機器のような関係である。故障の対応や、リース期間の満了などシステム構成の変更による機器の更新や変更を、迅速にかつ正確に行うために、ハードウェア資源の構成品目

図表1-2-8●調達方法による資産の扱い

	リース（ファイナンスリース）	レンタル	クラウドサービス	購入
対象物件	利用者が指定	レンタル会社提示物件から選択	（サービスメニューから利用者が選択）	利用者が選定
物件の所有権	リース会社	レンタル会社	（サービス提供会社）	買主
契約期間	利用者が指定（法定耐用年数の6～7割以上）で比較的長期	利用者が設定 比較的短期	サービスメニュー内での選択だが、比較的柔軟に選択可能	――
途中解約	不可 （残リース料支払い）	原則可能*	原則可能*	――
保守・修理	利用者が負担	レンタル会社が負担	サービス提供会社が負担	利用者が負担
費用 ・特徴	物件の取得価格、支払金利、税、保険料など、ほぼ購入額相当	レンタル会社指定の料金（通常は月額）	サービス提供会社の利用料金。従量料金が多いが、固定料金のサービスもある	物件の取得価格、支払金利、固定資産税や損害保険料など全額
・支払い	契約期間で平準化	契約期間で平準化	利用量に応じた使用料	導入時に原則全額
陳腐化対応	短期契約や途中解約での対応は困難	短期間の契約や、途中解約で対応可能	途中変更や解約で対応可能	法定耐用期間まで原則償却できない
終了時の扱い	返却または再リース	返却	対応不要	自社で廃棄

＊解約時期や手数料などの条件がつく場合があり、利用開始前に確認が必要

や接続形態を詳細に記録する。たとえば、次のように情報を管理する。

・機器構成一覧や構成管理システム…種類、仕様、メーカー名、型番、製造番号、数量、管理者、設置場所、保守条件などを記載したもの
・接続図…機器間のケーブル配線や電源の接続を図で示したもの
・レイアウト図・配置図…機器が物理的にどこに設置されているかを図で示したもの。ラックに搭載した機器は、ラック搭載図を作成する

②　ソフトウェア

1）資産管理

ソフトウェアは、ハードウェアのような実体はなく、著作権や使用許諾契約による権利（ライセンス）が管理対象となる。ソフトウェアは、機器にソフトウェア（著作物の複製）をインストールし利用するため、ソフトウェアの所有状況と利用状況の両方を正しく把握する必要がある。これらソフトウェアが持つ特徴を考慮した管理を必要とするため、あらかじめ**ソフトウェア資産管理（SAM**：Software Asset Management）について適切な対応手順を用意していないと、利用可能なライセンスの不足によるコンプライアンス違反など企業経営のリスクとなる。メーカーや業界団体によるソフトウェア監査により不正使用が指摘され、多額の賠償金が要求された事案もある。

SAMは、図表１-２-９のようにライセンス管理にITへのガバナンスの視点を加え、社内での著作物利用管理の網羅性と正確性を担保する。これにより、ソフトウェア資産について、不正利用をなくすとともに、余剰ライセンスの整理による費用の適正化、セキュリティ対策の対象の正確な把握による対策効果の向上などの効果が期待できる。

資産管理は次のような手順で実施する。

①　ライセンスの導入時に使用許諾条件を確認する
②　使用するコンピュータや利用者を明確にする
③　情報は他プロセスで利用できるよう台帳等に記録する
④　利用先のコンピュータや利用者に変更があった場合には、速やかに修正する

図表1-2-9●ソフトウェア資産管理とライセンス管理の違い

	ソフトウェア資産管理	ライセンス管理
目的	ライセンスコンプライアンス 情報セキュリティの維持・向上 IT投資の最適化	主にライセンスコンプライアンス
対象資産	ハードウェア・利用ソフトウェア・保有ライセンス（有償・無償・自社開発・パッケージソフトの別はない）を対象とする	保有ライセンスおよび（ハードウェアを根拠としない）利用ソフトウェア（ライセンスについては、特に有償のライセンスを対象とする場合が多い）

出所：(一財)日本情報経済社会推進協会(JIPDEC)「SAMユーザーガイド〔改訂版〕」2012年

SAMは複雑ゆえに負担が大きいイメージがあるが、適切な管理によって経営に寄与するところも大きい。

ソフトウェア資産管理に関する規格や情報には、JIS X 0164-1（ITアセットマネジメント－第1部：ITアセットマネジメントシステム－要求事項)、法人を対象としたソフトウェアの管理指針として、「ソフトウェア管理ガイドライン」（経済産業省）などがある。また、ACCS（(一社）コンピュータソフトウェア著作権協会)、JIPDEC（(一財）日本情報経済社会推進協会)、SAMAC（(一社）IT資産管理評価認定協会）などのWebサイトでも参考となる情報を提供している。

2）構成管理

ソフトウェアは、バージョンが変更されたり組み合わせが変更されることも多く、管理を適切に行う必要がある。そのため、ソフトウェアではライブラリ管理やバージョン管理が行われる。

・ライブラリ管理

ライブラリ管理は、プログラムの登録・廃棄、バージョンの登録・変更、検索、再利用を効率よく行うために実施する。プログラムに変更があった場合は、変更した部分の履歴として、変更日時、変更理由を登録して、プログラムごとのバージョン番号、変更回数などの履歴を残すようにする。再利用の記録も残すことにより、プログラムの棚卸し時に必要・不要の判断が容易になる。管理にはライブラリ管理ツールを利用することも多い。

ライブラリへの登録・更新・廃棄の処理は、権限のない者が勝手に変更したり、誤って破壊したりしないように保護策をとる必要がある。ライブラリ全体の状況について、アプリケーション別・プログラム言語別などの分類で、プログラム本数、ステップ数（総ステップ数、実ステップ数など）の情報を取得できるようにしておくことで今後の情報システムの開発や運用に役立てることができる。

・バージョン管理

ソフトウェアの世代（バージョン）を管理する。同じソフトウェアでも、世代によって機能や対応する稼働前提（OSや関連ソフトウェア）は異なる。パッケージソフトウェアの不具合情報も対象となるバージョンが指定され公開される。利用しているバージョンを把握していないと、対応の要否判断に時間を要することになる。

ソフトウェア、特にOSやファームウェアについては、「常に最新のバージョンを使う」とする考え方と、「利用上の問題を解消する訂正でない限りバージョンアップを行わない」というように選択的にバージョンアップを行う考え方がある。いずれが適切かは状況により異なるが、一定のルールを決めておくことで迅速に適切な判断を行う助けとなる。なお、昨今のソフトウェアのぜい弱性に対する攻撃の状況から、ぜい弱性の修正などセキュリティに関する対策は、速やかに適用するべきである。

3）ライセンス管理

ソフトウェアは著作権で保護されている。ソフトウェアを利用するために、著作者と利用者との間で使用許諾契約を締結する。ソフトウェアの利用者は使用許諾（ライセンス）の内容を厳守する必要がある。ライセンスの形態は製品によりさまざまだが、一般に図表1－2－10のような種類がある。

図表１-２-10●主なライセンスの形態例

主な形態	特　　徴
マシン許諾ライセンス	１ライセンスで１台のマシンへのインストールが許諾されているライセンス。ハードウェアのバンドル版と呼ばれるものは、インストールするハードウェアがあらかじめ特定されていて、別の機器では利用できないものが多い。
ユーザー許諾ライセンス	１ライセンスで１人の利用者に使用が許諾されているライセンス。
クライアントアクセスライセンス	クライアントがサーバーにアクセスできる数を与えるライセンス。
サイト（拠点）ライセンス	利用するサイト（拠点）の数に対して与えるライセンス。
管理ノードライセンス	管理ツールや監視ツールなどで、管理（監視）対象とするノード（機器など）を数えるライセンス。
同時実行ライセンス	同時に起動または常駐するソフトウェアの数を限定するライセンス。
ボリュームライセンス	一定のまとまった数量を単位として提供されるライセンス。１ライセンス購入時より価格が割り引かれることも多い。

・仮想化資源でのライセンス形態

仮想化環境用のライセンスが用意されているソフトウェアもある。仮想サーバーについてのライセンスには、たとえば図表１-２-11のような形態のものがある。

図表１-２-11●仮想化資源に対するライセンス形態例

主な形態	特　　徴
インストールライセンス	仮想マシンごとに、１ライセンスが必要。
プロセッサ数ライセンス	仮想マシンに割り当てた仮想プロセッサ（コア）数分のライセンスが必要。仮想マシンのある機器の物理プロセッサ（コア）数とするものもある。
ユーザー数ライセンス ログイン数ライセンス	仮想マシン数によらず、ユーザー数やログイン数、管理ノード数分のライセンスが必要。

製品によっては、仮想マシンごとに基本ライセンスが必要であったり、接続ユーザー数やログイン数、管理ノード数分のライセンスが必要であったりする製品もある。

・フリーウェア、オープンソースソフトウェアのライセンス

無償で利用可能なソフトウェア（フリーウェア）や、ソースコードが公開されているオープンソースソフトウェア（OSS）も著作物であり、著作権者の指定する条件を守り利用する必要がある。たとえば、オープンソースソフトウェアで使用されるGNU GPL Key Wordについては、GPLで公開されているソフトウェアを利用して作成されたソフトウェア（派生ソフトウェア）も自由な利用・改変・再配布が義務づけられる（コピーレフト）ことなど、利用前に十分に使用許諾の内容を確認する必要がある。

③　ネットワーク

Key Word

著作人格権――受託者に原始的に帰属する著作権は、著作人格権と呼ばれる。もともとは、著作者の人格的利益の保護を目的としたものであり、著作権法18条～20条に次の３つが挙げられている。

公表権	自分の著作物で、まだ公表されていないものを公表するかしないか、するとすれば、いつ、どのような方法で公表するかを決めることができる権利
氏名表示権	自分の著作物を公表するときに、著作者名を表示するかしないか、するとすれば、実名か変名かを決めることができる権利
同一性保持権	自分の著作物の内容または題号を自分の意に反して勝手に改変されない権利

出所：（公社）著作権情報センターWebサイト（http://www.cric.or.jp/qa/hajime/hajime2.html）から引用

GNU GPL（GNU General Public License）――主にフリーウェアやオープンソースソフトウェアの一部で採用されているFSF（Free Software Foundation）が公開しているソフトウェアライセンス形態。FSFの開発プロジェクト用につくられたものだが、多くのフリーウェアやオープンソースソフトウェアで採用されている。一定の条件を守ることでソースコードの開示と利用、改変、再配布を認めている。

Column  コーヒーブレイク

《利用する重要なソフトウェアの著作権者の破産等に備えた措置を検討する》

情報システムの中核で利用するパッケージソフトウェアについて、ライセンスの提供者（以下、ライセンサという）の倒産等により発生するリスクを評価し、必要な対策を行う必要がある。

ソフトウェアの使用許諾契約（以下、ライセンス契約という）では、通常、利用者（以下、ライセンシーという）には実行プログラムやインストーラーの使用が認められただけで、ソースコードは開示されない。ライセンサが倒産した場合、管財人からライセンス契約が解除される可能性があり、ソフトウェアを使用する権利を失うこととなりかねない。ライセンス契約にライセンシーに通常使用権があることを確認条項として盛り込むことで、ソフトウェアの使用自体は「賃借権その他の使用及び収益を目的とする権利を設定する契約」として継続することができると考えられる（破産法56条、民事再生法51条）が、ライセンサの倒産により必要な保守（ソフトウェアの更新）が受けられなくなる。ライセンシーはソースコードを保有していないことから、自社または外部に依頼してソフトウェアの保守等を行うこともできないため、法改正や、セキュリティ対応等の利用継続に必須となる改修さえできなくなる。このような事態に対処するために、次のような対処（予防）策が考えられる。

A）倒産などで著作権を他に譲渡する場合に、著作物の複製物の譲渡を受け第三者へ委託しての改変などが可能なよう、使用許諾契約に盛り込む。

B）ソフトウェア・エスクロウ制度*を利用し、ソースコード等を第三者に預託することを契約書に盛り込む。または、当事者間で同意し、ソースコード等を第三者に預託する。

A）、B）のいずれも、ライセンサ側の同意を得ることが前提となるため、実現が困難な場合も多い。そこで、製品の選定にあたっては、著作権を持つ企業の財務情報等の企業情報を点検し、ライセンサの倒産リスクを評価することが望ましい。

＊ソフトウェア・エスクロウ制度：ライセンサ・ライセンシーが、ソフトウェア取引を開始するにあたって、そのソースコードや技術情報等を第三者（エスクロウ・エージェント）に預託しておき、ライセンサが倒産等した場合、エスクロウ・エージェントがエスクロウ契約であらかじめ定められている一定の条件（開示条件）のもとでそのソースコード等をライセンシーに開示することにより、ライセンシーの保護を図る制度。日本では、（一財）ソフトウェア情報センターが、エスクロウエージェント（預託機関）の業務を行っている。

商取引や情報交換など多くの企業活動において、ネットワークが大きな役目を果たしている。クラウドサービスの利用、サプライチェーンをネットワークでつないだ電子商取引、電子決済といった企業間取引など、企業活動にネットワークの利用は不可欠といってよい。ネットワークには、大きくLAN（Local Area Network）、WAN（Wide Area Network）、インターネットがある。企業間の接続にはインターネットが多く使われるようになったが、インターネットへの接続サービス事業者（ISP：Internet Service Provider）やISPの接続点までの回線の選定や管理も重要となっている。ネットワークを安定稼働させ、かつ費用対効果の高い設備投資をするためには、ネットワークに関係する資産管理や構成管理が重要となっている。

1）ネットワークの構成要素

○通信回線／通信サービス

通信回線は、離れた場所にあるコンピュータ等の機器あるいはネットワーク間を接続して、データを交換するために用いられる。通信回線には、電気通信事業者が提供する広域通信回線サービスや、企業等が構内に敷設する構内通信回線などがある。

○ネットワーク関連ハードウェア

ネットワーク関連ハードウェアには、HUB、スイッチングHUB、ルーター、ファイヤーウォール、モデム、回線終端装置などがある。

2）ネットワーク管理情報の整備

ネットワークは、利用部門や業務ごとに管理を行うだけでは障害が発生した際の対応が困難になる。全社で管理の責任を明確にし、統括をする部門をあらかじめ定めておくことが必要となる。

また、ネットワークに関して管理すべき情報について、ネットワーク管理台帳を整備することが望ましい。

管理すべき情報には、ノード名、端末名、IPアドレス、ユーザーIDなどがある。ネットワーク構成については、回線名称、回線区間、回線種別、回線速度などを情報として管理する。

3）ネットワーク構成管理

ネットワークは、建物内外に広がるものであり、正確で効率的な運用・保守作業を行うためには機器だけでなく回線や接続について図面を用いた管理が必要となる。

ネットワーク構成は、物理構成と論理構成を分けて管理する。

○構成図および接続図の作成

ネットワークの構成要素の物理的な配置および論理的な接続について、次のような図表を用いて管理する。

・ネットワーク構成図…現状構成、予備機器の配置、迂回路、予備回線の構成

・通信接続図…通信回線、通信機器の配線を記した図

○変更管理

ネットワークは拡張、機能向上、機器や回線の増設・移設・撤去など構成変更が比較的多いため、速やかに管理台帳を更新し、最新の情報を把握しておく必要がある。管理資料は、作業に先立ち更新の準備を行い、あらかじめレビューすることが望ましい。

④　ドキュメントの資産管理

ドキュメントは、情報システムの運用・保守に必要な機能や仕様を記載しているものであり、適切に管理しなくてはならない。ドキュメント管理は、図表1-2-12のようなドキュメントのライフサイクルのそれぞれで発生するイベントを適切に管理することである。対象となるドキュメントには、システム仕様書、プログラム仕様書、データ定義書、ジョブ定義書、あるいは実行手順書や契約書などがある。

これらのドキュメントには、ドキュメント番号を付番して、ドキュメント番号ごとに、登録・更新の履歴をとる。ソフトウェアに関するドキ

図表1-2-12●ドキュメントのライフサイクル

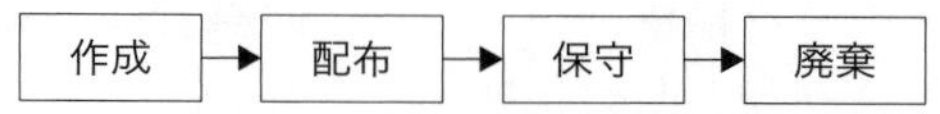

ュメントではバージョンとの関連をつけておくことが望ましい。

⑤　情報、データ

情報資源には経営にとって重要な資源、すなわち経営資源としての位置づけを与え、経営にとって最も有効に活用できるように、情報を記録し管理する。

○情報とデータ

情報資源には、「データ」と「情報」がある。「データ」は、情報の表現であって、伝達、解釈または処理に適用するように形式化したもの（事実や概念を数値化や記号化し記録をしたもの）であり、再度情報として解釈できるものである。一方「情報」は、事実、事象、事物、過程、着想などの対象物に関して知り得たことであって概念を含み、一定の文脈の中で特定の意味を持つものであり、ある特定の目的のために利用できるようにデータを編集したり、加工したりしたものといえる。

○情報資源辞書システム（Information Resource Dictionary System：IRDS）

データ辞書を発展させ、企業の情報資源全体でデータ資源管理を行うしくみが**情報資源辞書システム（IRDS）**である。企業の情報資源全体で管理を行うことで、次のような効果が期待できる。

・業務データの明確化と一元化
・システム資源の一元管理
・システム開発の効率の向上
・システムの保守性、信頼性、拡張性などの向上
・情報の適正利用の促進
・人材の有効活用

なお、IRDSは管理対象によって、IRMとDRMに区別できる。

・情報資源管理（Information Resource Management：IRM）

組織情報や経営データの分析情報など電子化されないデータや情報も企業にとって重要な情報資源であり、これらを共有情報として管理・運用することを**情報資源管理（IRM）**と呼ぶ。

・データ資源管理（Data Resource Management：DRM）

管理する電子化されたデータのみを共有情報として管理・運用することを**データ資源管理（DRM）**と呼ぶ。

○メタデータ

データを管理するための情報（データの情報）のことを**メタデータ**と呼ぶ。メタデータはシステムにまたがり使用されるものであるため、所有者と管理責任者を明確にし、集中して管理する必要がある。メタデータを拡張し、業務プロセスに関する情報や企業そのものに関する情報などを登録し、一元管理する辞書システムのことを**リポジトリ**という。

○データのライフサイクル管理

データの管理には、**データのライフサイクル**に着目した管理方法がある。情報のライフサイクルのそれぞれの段階で、データを最も有効に活用できるよう保有状況を記録し管理する。あらかじめ廃棄期限を定め、廃棄期限が到来したものは速やかに廃棄をする。

データのライフサイクルは図表１-２-13に示したとおりである。

図表１-２-13●データのライフサイクル

⑥　施設・設備

自社でデータセンターなど大がかりな施設を保有する企業は以前に比べ減少し、ホスティングサービスやハウジングサービスのほかに、クラウドサービスなど外部のサービスの利用が進んでいるが、今後も外部のサービスを利用することが適さないサーバー等の機器を社内に設置する企業では、サーバー群を設置する区画を保有することが必要になる。

情報システムの機器等を設置する**施設・設備の管理**には、次のような注意が必要になる。

・想定するリスクとその対策を明確化していること

・自然災害の影響が最小になる場所に設置していること
・許可のない者の侵入を防止する設備を設置していること
・重要な情報システムの機器等の設置場所であることが関係者以外に容易に判別できる表示をしていないこと
・セキュリティエリアを管理レベルに応じて管理していること

1）電源

サーバー等を設置する場所については、電源の管理が必要である。

○点検

電気事業法により、**電気設備**を持つ事業者は、電気主任技術者を事業所単位に置くことが義務づけられている。また、電気の工事にあたる者は、電気工事士の資格を持つ者でなければならないと定められている。そのため適切な資格所持者の管理のもとに日常の点検や定期点検を行うことが必要になる。電気事業法の保安規定により、一定規模の電気設備は、年に一度電源を止めて点検（法定点検）を行う必要がある。停電の前後で適切にシステム機器の停止・起動を行わないと、システム障害や電力復旧時の過電圧等による機器の故障などが発生する懸念がある。そのため、運用管理計画では、法定点検日を考慮した運用計画を作成し対応を行う必要がある。

○UPS（Uninterruptible Power Supply）

サーバーを設置する場所（サーバー室等）に関しては、電源障害について十分な対策が必要である。電源障害の有効な対策の1つにUPSがある。**UPS**は、電源装置の1つで、無停電電源装置とも呼ばれ、バッテリーを内蔵して停電時に機器が安全に停止できるまでの電力を供給する。停電時にサーバーに停電や電源復旧を通知する機能、雷などによる異常高電圧から機器を保護する機能などを有するものがある。

UPSの利用には次のような注意が必要である。

・給電方式が**常時商用電源方式**では、停電時電源を切り替えるときに瞬断が発生する。ストレージ装置など電力の瞬断が望ましくない機器については、停電時に電力の瞬断の発生しない**常時インバーター**

方式のUPSを利用することが望ましい。

・容量の大きなバッテリーは高価なため、一般的にUPSは、費用対効果を勘案し、短時間の停電に備えることを目的に導入する。

・UPSから電源断検出を受信したときに、直ちに接続機器をシャットダウンしてしまうと、UPSで吸収できる短時間での停電時にも機器が停止してしまう。停止までの適切なシナリオを作成し、UPSを設定する必要がある。

・停電の原因によっては、復旧時には電源が安定せず再び停電が発生することがある。UPSは停電中に機器に電気を供給しバッテリーの充電が低下しているため、復電後バッテリーの充電が十分でない状

Column コーヒーブレイク

《非常用電源》

商用電源からの給電が停止したときに電源を供給する装置。非常用電源には、図表1-2-14のように無停電電源装置と自家発電機がある。

図表1-2-14●非常用電源の種類

種　類	導入の目的	特　　徴
無停電電源装置(UPS)	・瞬断の影響回避 ・短時間の停電の影響回避(給電) ・安全に機器を停止するための時間を確保する給電を主な目的とする。	無停電電源装置の蓄電池の容量は、商用電源の入電が途切れてから、機器を安全に停止させるまでの時間、または自家発電機から安定した電源が供給されるまでの時間をもとに設定する。
自家発電装置	停電時でも事業継続に必要な最低限の電源を供給し続けるために、主にデータセンターなどの施設で導入される。	ビルとして保有する設備を利用できる場合もある。自家発電装置は給電を開始するまでに通常は時間が必要となるため、自家発電装置が給電を始めるまでの給電のためにUPSが必要となる。自家発電機の容量は、コンピュータ機器に加えて照明・空調機なども考慮して決める。

態で電源供給を再開して再び停電した場合、UPSは電気の供給が継続できず機器が異常停止するおそれがある。そのため、バッテリーの充電が一定量に達するまでは、給電を再開しないよう適切な復旧のシナリオを作成し、UPSの設定を行う必要がある。

2）防火

施設や設備について、一定の条件を満たす建物（防災対象物）については、消防法の遵守が必要となる。対象とならない建物についても、消防法を参考とした防災を行うことが望ましい。サーバー等の情報システム機器を設置した部屋については、業界団体の資料（たとえば、(一社)電子情報技術産業協会（JEITA）「情報システム室の消火設備ガイドライン」2016年）などを参考に、次のような点に注意して整備を行う。

○定期的な点検を行うこと（防災対象物では消防長・消防署長へ報告）
○消火設備 Key Word や警報設備、避難設備、消防活動用設備を設置すること
○避難路を確保すること。非常階段や防火壁設置場所などに物を放置しないこと
○サーバー室、電子計算機室、情報処理センターの設備は、BCPに基づく要件を充足すること
○コンセントについては、次のような注意が必要である

Key Word

消火設備――水あるいはその他の消火剤を用いて消火を行う設備。消火器、スプリンクラー、ガス消火設備、泡消火設備、粉末消火設備などがある。情報処理機器に対しては、機器への影響を考慮する必要がある。ガス系消火設備には、ハロゲン化物消火設備、不活性ガス消火設備がある。一部を除き人体に害があり使用時には区画から一定時間内に退去する必要がある。

消火器――初期の火災を消すための消防用設備。火災種別と薬剤種別を適切に選択し使用する。また業務用と家庭用がある。サーバールームの薬剤は、水（浸潤剤入）や二酸化炭素が適している。

・機器の消費電源を把握し、適切な電源（コンセント）を用意する
・定期的にコンセント・プラグの緩みや、ほこりがたまっていないことなどを点検する
・コンセントタップを数珠つなぎにしない

3）空気調和設備

空気調和設備の役割は、コンピュータシステムを安定した状態で稼働させるために、定められた温度・湿度を維持することである。コンピュータ機器はみずから熱源となる。ブレードサーバーなど集約度の高い機器では非常に多くの熱を発する。コンピュータ機器は高熱に弱いため、室温管理は非常に重要である。空気調和設備の故障に備え、複数の温度調整手段を用意するなど対策が必要である。

⑦　ナレッジ

属人的な知識やスキル、業務経験を通じて得られたノウハウも、運用工程で管理すべき資産の1つである。ITサービスの品質は、担当者の知識・スキル・経験に依存するところも多いため、担当者により品質にば

Column　コーヒーブレイク

《DIKWモデル》

図表1-2-15のように、データ、情報、ナレッジ、知恵の頭文字をつなげたもので、データから有効な判断を導き出す流れを表している。

図表1-2-15●DIKW

データ（Data）	個別の事実で整理されていない事実
情報（Information）	データを整理したもの
ナレッジ（Knowledge）	経験、アイデア、洞察をもとに情報を分析してわかる傾向。客観的で確定的な内容であり、また、広い目的のために使用される体系づけられた情報のこと
知恵（Wisdom）	いくつかのナレッジを活用して意思決定する際の人間の知恵

らつきが出ることがある。そこで、これら属人的な知識やスキル、業務経験を通じて得られたノウハウについて、正確で有用な情報を蓄積し、必要なときに必要な形で提供する活動が、**ナレッジマネジメント**である。

ナレッジを意思決定に活用するためのプロセスの構築には、たとえば**DIKWモデル**が参考となる。DIKWモデルを用いた可用性のナレッジマネジメントを例にとると、稼働時間、停止時間、故障回数や修復時間などの「データ」から、平均故障間隔（MTBF）や平均復旧時間（MTTR）といった「情報」を導き、これら情報を分析することで故障の多い機器や、障害の多い処理などの可用性に関する「ナレッジ」（傾向）を発見し、このナレッジの蓄積を「知恵」として改善の意思決定を行うことができる。

ナレッジはITサービスを提供する部門内で共有するだけでなく、FAQなどで利用者にも提供することで、ユーザー側の情報システムの活用を支援するとともに、サービスデスクへの問い合わせ件数の削減も期待できる。

第3節 運用管理(2)

学習のポイント

- ◆具体的な運用管理の計画や改善のために、ITサービスの提供について理解する。
- ◆具体的な問題事象に対応するために、インシデントの管理について理解する。
- ◆ITサービスの利用を支援する機能についての知識を修得する。

第3節では、ITサービスの提供、インシデントの管理、利用者の支援について説明する。

ITサービスの提供では、ジョブの実行などのオペレーションの管理のほか、キャパシティ(容量・能力)管理、イベント管理などITサービス提供に必要なコントロールについて説明する。また、ITサービスの提供で必要となる、サービスレベル管理、報告、費用の管理について説明する。

インシデントの管理では、発生した問題事象への対応について説明を行う。ここでは事象の受付から、原因の特定・解消まで、インシデントやサービス要求の管理、問題管理などの活動について説明する。

利用者の支援では、利用者とのコミュニケーションの窓口であるサービスデスクについて説明する。

1 ITサービスの提供

ITサービスの提供では、情報システムを適切に稼働させることが必要になる。そのために、運用設計に従い、業務処理を実行(業務運用)し、実行に必要なインフラを管理（システム運用）する。また、これら活動を管理するために、サービスレベル管理、費用の管理を行う。さらに、情報システムの有効性を高めるために、利用者の支援や、利用者への報告を行う。

（1）情報システムの業務に関する運用管理項目

主に業務アプリケーションの実行に関するオペレーションの管理、インシデントの管理、資産の管理、情報セキュリティ管理、サービスレベル管理、可用性の管理、アクセス権（実行権限）などの要件・手順・基本計画（マスタースケジュール）を管理する。

（2）情報システムに共通して行われる運用管理項目

組織や業務が共通で利用・管理するものもある。インフラに関するジョブ管理、監視（イベント管理）、バックアップ・リストア方法、ログ管理方法、インフラ環境へのアクセス権（実行権限）などの要件・手順・基本計画（マスタースケジュール）を管理する。

2 オペレーションの管理

情報システムは、何らかの処理を実行し、帳票等の成果物や情報の登録・照会・更新・集計・削除等の機能を提供する業務処理のオペレーションと、ITインフラや施設・設備を含めたインフラの運営を行うインフラのオペレーションがある。これらオペレーションの管理では、組織の運用規則、運用設計、処理の特徴をもとに、運用管理手順を作成し、この手順に従いオペレーションを行う。

（1）ユーザー情報、アクセス権の管理

①　ユーザー情報の管理

情報システムの利用者の情報は、運用管理や保守管理のさまざまな活

動で利用される。たとえば、情報システムや機器の利用者の特定、経費の配分、障害対応などさまざまに活用される。利用者情報の登録・変更・削除には、本人認証や承認権限を持つ者の承認を必要とし、申請が適切か審査し作業を行う。人事異動や退職などによる登録内容の変更や削除については、変更事由の発生日に合わせた対応ができるよう手続を定める。利用者の情報は、定期的な棚卸しを行い、登録内容を適切な内容に保つ必要がある。利用者情報の不備は、障害やセキュリティ事故、不適切な課金につながるリスクがあるため適切に管理する必要がある。ユーザーの管理情報には、**利用者識別子（ユーザーID）** Key Word や**ユーザー認証情報** Key Word を含む。

② アクセス権の管理

ユーザーやユーザーグループについて、情報システムが保持する情報資産に対して、許可された範囲のみアクセスできるよう権限を管理する。

利用者の異動などによる**アクセス権**の変更は、事由の発生に合わせて適切な時期からアクセス権が変更されるよう事前に準備を整える必要がある。また、アクセス権は定期異動後などに棚卸しを行い、長期間利用されていない休眠ユーザーを点検し確認をとるなど、常に適切な状態に保つことが必要である。

③ 特権ユーザーの管理

特権ユーザー Key Word はセキュリティ上のリスクとなるため、機器やソフトウェアの導入時にあらかじめ用意されている特権ユーザーは、無効にする、パスワードを推測されにくいものに変更する、特権ユーザーIDは共用せず管理者ごとに割り当てるなどの管理が必要となる。また、不正利用をログで点検するなどし、疑わしい操作については速やかに調査し必要な対処を行う。一時的な作業で特権ユーザーの権限が必要な場合、作業ごとにIDを作成する、認証情報を都度変更するなど、特権の利用者が特定できるようにする。

（2）データのバックアップ

データのバックアップは、障害などに備えてデータの写し（コピー）を

Key Word

利用者識別子（ユーザーID）——利用者識別子（ユーザーID）は、情報システムで利用者を識別するために付与される識別子である。利用者を特定し情報システムを利用する権限の判定や、課金先の識別に利用される。

ユーザー認証情報——ユーザー認証情報は、情報システムで利用者が使用したユーザーIDなどの利用者識別子が、本人が使用していることを確認するために用いられる。ユーザーの認証には知識要素、所持要素、生態要素があるが、ユーザーIDとパスワード（知識要素）の組み合わせで用いられることが多い。パスワードは不正使用を困難にするために、人目に触れるところに記録しないなど扱いに注意をすることや、解読までに多くの時間がかかるように桁数や利用文字の組み合わせなどで難読性を高めるなどの指導を利用者に行う必要がある。機密性の高い情報を扱う情報システムでは、パスワード自体の強度を高めるワンタイムパスワードKey Wordや生体認証Key Wordの利用のほかに、多要素認証Key Wordの利用も増えている。

ワンタイムパスワード——認証ごとに入力するパスワードが毎回変わる方式で、一度使用されたパスワードは次回からは使用できない方式。利用者はトークンと呼ぶパスワードを生成するツールを用いる。

生体認証（バイオメトリクス認証）——指紋や顔、網膜パターン（虹彩）、静脈、掌紋、声紋など生体要素を用いて本人認証を行う方式。

多要素認証——ユーザーの認証に知識要素（本人のみが知りうる情報（暗証番号、パスワード））、所持要素（本人のみが所有する何か（SNSに送られたコード、IDカードやキャッシュカード））、生体要素（本人みずからの体で操作を行っている情報（指紋、顔、静脈））の３つのうち２つ以上を使用して認証を行うことで認証精度を高める認証方式。たとえば、１段階目の認証情報にはパスワードを用いて、２段階目の認証情報にはSNSまたはメールで送られてくるコードを用いる方法がある。類似した用語の多段階認証は、認証要素の組み合わせに関係なく２回（段）以上の認証を行うことを指す。

特権ユーザー——管理者権限Key Wordを持ったユーザーを特権ユーザーと呼ぶ。

管理者権限——サーバーの起動や停止、アプリケーションのインストールやシステム設定の変更、全データへのアクセスなど、情報システムに対して大きな影響を与えることが可能な権限のこと。

取って保存することである。

① バックアップの目的

情報システムでは、磁気ディスクの故障、電源の障害、機器やアプリケーションなどの誤操作や誤動作、災害などにより、データが破壊されてしまうことがある。バックアップは、このような障害や災害でシステム内の業務データやプログラムファイルなどが毀損・滅失した場合に、複製からデータを回復することが目的である。業務データだけでなく、プログラムファイル、システムファイルなどもバックアップの対象となる。

バックアップは、システムへの負荷がかかること、バックアップの取得に時間がかかることから業務への影響の少ない時間帯に完了するよう計画されることが望ましい。バックアップの方法は、バックアップ対象となるデータ量の現状と増加量、バックアップに利用する記録装置の記録速度、バックアップ処理が可能な時間、目標復旧地点（RPO：Recovery Point Objective） Key Word 、目標復旧時間（RTO：Recovery Time Objective） Key Word 、目標復旧レベル（RLO：Recovery Level Objective） Key Word 、そしてバックアップからのデータの復元（リストア）の時間などの要件から設計する。

② バックアップ対象の資源による分類

障害の程度によって復旧が必要となる対象は異なる。そのために、バックアップは想定される用途や目的によって、取得の対象や範囲を決める。

○システムフルバックアップ

システム全体のバックアップ。OSの更新などソフトウェアのベースラインを更新する際などに行われる。

○データバックアップ

ある時点でのデータベースのデータのバックアップ。バッチ処理の前後でのデータの保全などのために行われる。

○ファイルバックアップ

各サーバーに保存されているファイルをバックアップする。

③ バックアップの内容による分類

バックアップには図表1－3－1のように、フルバックアップ、増分バックアップ、差分バックアップの３つがある。

○フルバックアップ

フルバックアップとは、バックアップ対象をすべて複製することである。すべてのデータを複製するので、バックアップに時間がかかる。しかし、複製したすべてのデータが１カ所にまとまっているので、復旧時に必要なデータをすぐ得られるという利点がある。

○増分バックアップ

増分バックアップは、フルバックアップ後、前回のバックアップ時から変更/追加されたデータのみを複製する。フルバックアップ後は、前回バックアップから変更/追加されたデータだけを複製するのでバ

Key Word

目標復旧地点（RPO：Recovery Point Objective）――過去のどの時点までのデータを保障して復旧させるかという目標値。バックアップを取得するタイミングあるいは頻度になる。RPOの値は、大きければ大きいほど失われるデータが多いことを意味する。たとえばRPOが１日であれば、システムは最大１日分のデータが失われた状態で再開すればよいので、日次でバックアップを取得すればよい。もしRPOが０（ゼロ）であれば、更新データはリアルタイムでバックアップを行い、システム復旧の際には障害発生直前のデータを欠損なく使用できるようにしなくてはならず、大きな費用と運用負荷が発生する。

目標復旧時間（RTO：Recovery Time Objective）――どれだけの時間でRLOまで業務を復旧させるかという目標値。システム停止から、復旧作業に着手し定められたレベルにまで復旧するまでの時間である。RTOを短く設定するためには災害発生後どれだけ速やかにシステム復旧作業に着手し、復旧作業を迅速に完了できるかがポイントとなる。

目標復旧レベル（RLO：Recovery Level Objective）――災害や事故などで業務が停止・中断することにより低下した操業度を目標とする時間（RTO）内にどの程度まで復旧させるかという指標である。RLOはRTOとペアで設定する。

最大許容停止時間（MTPD：Maximum Tolerable Period of Disruption）――許容される最大のシステム停止時間。

図表1-3-1●バックアップの種類

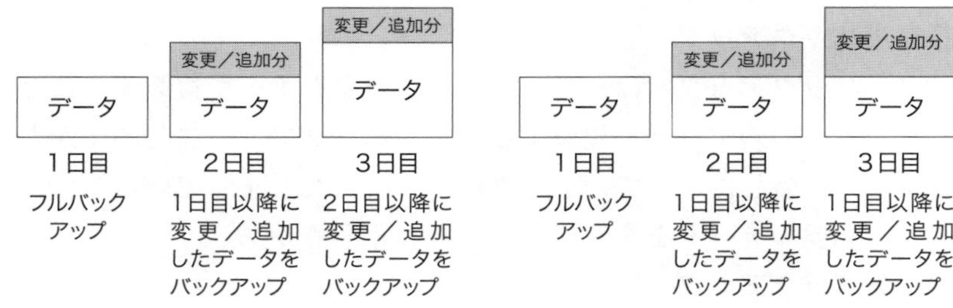

ックアップにかかる時間は差分バックアップに比べて短いという利点がある。復旧は、復旧地点の直前のフルバックアップ復元後に、フルバックアップ以降に取得した増分バックアップを復旧地点まで順番にすべてを復元させていく。そのため差分バックアップより回復に手間がかかることや、途中1つでも増分バックアップデータが欠けると回復できなくなるなどの注意点もある。

○差分バックアップ

差分バックアップは、直前のフルバックアップから変更/追加されたすべてのデータを複製する。次回もフルバックアップ時から変更/追加されたデータすべてを複製する。復旧は、復旧地点の直前のフルバックアップ復元後に復旧地点1回分の差分バックアップを復元することで回復できる。差分バックアップよりバックアップ時間は長くなるが、復旧のときの手間は増分バックアップに比べ少ない。

3 キャパシティ管理

キャパシティ Key Word 管理は、業務が情報システムに対して必要とする資源について、量や能力・性能を、適切なコストで、不足することのないよう提供する活動である。キャパシティ管理は問題が発覚してからの対応や対策になりがちであるが、現状把握と利用の傾向分析、事業計画からの資源の需要予測をもとに、あらかじめリスクを抽出して対策を行うことが大切である。

（1）キャパシティ管理の対象

キャパシティ管理の対象は、情報システムとハードウェア、ソフトウェア、ネットワーク、人的資源などのIT資源である。広義には、電源や機器の設置場所など施設・設備を含む。

（2）キャパシティ管理の種類

キャパシティ管理は、図表１－３－２のように３種類の活動に分類できる。

図表１－３－２●キャパシティ管理の種類

種類（管理対象）	管理内容	管理項目例
事業キャパシティ管理 （将来のIT資源の需要の増減）	ビジネスの需要から、情報システムに対する将来のキャパシティ要件（需要の増減）を予測する	販売量 利用者数
サービスキャパシティ管理 （現在のパフォーマンス）	ITサービスのパフォーマンス（現在の供給状況）がSLAを充足しているか管理する	応答時間 稼働率
コンポーネントキャパシティ管理 （現在のIT資源の状況）	各コンポーネント（システム構成要素）の容量や能力・性能を監視し増減など状況を管理する	ディスク容量 CPU利用率

（3）キャパシティ管理の手順

キャパシティ管理は図表１－３－３のように、管理基準に対する状況のモニタリング、分析、チューニング、実装の４つの活動を繰り返し実施

Key Word

キャパシティ――要求や負荷に対応できる能力。ハードウェアやソフトウェアの量や能力・性能に依存する。

図表1-3-3●キャパシティ管理作業

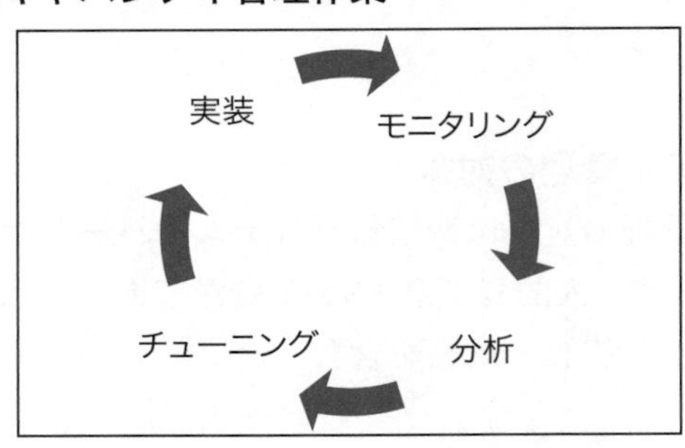

する。計測は、正常時にどのような状況にあるのかを知ることが必要であり、平時から継続して行う。どのようなときに性能の限界に達するのかを把握するために、各時間帯における平均ユーザー数、負荷がピークになる時間帯、よく実行されるジョブの中でCPUなどのハードウェア資源を多く消費するものなどを把握しておくことが有効である。

(4) 性能対策

性能に問題がある場合の対処方法には、ボトルネックを発見し解消する方法がある。CPUなど機器の性能がボトルネックとなっている場合、たとえばスケールアップとスケールアウトによる対策方法がある。

○スケールアップ

メモリやハードディスクを増設したり、CPUをより上位のスペックに交換（スペックアップ）して、サーバーやPCなど機器そのもののパフォーマンスを向上させる方法。

○スケールアウト

システムを構成するサーバーの台数を増やすことで、システムの処理能力を高める方法。スケールアウトを選択するには、処理の並列化や分散化が可能なシステムやアプリケーションであることが必要である。

4　イベント管理

イベントは、情報システムを構成するサーバーやアプリケーションといった構成要素や、バッチジョブの処理結果などのシステム管理対象の重要な状態の変化をいう。イベントは機器の警告ランプや、アプリケーションやイベント管理ツールの警報（アラート）またはログの形で表出する。イベント管理では、イベントの発生を監視し、異常や障害を検知したときには、あらかじめ定めた手順に従い対処を行う。

対応手順には、どのようなイベントをどのように管理するかをあらかじめ決め、手順の実施に必要な通知・検出・記録のしくみを整える必要がある。イベント通知には、**ポーリング**（管理ツールから管理対象に問い合わせる方法）や**通知**（管理対象から状態変化を発信する方法）がある。情報システムが複雑な場合や可用性の要求が高い場合には、管理ツールが利用されている。イベントは重要性を評価して、重要度に応じた対応を行うことが必要である。

5　サービスレベル管理

サービスレベル管理では、情報システムの**SLA**（Service Level Agreement）について、図表１-３-４のようにPDCAによる管理を実施する。

（1）SLA

サービスの範囲や内容、レベル（**サービスレベル**）についてサービス提供者（サービスプロバイダ）とビジネス部門（利用者）の間の合意、または合意した文書がSLAである。利用部門が費用や提供物の質について適切に評価し、サービス提供者が環境や体制への投資を適切にするために、運用、保守やサービスの何をどの程度実施していくのかといった目標を、利用者とサービス提供者との間で明らかにして合意する。

SLAの作成や取り扱いについては、次のような点を考慮する必要がある。

図表1-3-4●SLAマネジメントサイクル

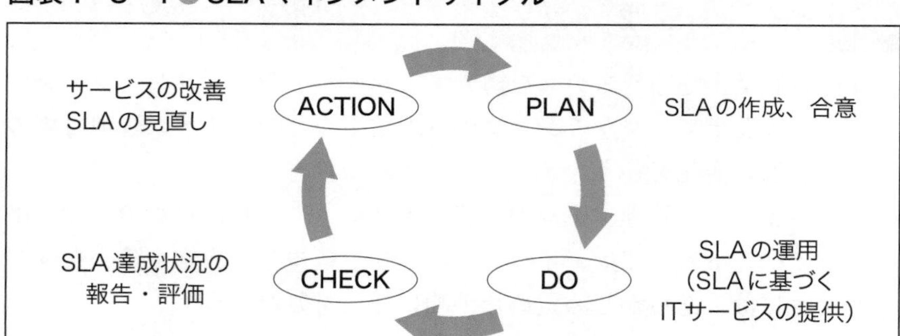

・対象となるサービス項目とサービスレベルについて、提供者と利用者で合意すること
・SLAは、相互が理解できるような表現とすること
・SLAは、双方が納得して合意できる内容にするよう努めること
・対象となるサービス項目と対象のサービスを実現する機能との関係を確認すること
・利用者の責任について合意すること
・SLAには、役割・責任分担や合意したサービスレベルを達成できなかったときの対応を定めること
・SLAで計測・評価対象とする指標を明確にすること。達成不可能な目標値や、計測不可能な内容を含めることは避けること
・SLAの指標の計測方法、報告方法、計測・評価の期間を明確にすること
・SLAの目標値の種類（→Column《SLAの目標値の種類》）をあらかじめ明確にすること。目標保証型の目標値については、未達成の場合の扱い（ペナルティー）をあらかじめ明確にすること
・外部のIT資源を利用しITサービスの提供を行っている場合には、IT資源の供給先とのSLAや契約書に自社のサービス提供に必要となる目標値を設定することが望ましい

・サービスレベルは「高ければよい」ではない。事業運営の要求をもとにコストや運用の負荷を勘案し、設定すること
・サービスレベルの評価の対象をむやみに広げないこと。当初は重点を絞り、必要に応じて対象を増やすことも検討すること
・SLAはあらかじめ定めた間隔で見直すこと。見直しは、サービス目標、計測結果（実績）、不適合の原因と改善などを踏まえて行うこと
・SLAの達成には多くの組織、プロセスが関係していることから、

Column  知ってて便利

《SLAの目標値の種類》

SLAの目標値には、図表1-3-5のように「努力目標型」と「目標保証型」がある。

「努力目標型」でSLA導入を行い、運用実績を考慮したうえで目標値の見直しを行いながら「目標保証型」へ移行する、設定項目ごとに保証項目、目標項目を組み合わせるといった工夫も必要である。

図表1-3-5●SLAの目標値の種類

種　類	特　徴	メリット	デメリット
努力目標型 （目標値設定型）	品質目標の詳細、目標値を設定することで、目標値達成に向けた継続的な改善努力を促す効果がある	・関係者間で目標・評価指標が明確になる ・目標値の柔軟な運用が可能 ・導入が比較的容易	・目標値の達成に契約上の拘束力はない
目標保証型 （保証値設定型）	事業者は事前に取り決めたサービスレベルを保証する義務を負う品質基準を設定することにより､サービス品質を担保する。達成度によりペナルティーもしくはインセンティブが発生する	・関係者間で目標・評価指標が明確になる ・責任とインセンティブやペナルティが明確になる	・導入が難しい ・サービスレベルの見直しが難しい ・保証値の達成のためにシステム構成の変更やレベルアップが生じ、契約金額の高騰のおそれがある

出所：「大阪市ICT調達におけるSLAガイドライン」５頁から引用

SLAの変更は、変更による影響を受ける組織とあらかじめ調整すること

・SLAの合意内容は「必ず目標値は守られる」ことを意味するものではない。計測値が目標値の閾値外になることがあることを前提に、閾値外になった場合の対応についてあらかじめ検討し、対策をしておくこと

(2) SLAの評価項目

目標の項目やレベルは、業務要件、システム要件や組織戦略に応じて設定される。評価項目は、たとえばJIS X 25010(システム及びソフトウェア製品の品質要求及び評価)を参考にすると、図表1-3-6のような項目となる。

図表1-3-6●JIS X 25010の品質特性を評価項目とした目標の設定例

品質特性(評価項目例)	目標例
機能適合性	ユーザーの要求を満足する機能が提供されている度合い
性能効率性	使用する資源の量に関係するシステム性能の度合い
互換性	同じあるいは異なるシステム環境において、情報を交換することができる度合い
使用性	ユーザーがシステムを利用する際に、有効かつ効率的に使えるかの度合い
信頼性	一定期間、一定の条件下でシステムが明示された機能を実行する度合い
セキュリティ	システムが認められた権限に応じて利用でき、データを保護する度合い
保守性	保守者による修正が有効かつ効率的に行える度合い
移植性	システムをある環境から別の環境に移すことのできる割合

(3) 評価指標と目標値

運用工程や保守工程の活動がこれらの目標に対して有効に行われていることを評価するために、計測し評価する指標(SLI:Service Level Indicator＝サービスレベル指標）と、目標値（SLO：Service Level Objective＝サービスレベル目標）をあらかじめ設定する。SLIやSLOは、対象とするサービスの種類や、業務の特性に合わせて設定する。参考となる資料には「SaaS向けSLAガイドライン　別表」（2011年１月経済産業省）や、「民間向けITシステムのSLAガイドライン（第４版）」（JEITA）などがある。

6　費用の管理

情報システムはライフサイクルに応じたさまざまな費用が発生する。費用は、導入時の費用だけでなく、情報システムのライフサイクル全体での総保有コスト（TCO：Total Cost of Ownership Key Word）の視点で適正な費用となるよう管理する必要がある。

費用を正しく把握し、コストを削減するためには、次のような方策が考えられる。

・徹底した見える化（正しい現状把握）

・標準化

・一元化

なお、財務管理における予算管理、会計、課金については、本章第１節5（4）を参照のこと。ここでは各情報システムで行う費用の管理について説明する。

（1）費用の発生時期による分類

費用には、図表１－３－７のようにイニシャルコストとランニングコス

Key Word

TCO（Total Cost of Ownership）――システムのライフサイクルを通して、購入・導入・維持管理・廃棄等まで含めた、システムを保有するためにかかる総費用のことをいう。

図表１－３－７●費用の種類

種　類	費用項目の例
イニシャルコスト	導入時に一時的に発生する機器・ソフトウェア・設備等の購入費用、各種工事費用、搬入・設置費用、初期教育費用など
ランニングコスト	リース費用、レンタル費用、ITサービスの利用料、機器・ソフトウェア・設備等の減価償却費、保守費、通信費、オペレーター等の委託費など 印刷用紙やトナーなど消耗品費、機器の廃棄や返却にかかる費用など

トがある。ランニングコストには、利用量にかかわらず一定額を請求される固定費と、利用者数やデータ量などの課金規則に従い費用が変わる従量料金のような変動費がある。

（2）ハードウェア費用の特徴と費用削減の視点

ハードウェア費用は、サーバーやPCなどコンピュータ本体、ディスプレイ、プリンター、外部記憶装置など周辺機器やネットワーク機器に関する費用である。導入時に一時的に発生する費用がイニシャルコストであり、保守費用のように導入後に発生する費用がランニングコストとなる。ハードウェアの調達方法には、購入、リース、レンタルがある。高額な機器については支出を平準化できるリースが利用されるが、利用期間が短期の機器はレンタルが利用される。近年、ハードウェアの機能を仮想化し、サービスとして提供するクラウドサービスの利用も進んでいる。クラウドサービスは、オンプレミスに比べ、イニシャルコストを抑えることができ、ランニングコストとして利用した機能や量に応じて利用料を支払う。

費用削減のためには次の視点が必要となる。

・不必要な性能、オプション、機能、バンドルソフトが製品仕様に含まれていないか確認し、それらを除外した場合の費用と比較する
・同様の仕様で安価な製品がないか確認する

・費用が予算の制約に合致するか点検する
・調達時には、複数から見積りをとるなどして競争性を高め調達価格を下げる
・イニシャルコストだけでなく、廃棄や返却までのランニングコストを含めたTCOを比較する
・クラウドサービスを利用する場合には、イニシャルコストだけでなく、利用期間中の総費用や条件の変更（ユーザー数など数量の変更、性能・容量の変更等）に必要な費用を、要件を満たす複数のサービスで比較する

（3）ソフトウェア費用の特徴と費用削減の視点

ソフトウェア費用は、自社で開発したソフトウェアや、外部から調達したOSやパッケージソフトウェアに関する費用である。開発や調達の費用がイニシャルコストであり、保守費用がランニングコストとなる。ソフトウェアによっては、利用料を支払う方式（サブスクリプション）がある。SaaSなどソフトウェアをサービスとして利用する場合も利用料がランニングコストとして必要となる。

費用削減のためには次の視点が必要となる。

・ボリュームライセンスなど安価な購入方法がないか確認する
・ユーザー数やCPU数、コア数、マシン台数、インストールメディアや説明書の数量などに無駄がないか点検する
・ライセンス形態（CPUライセンス、ユーザーライセンス等）の見直しで費用が軽減できないか点検する
・調達時には、複数から見積りをとるなどして競争性を高め調達価格を下げる
・自社開発をする場合には、パッケージソフトの利用ができないか検討する
・パッケージ製品は、カスタマイズをせずに仕様を満たす製品がないか調査し検討する

・パッケージ製品をカスタマイズする場合には、業務プロセスや業務手順をパッケージに合わせることができないかまず検討する

(4) ハードウェア保守費用の特徴と費用削減の視点

ハードウェアは、故障時の目標復旧時間（RTO)、故障率などの運用要件から保守契約を締結する場合が多い。保守契約にかかる費用の妥当性はメーカーが開示する故障率などから単純に評価することは難しい。保守契約には定期的な点検や不具合情報、ファームウェアの改修版の提供などを含んでいることもある。機器管理体制の不十分な組織では故障時の対応以外でも保守契約が有用な場合もある。

費用削減のためには次の視点が必要となる。

・保守契約を聖域とせず、スポット保守や代替機の用意などの代替策で運用要件を充足できるか検討し、充足できる場合には保守契約にかかる費用と代替策の費用やリスクの比較・評価を実施する。

(5) ソフトウェア保守費用の特徴と費用削減の視点

社内で保守ができないソフトウェアは、外部に保守を委託するための費用を確保する必要がある。外部から調達したソフトウェアの場合は、保守契約の内容は不具合情報や改良版の提供などが必要となる。昨今は製品のぜい弱性に対しては速やかに対応することが求められるため、ぜい弱性への対策版の入手に保守契約が必要か確認が必要となる。

費用削減には次の視点が必要となる。

・保守契約の条件に必須ではない内容（保守対応時間、保守実施場所、着手までの時間など）はないか点検し、不要な内容を外した場合の費用と比較する

・保守契約内容や製品の改修版の提供状況を評価し、再購入が可能で費用も安価になる場合には保守契約を結ばないことも検討する

（6）施設設備の費用の特徴と費用削減の視点

ハードウェアを設置するためには、機器等を収容する建屋や部屋、ラックや電源や空調、入退出装置などのセキュリティ設備など施設設備が必要となる。通常、施設設備は複数の情報システムで共用するため、あらかじめ定められた費用負担ルールに従って費用を各システムや部署に課金する。

費用削減のためには次の視点が必要となる。

・クラウドサービスを利用することなど、施設設備を自社で保持しない方策がないか検討する

・可用性などの要件に対して過剰な性能や数量になっていないか確認する

（7）サービス利用の特徴と費用削減の視点

サービスの利用契約は、あらかじめサービス提供事業者の用意する利用者に共通する標準的な内容の基本契約書・SLAと、利用者ごとに定めた条件（SLAやパラメータ）を記載した個別契約を用いて契約する場合が多い。これらの条件は、調達計画書の作成にあたり、RFIなどで確認を行い、不適切な内容については、個別契約に盛り込んだり、覚書などを追加することで契約内容に反映させるよう交渉を行うことが望ましい。

費用削減のためには次の視点が必要となる。

○サービス内容、料金の妥当性

サービス時間や課金対象、課金単位など基本的な項目が、調達計画書の内容、数量に適合しているか確認する。また、不必要な付帯サービスが含まれていないか、利用内容を変更するときの条件（変更可能な項目、サービス内容や条件の変更ができない期間、手数料、申し込みから変更が有効になるために必要な期間など）を確認する。

○問い合わせや障害時の対応条件の妥当性

サービスの障害として扱う基準を確認する。障害の判定基準はSLAへの違反を判断する基準となるため、確認が必要である。また、障害

発生から復旧までの回復条件、連絡・問い合わせ先や、連絡・問い合わせ時間・連絡方法も確認を行う。

○再委託の扱い

ITサービスを提供するには、サービスの機能を実現するためにハードウェアやソフトウェア、ネットワークやそれらを稼働させる施設・設備、人など各種のIT資源が必要となるが、サービス提供事業者1社ですべてを保有し、管理するのは難しい。そのため、サービス提供事業者が外部の業者（サプライヤ）から稼働の前提となる資源（サービス）の提供を受け、自社のサービス提供を行っていることが多い。契約においても、サービスの前提となる資源の提供条件・制約について確認する必要がある。

（8）クラウドサービスにおける契約

クラウドサービス事業者の再委託先を含めたサービス事業者と利用者の契約モデルについて、JEITAの公表するクラウドサービスの活用と契約モデルでは、図表1-3-8にある3つの類型を挙げている。

クラウドサービスの契約は複雑であり、クラウドサービス事業者(CSP)とのワンストップでのサービスを期待する利用者は、「インテグレーション型」または「インクルード型」が望ましい。事業継続を考えるうえで、利用しているサービスの契約形態がどの型なのかを把握し、サービス障害時の対応に備える必要がある。

（9）委託業務に関するセキュリティの要求事項

作業委託やサービスの利用では、サービス提供事業者に自社の情報資産へのアクセスを許可したり、情報を提供したりすることから、委託先におけるセキュリティの水準は、自社の情報資産に対するリスクを考えるうえで重要な課題となる。調達対象の納品物や情報システム開発、運用・保守などの委託作業、クラウドサービスなどのサービス提供で、それぞれのセキュリティの要求事項を満たすよう、調達仕様書や契約書に

図表1-3-8●クラウドサービスの契約モデル

類　型	概　　略	特　　徴
インテグレーション型	利用者は窓口となるCSPとのみクラウドサービスの利用に関する契約を締結する。CSPが利用するサプライヤのクラウドサービスの契約内容について、利用者は意識しない。	・窓口をCSPに一元化することができる。 ・CSPに一括で依頼するため利用者の事務や管理の負担の軽減が図れる。 ・利用者にはサプライヤの関与やリスクが把握できない。
インクルード型	利用者はCSPの契約と、CSPが利用するサプライヤの提供するサービスの利用に関する契約を締結する。CSPが利用するサプライヤのクラウドサービスの契約内容は、利用者に提示される。	・窓口をCSPに一元化することができる。 ・CSPに一括で依頼するため利用者の事務や管理の負担の軽減が図れる。 ・利用者からもサプライヤの関与やリスクが把握可能である。
セパレート型	利用者はCSPとサプライヤの両方とクラウドサービスの利用に関する契約を、個々に締結する。	・利用者がCSPとサプライヤのそれぞれに対応する。 ・利用者はシステムの詳細を把握し、サービスをコントロールすることができる。 ・利用者にクラウドサービスに関する専門知識やスキルが求められる。

出所：JEITA「クラウドサービスの活用と契約モデル」を参考に作表

セキュリティの要求を記載する必要がある。

たとえば、セキュリティマネジメントシステムの要求事項を定めたJIS Q 27001では、附属書A15に供給者関係として次のような要求事項を設けている。

・セキュリティの要求事項について、受託者と合意し、契約書や仕様書等に文書化する
・自社の情報資産に対してアクセス・処理・保存・通信を行ったり、情報基盤を提供する業者は、セキュリティに関する要求をまとめ、

合意する

・委託先との契約には、提供するITサービスを行うための資源を他者から調達している場合など、受託作業に必要な連鎖する供給関連者に対するセキュリティの要求事項を含める

これらの実現のためには、契約書やSLA等でセキュリティへの対応レベルを設定することが必要である。作業委託やITサービスの利用では、委託先の作業状況やサービス提供の状況について定期的に報告を求め、監視・点検し、また必要に応じて監査できることを、委託者と契約時に合意をしておくことが望ましい。

(10) その他の費用の特徴と費用削減の視点

情報システムの運用で必要になる費用には、印刷物の用紙やバックアップメディアなどの消耗品の費用などがある。

費用削減のためには次の視点が必要となる。

・用紙やバックアップメディアなど消耗品等のランニングコストは、同じ時期の過去の使用実績やイベントから推定される予想使用量と実績値を比較するなど、執行状況を点検することで問題点を早期に発見する。

・複数の業者から見積りをとることにより、安価な調達先を見つけたり、競争性によって調達価格を下げることが期待できる。

・消耗品は同じ業者、同じ製品を繰り返し調達することが多いが、定期的に調達先や製品の変更の要否を検討する。

7 報告

運用や保守のITサービスについて、サービス提供者は、ITサービス提供の状況を定期的にITサービスの利用者に報告することが必要である。報告について、あらかじめ契約書やSLAに報告の内容や頻度を定める必要がある。

（1）報告先

報告は、ITサービスの利用者側の管理者等に行う。報告先は契約時にあらかじめ定めることが望ましい。

（2）項目（例）

報告書の内容は、対象のITサービスによって異なるが、おおむね次のような内容になる。

・SLAに対する遵守状況
・予定されているイベント（サービスの追加・変更等）の種類や負荷、必要なリソース
・重大なインシデントや対処後のITサービスの状況
・サービスデスクなどプロセスや機能の有効性の評価結果
・利用者によるITサービスの評価や今後の検討に有益な情報　等

（3）報告時期

① 定期報告

対象のITサービスにより異なるが、リスクが発現する前に必要な意思決定を行うために、日々のサービスレベルの達成状況や問題点をとりまとめ、月次など一定の間隔で報告する。

② 随時報告

SLA未達成が発生した場合やその予兆が発見された場合など、必要に応じて随時報告を行う。

③ 期末報告

契約期間、作業期間の満了時には、期間内の実績を報告する。

8 インシデントの管理

情報システムの可用性は、あらかじめ設計された情報システムやインフラの機能・能力によるものに加え、運用工程での運用作業や保守作業

の品質に影響を受ける。そのため、運用作業や保守作業の品質を維持・向上させること、ITインフラを適切に機能させること、そしてインシデント Key Word の被害を最小限にするようインシデントを管理することが必要となる。

なお、情報セキュリティにかかる情報セキュリティインシデント Key Word については第４章で説明する。

（1）インシデントの管理の概略

インシデントが発生したときには、業務処理やサービスレベルを迅速に回復させ、業務への影響を最小限に抑える活動が求められる。根本原因の調査・対策については、問題管理として活動を切り分ける。

インシデントへの対応は、優先度に応じた迅速かつ適切な対応が必要となる。そのため、対応については標準的なプロセスに加え、優先度に応じて緊急時の手順、処置時間の目安などをあらかじめ定めておくことが望ましい。

（2）インシデントの管理の活動

個々の案件で対応に違いはあるが、インシデントの管理の活動には、図表1-3-9のようなものがある。

① インシデントの検出

Key Word

インシデント（Incident）――サービスに対する計画外の中断、サービスの品質の低下、または顧客へのサービスにまだ影響していない事象。冗長化しているディスクの１つに起きた障害もインシデントとなる。インシデントには、問い合わせなどのサービス要求を含まない。

情報セキュリティインシデント――望ましくない単独もしくは一連の情報セキュリティ事象、または予期しない単独もしくは一連の情報セキュリティ事象であって、事業継続を危うくする確率および情報セキュリティを脅かす確率が高いもの。

図表１-３-９●インシデントの管理の活動

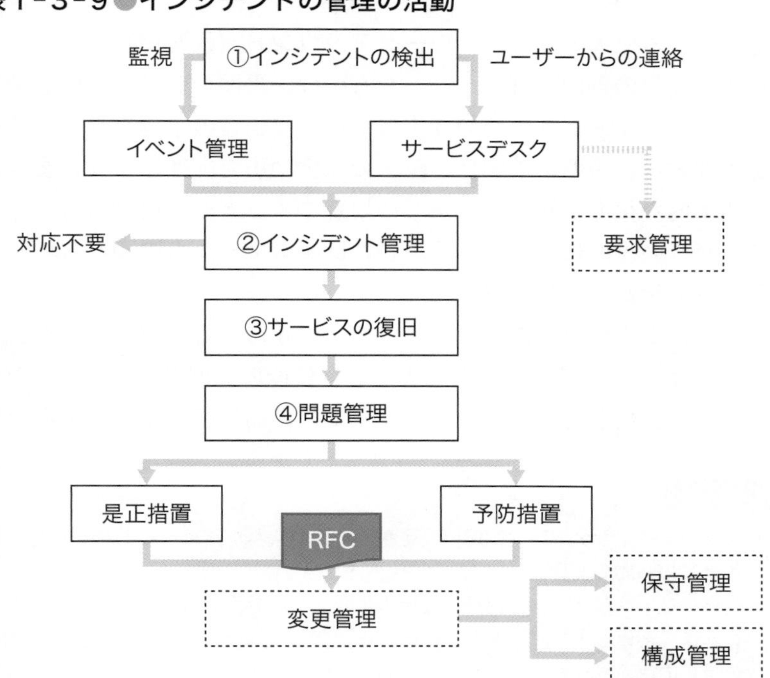

インシデントは、サービスデスクなどへの連絡により検出される場合や、イベント管理での監視により障害や障害の予兆が検出される場合がある。

② インシデント管理（記録、処置）

検出されたインシデントは、インシデント管理プロセスで管理する。インシデント管理では、分類、緊急度Key Wordや優先度Key Wordをつけて記録し、原因と対処方法を判断し、インパクトKey Wordに応じて対応を行う。担当部門が単独でインシデントを解決できなかった場合や、解決目標期限内に解決のめどが立たない場合などに、エスカレーションKey Wordを行い迅速な回復を図ることも必要になる。

各プロセスで管理する情報については、プロセス間で記録の連携がとれるように、図表１-３-10のようにCMDBへ情報を記録する。

③　サービスの復旧

保守による原因の除去や、**ワークアラウンド（回避策）**などにより、サービス提供の再開が可能となったものは、再開について関係者のレビューを行い、サービス再開の判定について責任者の承認を受け、サービスを再開する。復旧の手順は、障害の原因や影響範囲によりさまざまだが、標準的な復旧手順をあらかじめ用意することが必要である。

サービスの復旧に必要な作業項目には次のようなものがある。

１）システム機能の回復

障害により停止した機能について、保守による原因の除去や、ワークアラウンド（回避策）などを実施して機能の復旧が可能となったものについて、機器を起動したり、サービス再開に必要な処理を実行する。

Key Word

緊急度――インシデントや問題、変更が、経営や業務へ顕著なインパクトを与えるまでの時間の度合い。

優先度――インシデントや問題、変更の相対的な重要度の識別に使用される度合い。優先度は、インパクトと緊急度から設定する。行うべき処置に必要な時間の特定に使用される。たとえば、SLAに、「優先度２のインシデントは12時間以内に解決しなければならない」のように用いられる。

インパクト――インシデントや問題、変更による経営や業務へ与える影響の度合い。インパクトは、サービスレベルが受ける影響の程度から設定することも多い。インパクトを決定する要素には、たとえば、影響を受けるユーザー数、損失の額、市場や社会への評判等の影響などがある。

エスカレーション――サービスレベル目標値や顧客の期待を満たすために必要な追加のリソースを入手する活動。エスカレーションは、インシデント管理、問題管理、および顧客の苦情の管理などさまざまな活動で必要になる。エスカレーションには、機能的エスカレーションと階層的エスカレーションの２つのタイプがある。

機能的エスカレーション――より高度な専門知識を持つ技術チームにインシデント、問題、または変更を転送すること。

階層的エスカレーション――より上級レベルの職層に情報を提供したり、関与させたりすること。

図表１-３-10●インシデントにかかる各プロセスでの情報の記録

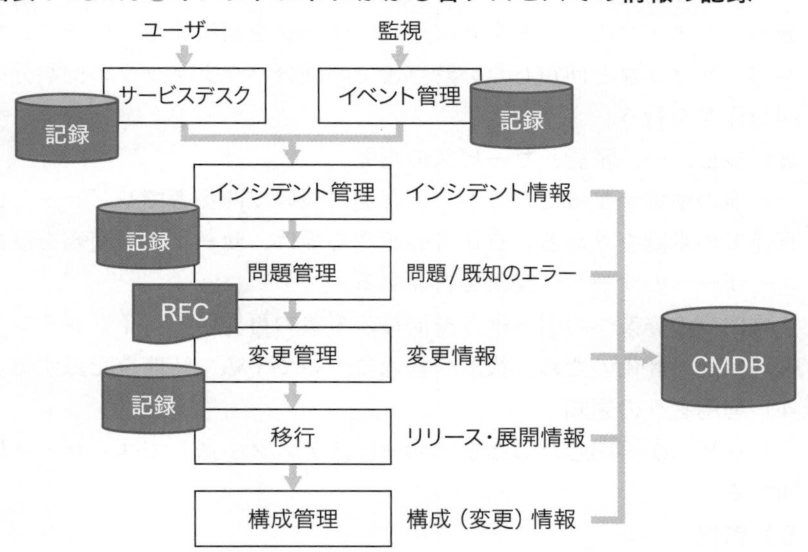

２）データの復旧

障害の内容に応じてデータベースやデータファイルを復旧するためにバックアップからデータを復元する作業（リストア Key Word）を行う。

リストアにより、バックアップされたファイルからシステム内のファイルやデータベースへデータを複製することで、バックアップの取得時までデータを復元することができる。差分バックアップを採用している場合は、フルバックアップからデータを回復した後に回復したい時点に一番近い過去分の差分バックアップのデータを用いてデータを回復する。つまり、フルバックアップと差分バックアップ１回分のデータで回復作業を行う。増分バックアップを採用している場合は、

Key Word

リストア——バックアップされたデータを用いて、データをバックアップ取得時点の状態に戻すこと。

フルバックアップからデータを回復した後に回復したい時点までの増分バックアップのデータを順に用いてデータを回復する。つまり、フルバックアップと回復したい時点までの増分バックアップの回数分の回復作業を行う。

３）レビュー、承認、サービスの再開

再開の準備が整ったところで、再開について関係者でレビューし、責任者の承認を求める。責任者の承認を受け、サービスの閉塞を解き、ユーザーへのサービス提供を再開する。

再開後の作業への引き継ぎや同様の事象の再発防止、インシデント管理状況の評価のため、復旧の経過について手順や時間を記録する。

４）利用者への通知

サービスが再開したことを、サービスデスクを通じてユーザーに周知する。

５）監視

サービスの状況について、サービス提供が安定するまで監視を行う。

④　問題管理（根本解決）

問題管理では、インシデントを引き起こした根本原因を特定し問題を除去する是正措置と、インシデントが発生する前に問題を発見して除去する事前予防的（プロアクティブ）な予防措置がある。

⑤　完了

保守等により根本的な問題の解決が終了したことおよび資源への変更を記録し、インシデントの対応は完了となる。

9　利用者の支援

利用者の支援の中心となる機能は、サービスデスクである。サービスデスクは、情報システムの利用者とのコミュニケーションの窓口であり、利用者からの問い合わせや申請を受け付ける窓口であるとともに、サービス停止などの情報システムに関する情報の提供を行う役割も担う。

（1）サービスデスクの役割

サービスデスクにどのような機能を割り当てるかは、組織によりさまざまであるが、情報システムの利用方法についての問い合わせ対応、ITサービスの提供に関する情報発信、またインシデント管理、問題管理、変更管理、構成管理に関する事象の受付や一次対応など多岐にわたることが多い。ユーザー管理や構成管理などの申請の対応などあらかじめ手順化され権限が与えられた処理は、サービスデスクで処理を完結する。

（2）受信する要求の分類

サービスデスクでは、さまざまな要求を受信するが、大きくは、図表1-3-11のようにサービス要求に関する連絡と、インシデントに関する連絡、苦情に分けることができる。

図表1-3-11●受信する連絡の分類（例）

分　類	具　体　例
サービス要求	・アプリケーションの利用方法がわからない ・情報システムを利用するPCを追加で設置してほしい ・パスワードがわからなくなったので、リセットしてほしい
インシデント	・PCが起動しない ・アプリケーションが起動しない
苦情	・サービスデスクの回答が遅い

（3）サービス品質の維持・向上への取り組み

①　人員体制

サービス品質は担当者の技量によって大きく変動する。問い合わせへの応対や他の管理活動との連携に必要なコミュニケーション能力、連絡や問い合わせの内容を理解し適切な対応や引き継ぎを行う能力など、担当者には幅広く高いスキルが要求される。高度なスキルとコミュニケーション能力を持ち十分なトレーニングを受けた要員をサービスデスクに配置することで、利用者の満足向上とともに関係するプロセスの負担を軽減することが期待できる。サービスデスクが機能しない場合、簡易な問い合わせにまで他の部門が対処することとなり、回答や解決の遅延など利用者の不満の増大や関係部署の負荷増大による作業効率の低下などのリスクの増大が懸念される。

このように、サービス品質を確保するためにはサービスデスクの人員体制の整備が重要である。この課題に対しては、AI技術やRPA Key Wordを利用した対応の自動化の取り組みも進められている。

② 単一窓口

サービスデスクは、図表1－3－12のように、さまざまな内容のユーザーからの問い合わせや連絡に、原則として同じ対応窓口（単一窓口）で対応することが望ましい。単一窓口とすることで、次のような効果が期待できる。

・問い合わせの「たらいまわし」を防ぎ、利用者満足の向上につながる
・対応についてのリソースを効率的に割り当てることができる
・対応の完了まで管理し、受け付けたインシデントを完了まで追跡し、必要に応じて進捗を促すことができる。解決に時間がかかる場合に

図表1－3－12●単一窓口

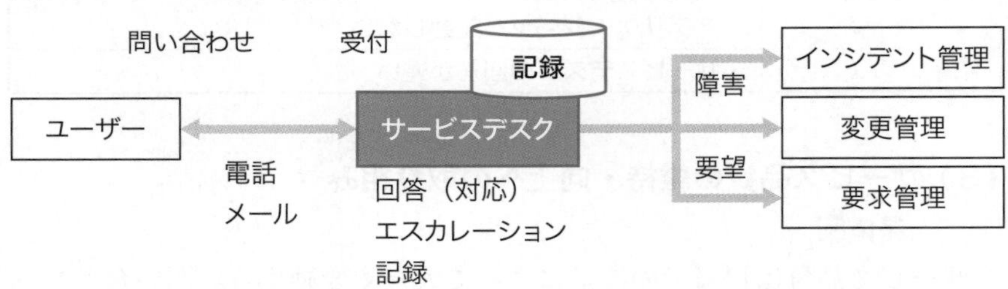

Key Word

RPA（Robotic Process Automation）――認知技術（ルールエンジン、AI、機械学習等）を活用したソフトウェアロボットにより、人間が行う業務を自動化し、代行する取り組み。

は、ユーザーに途中経過を報告し解決時期などの情報を提供する
・問い合わせや障害・不具合などの情報を集中させ記録・蓄積することで、ナレッジとしての有効性が高まる

③ エスカレーション

サービスデスクでは、問い合わせや相談などを契機としたインシデント管理を担当し、サービスの回復にさまざまな役割を担う。可能であれば一次回答を行い、専門的な分析や判断を伴う問い合わせなど対応できないものは対応可能な専門部署を選定し**エスカレーション**する。エスカレーションした案件は、完了まで進捗を管理する。

④ 対応記録の活用

問い合わせに関する記録は、整理し蓄積することでナレッジとして活用することができる。ナレッジは、マニュアルに反映したり、FAQ Key Word としてユーザーに公開し問題をユーザー自身で解決することで、サービスデスクへの問い合わせを軽減することが期待できる。

⑤ 評価、改善

サービスデスクの機能の有効性を評価するための評価項目や目標値には、次のようなものがある。

・サービスデスク内での解決率
・インシデント１件の解決にかかる時間（平均、最短、最長）
・インシデントをエスカレーションするまでの時間（平均、最短、最長）
・インシデント１件の解決までに必要となった平均コスト

Key Word

ヘルプデスク――サービスデスクと同様の意味で使用されることもあるが、本章では、ヘルプデスクはサービスの使用方法や故障などの利用者の問い合わせへの回答を中心とし、情報の発信は行わないなど限定的な利用者支援業務を担う機能として、サービスデスクと区別して用いる。

FAQ（Frequently Asked Questions）――利用者から頻繁に寄せられる質問とその回答（対応）をまとめたもの。

・月、週、日、曜日、時刻ごとの種別ごとの受電・受信数

これら評価指標を計測・記録、評価し、サービスデスクの機能の見直しや運営体制の最適化など改善のインプットとする。

第４節 保守、変更管理、移行

学習のポイント

◆保守の活動を概観し、他のプロセスとの関係について理解する。
◆具体的な事案への対応や管理活動の計画・改善のために、保守の活動を理解する。
◆インシデント対応やさまざまな要求への対応から生じるIT資源への変更の管理について理解する。

運用工程で、情報システムを稼働させサービスの提供を行うためには、情報システムの稼働環境を機能するよう維持することが必要となる。情報システムの保守とは、情報システムや情報システムの構成要素に対する、機能や品質等が設計された仕様どおりに動作させることを目的とした、点検・修理・整備・変更などの行為およびこれに付随する行為のことである。

保守作業は、運用管理で発見・収集された故障や不良（バグ）の原因の除去や、業務要件や法律の変更への対応、障害の予防のための部品交換などが、情報システムの問題管理や要求管理を起点に、保守管理のもとで実施される。そして保守作業の結果は、検証後に稼働環境に移行される。→図表１-４-１

図表1-4-1●保守、移行の概略

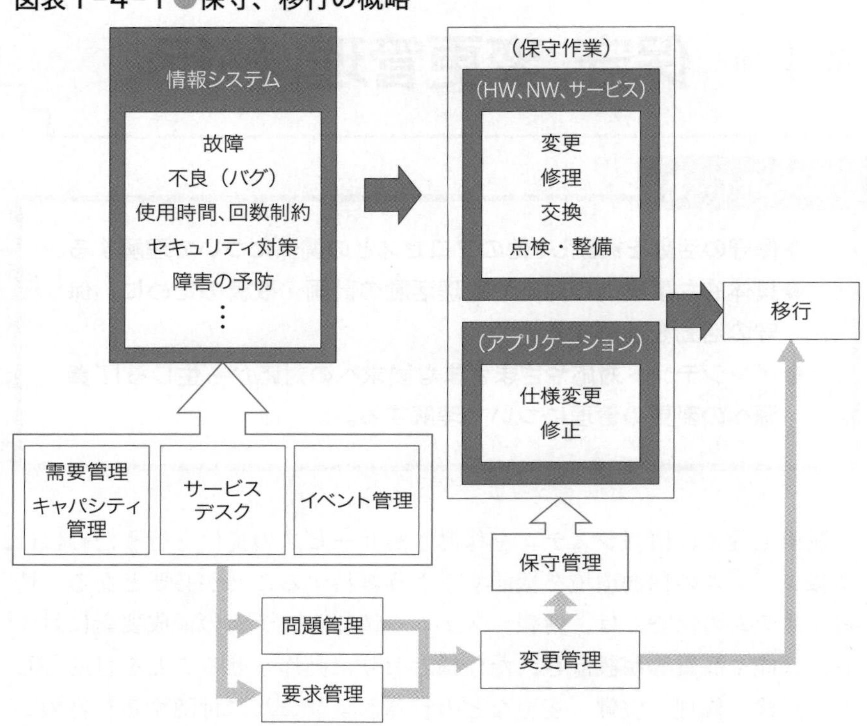

1 保守の活動の概要

(1) 保守の管理対象

保守の管理対象には、アプリケーションプログラム、ハードウェア、ソフトウェア製品、データ、設備等がある。ハードウェアに組み込まれたソフトウェア（PP：プログラムプロダクト）については、機器と一体となって機能することからハードウェアと一体で保守・管理されることも多い。

保守の作業の主体は、図表1-4-2のように調達方法により、自社で行うものと、外部に委託するものがある。

図表１-４-２●保守の作業の主体例

プロセス	作業の種類	対　象	管理形態	保守作業の主体
運用管理（イベント管理）	日常点検、監視	自社に設置する機器等のIT資源	自社管理	自社
			外部委託*1	委託先
		外部のIT資源やサービス	——	サービス提供事業者
保守管理	改修や改善（ソフトウェア）	自社開発、カスタマイズを行ったソフトウェア等（改修する権利を保有するもの）	自社管理	開発・調達と同様のプロセスで決定*2
	修理 改修（バージョンアップ）	外部から調達した資源で、保守契約を外部と結んでいるもの	自社管理 外部委託	保守委託先（メーカーやベンダー等）

＊１　外部委託の委託方法には、請負、派遣、準委任がある。請負では委託元は委託先の作業者に指揮命令を行うことはできないなど、それぞれの委託方法の特徴を理解し活用することが必要である。

＊２　自社開発をしたアプリケーションや自社でカスタマイズを行ったソフトウェア製品は、開発やカスタマイズ時と同様に、変更要件の作成から設計、製造（修正）、テストのプロセスを経ることになる。保守の依頼先は、開発を行った部署や、カスタマイズを行ったベンダーになることが多い。

（２）保守の要因

保守が必要となる要因には、大きく次の３つがある。それぞれ図表１-４-３のような対応の流れとなる。

①　インシデントの発見、認識

インシデントが発生した場合に、その原因について欠陥・不具合を特定し、速やかに訂正や修理を実施し、機能を復旧する。障害は目標とする回復時間までに機能を復旧させる必要がある。このためシステム管理者の判断で機能の復旧を優先し、欠陥の根本的な除去については別途問題管理プロセスにエスカレーションする。

障害に迅速に対応するためには、平時から障害の影響や故障箇所を特定するために、構成管理情報、障害対応手順、対応体制など対応に必要な情報や資源を整備しておくことが重要である。

欠陥は、契約の取り決めにより異なるが、一般的には製造者や販売者

図表1-4-3●保守の要因

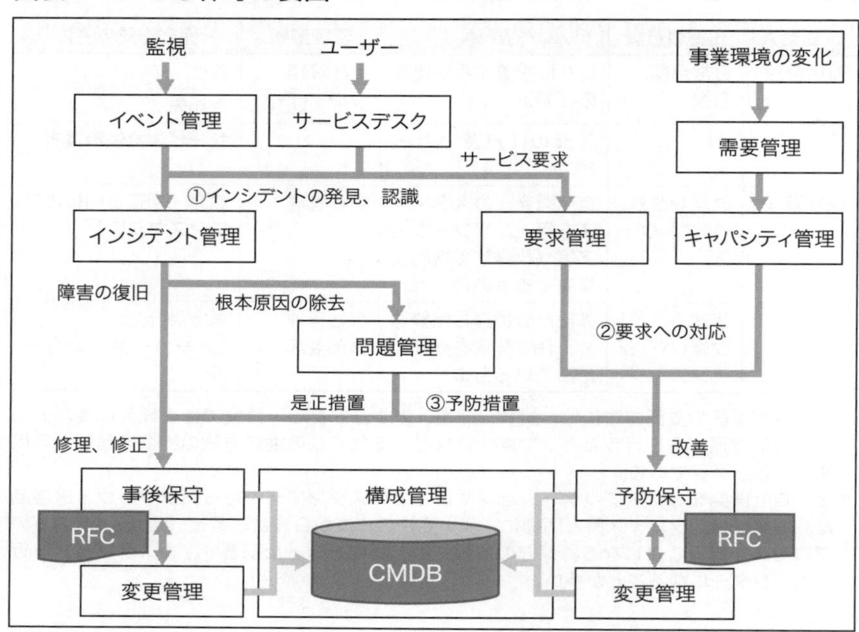

の責任において保守を実施する。

② 要求への対応

システムを取り巻く環境の変化やユーザーからの要求に対応するために、資源や機能の追加や変更を行う。たとえば情報システムに対する要求の変化に対応するための保守、関係法令の改正やOSのバージョンアップなど稼働環境の変化に対応するための保守、性能や保守性を向上させるための保守などがある。

これらは主に情報システムのオーナーの責任において実施される。

③ 予防措置

予防保守と呼ばれる。障害を起こした欠陥と同じ欠陥を有すると考えられる他の構成要素（たとえば、同型の機器や、分散型システムでの他拠点の機器やソフトウェアなど）について、障害が起きる前に修正を行う。また、ハードウェアは、稼働時間の経過により、磨耗や劣化が進行し、欠陥となり故障の原因となることから、定期的な点検・補修・交換を行うとともに、故障の予兆を発見するためのログや機器のランプ類などイベントの点検や、障害の発生するリスクを低減するための吸排気口の清掃などの日常点検・整備を行う。

(3) 保守の種類

保守工程の作業は、障害の発生の前後どちらで行うかにより、図表１-４-４のように、大きく予防保守と事後保守に大別できる。予防保守 Key Word は、障害の発生前に障害が起こらないように、環境の変化や、時間の経過、状態の変化に対して、情報システムが期待される役割を果たすためにシステム構成要素を維持する活動である。また、事後保守 Key Word は、故障や不具合の発生後に、原因を除去し、仕様どおりの機能を回復するためにシステム構成要素に変更を加える活動である。

予防保守のうち清掃など日常的に行う点検や整備は、運用管理の作業としても取り上げているが、保守対象について専門的スキルを有する作

図表１-４-４●保守の分類

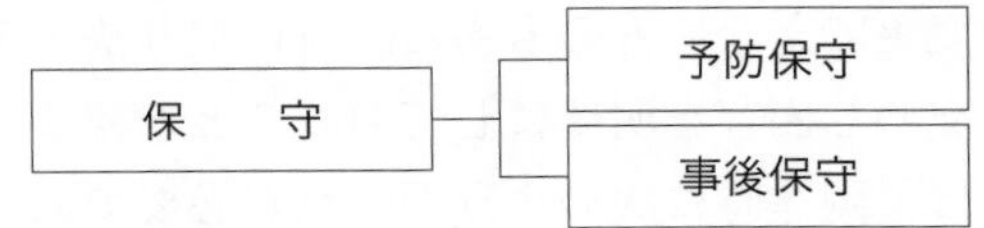

Key Word

予防保守――予防保守は、ハードウェアの故障や異常動作を未然に防止し、安定稼働するために行う活動。ハードウェア構成要素の状態を点検し、消耗品の交換や吸排気口などの清掃を行う。部品には耐久期間が決められているものがあるので、それらは決められた使用回数や使用時間によって交換する。

事後保守――事後保守は、ハードウェアに障害が発生した後に、障害の原因を取り除き、機能を回復させる。

業者により欠陥や欠陥の予兆を発見し、障害に至る前に欠陥を除去する活動として、保守管理の作業としても位置づけることができる。発見した欠陥は、主に問題管理プロセスに引き継ぎ対処する。

(4) 保守契約

保守作業は、簡易なものなど利用者が行うものもあるが、一般にはメーカーや開発会社、販売会社に委託したり、製品とともに用意される保守サービスを利用する。このとき保守の委託先やサービス提供者と**保守契約**を締結する。

製品によって保守契約の内容は異なるが、ハードウェア製品の保守契約では、保守対象となる製品、契約期間、保守対象とする欠陥・故障の種類、サービス受付時間、保守作業時間、作業方法、有償・無償の範囲、受付から作業着手までの時間、保守作業での免責事項など保守項目と保守レベルを定める。ネットワーク機器などに多いソフトウェアと一体で提供される製品では、ソフトウェア部分のバグ修正版の提供、最新版の提供などソフトウェアに対する内容を含んだ保守契約となる。保守契約の内容は、受託者と委託者との調整で決められる場合もあるが、保守委託先から提示されたサービスメニューから選択するものや保守委託先からの提示内容を変更できないものもある。特に取り決める事項があれば、覚書などを取り交わし内容を明確にしておくことが望ましい。保守契約の内容については、調達時に次のような注意が必要である。

・対応の時間については、「受付から1時間以内に現場に到着」「受付の翌日に訪問」など、受付時間だけでなく、受付から作業着手までの時間などについての条件も確認が必要である。

・ハードウェア製品では作業を行う場所について、機器の設置場所や情報システムの利用場所に保守作業者が出向いて作業を行う**オンサイト保守**や、機器を利用者が指定場所に送付して保守を受ける**センドバック保守**などがある。最大許容停止時間（MTPD：Maximum Tolerable Period of Disruption）が短いものは、作業条件等も含めた細かい保守条件の確認が必要である。製品によりさまざまであるが、高度なサービスほど料金は高くなるため、情報システムの信頼性設計における最大許容停止時間（MTPD）などの情報システムの運用要件や、自社の保守スキルを勘案し、最も費用対効果に優れたサービスを選択することが必要となる。

・ソフトウェアの保守契約では、ハードウェアと異なりオンサイトでの対応ではなく、サポート窓口での受付・回答が標準になるものが多い。

2 IT資源の種類ごとの特徴

（1）ハードウェアの保守

①　ハードウェアの保守の特徴

ハードウェアの故障は一般的に、稼働当初に設計不良や設置作業・初期設定の不良、部品の初期不良などの原因による故障（初期故障）が多く発生し故障発生率は高いが、その後時間の経過とともに初期故障の原因となる誤りが摘出され対策が進むことで故障発生は低下し、稼働は安定していく。しかし、さらに一定期間稼働すると、摩耗や劣化により故障が増加する。ハードウェアには仕様に信頼性に関する情報が記載されているものもあるが、現実には使用環境や設置状況、個体の品質により差が生じる場合もあることから、MTBF（平均故障間隔）を継続的に計測し、情報システムが要求する信頼性指標を計測・評価することで、機器等の更新時期を見直す判断材料の１つとすることができる。

図表１-４-５は使用時間と故障発生率の一般的な増減を示したものだが、図の曲線がバスタブを横に切った形に似ていることから、「バスタブ曲線」と呼ばれる。

②　ハードウェアの保守の種類

ハードウェアの保守は、機器の欠陥や誤った操作による故障の修復を行う事後保守と、点検と整備によって故障の発生を未然に防止する予防

図表１-４-５●使用時間と故障発生率

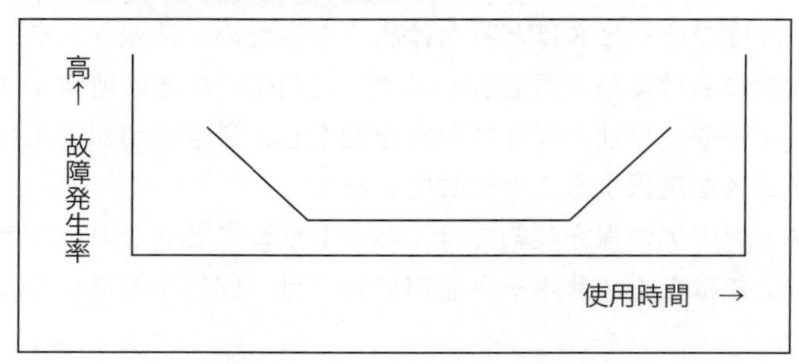

図表１-４-６●ハードウェア保守の分類

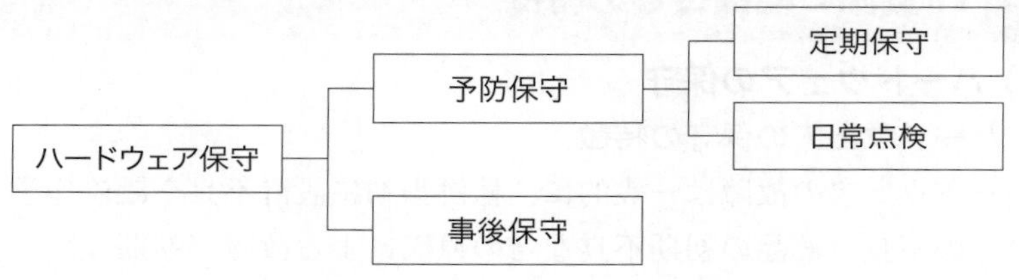

保守の２つに大別できる。それぞれ保守目的によって細分化される。→図表１-４-６

③ 保守の実施計画

保守の作業時期は、ITサービスが稼働していない日や時間帯が望ましいが、障害の対応であったり運用要件や作業内容により稼働中にも実施することもある。いずれもITサービスの提供に計画外の影響を及ぼさないように保守作業を行わなくてはならない。そのためには、事前に主要な保守事項を網羅した保守実施計画を立案し、保守作業項目ごとに指示命令系統を明確にして作業にあたることが望ましい。特に、保守を外部業者に委託している場合や影響範囲が遠方の事業所などに及ぶ場合は、想定外の事態が発生したときに誰が責任を持って対応を指揮するのかを明らかにする。

保守の実施計画には、保守日時、保守作業時の連絡体制、保守対象項目、保守の進捗管理方法、障害発生時の復旧方法、指揮監督者や担当者、バックアップ・リストア方法、入退室管理の方法などを記載する。

④　実施結果の確認

保守作業の終了にあたっては、作業が実施計画どおりに行われたかどうかを確認する。確認方法は対象となるシステム構成要素で異なるが、不具合箇所が修復され機能が回復しているかと、作業前に正常動作していた機能が作業により不具合を起こしていないかの２つの点について確認する。原因特定の誤りで、作業は正しく実施されたが機能が回復しないことや、保守対象機能以外の機能で不具合が発生することもある。結果の確認は作業者に任せるのではなく、機器の管理者やシステム管理者が確認する必要がある。

⑤　ハードウェア保守の注意点

１）保守種別の設定と保守計画の立案

ハードウェア構成要素ごとに保守の種別を設定しておく。たとえば、

Key Word

インシデント管理、問題管理や保守で用いられる用語を整理する。

誤り（error）――誤りとは、間違った結果を生じさせる人間の行為、または計算、観察、測定値や状態と正しい値または状態との相違。

欠陥（defect、バグ、失敗）――欠陥とは、要求された機能が実現できない原因となる不備。

故障（failure）――故障とは、期待した機能、結果から逸脱すること。ハードウェアの場合は、要求機能を失うこと。

障害（fault、インシデント）――障害とは、要求された機能を遂行する、機能単位の能力がなくなること。

問題――問題とは、インシデントを発生させる可能性のある未知の原因のこと。

既知の誤り――既知のエラーともいい、根本原因と回避方法がある問題のこと。

ワークアラウンド（workaround）――回避策のこと。問題が発生した場合の問題回避や被害低減をする応急措置であり、抜本的な対策が必要となる。緊急の対応手順となるが、ワークアラウンドによる被害拡大や異なる被害発生のリスクがあるため、記録を行うこと、情報を共有すること、レビューや承認を必要とすることなどに注意が必要である。

日常点検が必要なもの、一定期間ごとに保守作業が必要なもの、使用時間などの一定の使用量によって保守作業するものなどの種別分けをしておく。このように保守の種別分けをしておくと、保守の年度計画を立案する際に、適切な保守対象・時期を選択でき、保守作業に必要な資源や予算が明確になる。

2）保守（修理）以外の対応の検討

保守の要求を高く設定すると経費も高くなる。機器によっては予備機を購入しておき、故障時には予備機を利用して機能の回復を図る方法もある。保守費用と機器購入費、運用要件などを勘案し、運用要件を満たし費用対効果の高い方法がないかを検討する。

（2）ソフトウェアの保守

ソフトウェアの保守は、JIS X 0161で「ソフトウェアシステムへの費用対効果の高い効率的な支援の提供を要求するあらゆる活動」と定義されている。

① ソフトウェアの保守の特徴

ソフトウェア資源には、ハードウェアのような磨耗や経年劣化はないが、アプリケーションの障害発生率は、一般にはハードウェアと同じようにバスタブ曲線を描く。リリース直後は開発中に除去できなかったバグにより初期不良が発生するが、稼働開始から一定の期間が経過すると、

Key Word

定期保守――定期保守は、保守計画を立てて、重点的に見る箇所と毎回見る箇所を決めて定期的に実施する。ハードウェア構成要素の定期保守には、点検、整備、交換がある。点検では、正常に稼働していることを点検用の計測機器などを使用して確認する。整備では、ハードウェア構成要素内部の調整、清掃、機械動作部品の簡易な整備を行う。交換では、定期交換部品や消耗品を交換する。

日常点検――日常点検では、ハードウェア構成要素の稼働状況や特性値を見て、障害に至る可能性の高い何らかの異常があれば、消耗品の取り替えなどを随時行う。

初期不良は対策され障害の発生数は減少する。しかし、ITサービスの利用の進展に合わせて、機能の拡張や向上などの**ソフトウェアの改良** Key Word を繰り返すことにより、ソフトウェアの構造が複雑になり品質の劣化を招いたり、稼働環境が変化することで、障害の発生の可能性は再び高まる。このようなソフトウェアの品質特性を考慮し、保守管理を行う必要がある。

②　ソフトウェアの保守の種類

ソフトウェア資源の保守は、JIS X 0161で図表１－４－７のように分類されている。

図表１－４－７●ソフトウェア保守の体系

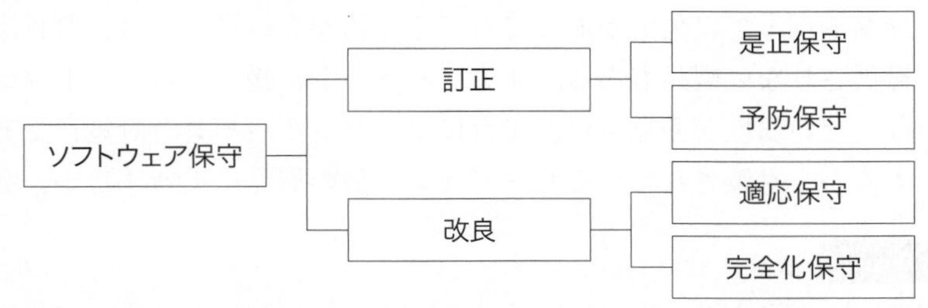

③　ソフトウェア保守のプロセス

ソフトウェア保守のプロセスは、(独)情報処理推進機構(IPA)の「共通フレーム2013」では次の５つの作業を定義している。

１）プロセス開始の準備（保守計画の立案）
２）問題把握および修正分析（問題の分析と対策の立案と決定）
３）修正実施（修正作業、テスト作業の実施）
４）保守レビューおよび受け入れ（承認権限を持つ組織（たとえばソフトウェア構成委員会）とのレビューと移行可否の決定）
５）移行（稼働環境への移行）

④　ソフトウェア保守の注意点

ソフトウェア保守を適切に行うために次のような注意点がある。

・ソフトウェア保守の戦略策定は、ソフトウェアの開発のできるだけ早い段階で行う。
・設計・製造段階から、保守性の高いシステムの構築に留意する。
・JIS X 0161の保守プロセスの目的に「完全性を維持しながら」とあるように、バグの修正箇所だけでなく、修正箇所以外の機能が修正の影響なく正しく動作するかを確認する。
・構成管理プロセスと密に連携をとり、構成管理情報を正しく管理する。
・自社で開発したソフトウェアを自社で運用する場合、安易に開発担当者や開発部門に保守を担当させるのではなく、情報システムの特性、部門の人材育成、組織の情報化戦略などを踏まえて体制を構築する。
・ソフトウェアに欠陥があっても保守契約がない場合には、訂正版が提供されない製品もある。インターネットに接続するソフトウェアは、ぜい弱性が発見された場合には、パッチ（不具合対策）を適用するか、対策されているバージョンや他の製品に更新するか、利用

Key Word

ソフトウェアの改良――ソフトウェアの改良とは、設計どおりに処理されているが、処理手続や制度の改訂などに対応する必要がある、利用者の要望によりレスポンスを向上させるなどの、現行の要件・仕様にない新しい要件・仕様を取り込み、ソフトウェアが使用できるよう維持・改善するために行う修正のことである。ソフトウェアの改良は、適応保守と完全化保守とに分かれる。

是正保守――利用開始後に発見された問題を訂正するために行う修正。是正保守のうち、特に緊急に対応する必要があるものを「緊急保守」と呼ぶ。

予防保守――潜在的な障害（まだ障害となっていない欠陥や故障）を顕在化する前に発見し、是正するための修正。

適応保守――環境変化に対応してアプリケーションソフトウェアを使い続けるために行う修正。組織改編、関係法令の変更への対応などがある。また、OSの更新への対応も含まれる。

完全化保守――アプリケーションソフトウェアの性能の向上や、保守性の向上のために行う保守。

を停止するかなどの対策を短時間で迫られる。事前にリスク評価を行い、保守契約内容、保守費用などを踏まえ対応の指針を作成しておく。

3 変更管理

変更管理では、情報システムの不具合への対応や事業や業務からのシステムへの要求に起因する変更の運用環境への受け入れについて管理を行う。情報システムの修正を外部に委託した場合や、機器などの調達、修理の完了についても、当該システム構成要素を稼働環境に受け入れることについて適切な手続・承認のもとに実施する。

稼働環境への受け入れについては、アプリケーションなど情報システムの構成要素の改修・追加・更新・撤去（削除）が適切で有効であることだけでなく、運用への影響や、移行作業の妥当性の評価も必要となる。そのために、さまざまな立場の関係者により多様な視点での検討・評価

Column コーヒーブレイク

《民法改正における瑕疵担保責任の改正》

これまでアプリケーションの開発や変更を外部に請負契約で委託した場合、検収後に委託した仕様に合致しない結果を発見した場合には、隠れた瑕疵として扱い、作業の受託者は検収した日から一定の期間瑕疵担保責任（改正前民法570条）を負った。2020（令和２）年４月に施行された民法では、「瑕疵」という文言は用いられず「契約の内容に適合しないもの」（契約不適合）という表現になった。瑕疵担保責任は一般に法律で特別に定めた権利とされていたが、契約不適合は債務不履行として扱われることとなった。主な違いには次のような点がある。

① 「瑕疵」から「契約不適合」という名称に変更
② 代金減額請求が可能になった
③ 責任追及の期間が長くなった（契約不適合を発見した日から起算）
④ 修補請求に制限がつけられた

を行ったり、運用環境でのテスト（運用テスト）や移行作業のテスト（移行テスト）を行う。

(1) 変更の分類

変更管理では情報システムへの変更を正しく、安全に、かつ効率的に行うために、変更要求を一元管理して、整合性のある変更を行う。変更の要求には、規模や影響度などによりさまざまなものがある。これらを分類し、迅速にかつ適正に処理することが必要となる。たとえば、図表1-4-8のような分類がある。

図表1-4-8●変更の分類（例）

分類（例）	対象（例）	管理（例）
通常変更	・予防保守や機能改善・追加などの適応保守による情報システム変更の受け入れ	関係者（担当）のレビューと責任者による承認
緊急変更	・障害対応のための是正保守による情報システム変更の受け入れ	対象者を限定したレビューと責任者による承認
標準変更	・標準的な手順が整っているもの（ユーザーの追加・削除、アクセス権の変更など）	サービスデスクに事前に権限を付与 個々の案件はあらかじめ定めた対応手続に従う

(2) 変更管理の手順

変更管理は、図表1-4-9のような手順で実施される。

① 変更の記録…依頼部門からRFC（変更要求）を受け取り、記録する

② 変更のレビュー…さまざまな立場の関係者による検証の場（CAB Key Word）でレビューを行う

③ 変更承認…変更の責任者が承認を行う

④ 変更実施の支援…変更の実装、移行テスト、運用テストの計画や実施を支援し管理する

⑤ 変更完了の確認…変更完了を確認する

図表1-4-9●変更管理の手順

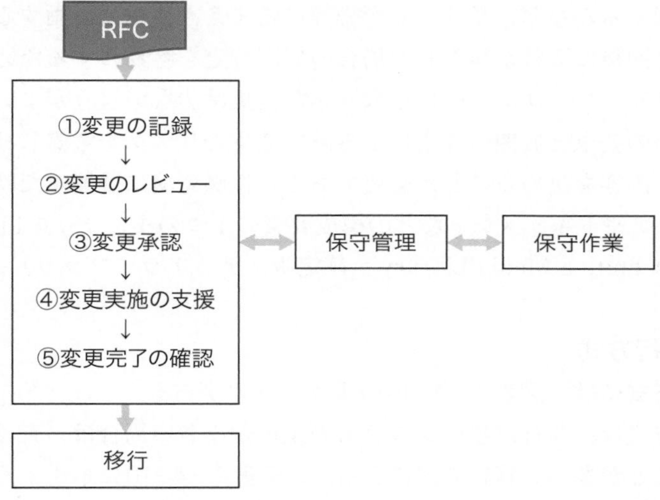

4　移行（リリースおよび展開）

（1）移行（リリースおよび展開）の概要

変更管理で承認された変更を稼働環境に統合することを移行（または移行作業）と呼ぶ。ITILでは移行作業を、変更管理で承認された変更内容を1つのまとまり（リリース・ユニット）としてまとめ、正式な版として承認する作業（リリース）と、リリースを受けて稼働環境に実際に

Key Word

CAB（Change Advisory Board）――変更諮問委員会。変更要求をさまざまな観点から検討し、変更の可否を評価するために組織される委員会のこと。ITILの変更管理プロセスで用いられている用語。変更の理由は、技術的リスクだけではなく、業務や事業に対する影響度も考慮する必要があり、多様な視点で検討・評価することが求められる。そこで立場の異なる関係者を集めて、変更承認者の適切な判断を支援するために助言を行う場がCABである。

統合させる作業（展開）としている。リリースされた版をどのタイミングで展開するかなど、業務への影響等を踏まえ、慎重に計画する必要がある。展開後に障害が発生した場合の原因特定を容易にするためには、１つのリリース・ユニットには取り込む変更は少ないほうがよいが、事業や業務の要求と展開の作業による障害発生のリスクを考慮しリリースや展開の内容を決めることが必要である。稼働環境に展開した時点のソフトウェアやドキュメントなどの構成要素の１つのまとまりをITILではDML（Definitive Media Library＝確定版メディアライブラリ）と呼ぶ。

（２）移行方式

移行方式には、図表１-４-10のようなものがある。

移行方式は、移行対象のシステムの規模が小さい場合は一斉移行を採用することが多い。移行方式によって、図表１-４-10に示すようにシステム運用部門の負荷には差があるので、移行方式に応じて移行期間中は運用体制を特別に組み立てるなどの考慮が必要になる。

（３）移行作業の検証

移行にあたっては、移行作業や移行実施の際に発生すると予想できる問題点をあらかじめ洗い出しておき対策の立案を行い、対策の有効性を確認するために移行テストを行う。これにより、実際の移行時のトラブル発生を最小限に抑え、本番環境へ影響を与えないようにする。移行テストは、アプリケーションシステムの機能を検収するためではなく、移行が安全かつ効率的に実行できることを本番稼働作業の前に検証するために行うテストである。移行テストの対象には、ハードウェア、ソフトウェア、データベース、ネットワーク、運用のための手続などがある。このように移行テストの対象には多くの要素があるため、効率的にリリース・展開の可否が判定できるよう、過去のリリース・展開の実績をもとに検証対象や項目を絞り込むなど検証を効率的に行う工夫が必要になる。

図表１-４-10●主な移行方式

移行方式	運用側の業務負荷	備　考
一斉移行	短期に移行が終了するので、分割方式に比べて業務負荷が小さい。しかし、バグの発生などのトラブルが発生すると、障害対応や例外処理が多くなる。	―――
分割移行（段階移行）	新旧システム間でデータの受け渡しが発生するので、運用手順が複雑になる。また、移行期間が長期にわたるので、業務負荷が大きい。	移行によるトラブル発生が分割移行した部分に限定できる。
新旧システムの並行処理	新旧システムを同時に運用するため、業務負荷が大きい。	旧システムに依存してしまう傾向があり、移行期間が長くなりやすい。
新旧システムの並行処理なし	業務負荷は小さいが、利用部門側の不慣れ、バグの発生、運用手順書の誤りなどのトラブルが発生しやすい。	―――

（４）移行テストの評価項目

移行テストの評価項目として、図表１-４-11のようなものあがる。評価は、変更対象の情報システムだけでなく、移行により影響を受ける情報システムも対象とする。また、バックアップといったインフラ運用項目や、障害時の復旧手順や復旧時間など正常処理以外の処理についても、必要に応じて検証項目に加えることが必要となる。

図表1-4-11●移行テストの評価項目例

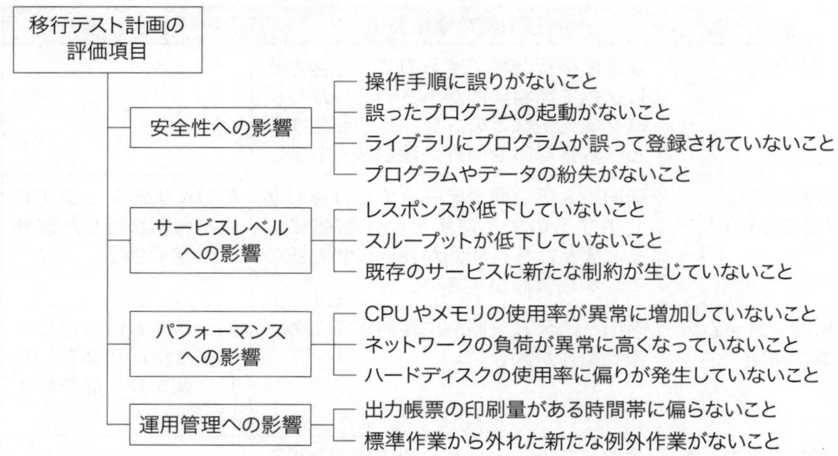

第１章　理解度チェック

次の設問に解答しなさい（解答・解説は後段参照）。

1

将来にわたって有効なシステム運用管理を実現するために実施すべき事項について、最も適切な記述はどれか。

ア．現在のIT資源の能力や容量などの制約条件を明確に把握して、それを利用者に提示し、IT資源の浪費につながるような無用な利用を極力抑制していくことである。

イ．IT資源の利用状況を分析して、コンピュータシステム、設備機器などについて適時に導入計画を立案し、実施することである。

ウ．企業の経営者や利用者がシステム運用に求めていることをアンケートを行って収集したり、あるいは情報戦略の内容の分析などを行うことである。

エ．経営活動に寄与するために、システム運用費用の節減を計画することである。

2

ITサービスとして提供する内容が多様化・高度化するにつれ、利用者の中には、効果的な利用ができない、利用の方法がわからない、トラブルの解決方法がわからないなど、ITサービスの有効な提供に支障が生じる場面が多くなってきた。この１つの対応策として、ユーザー対応窓口がある。ユーザー対応窓口を有効に機能させるために行う施策として最も適切なものはどれか。

ア．ユーザー対応窓口を24時間体制にし、いつでも利用者の問い合わせに対応できるようにする。

イ．問い合わせに対するレスポンス時間を短縮するため、ユーザー窓口要員には高度なIT知識を有する者を配置する。

ウ．高度な知識を有するユーザー窓口要員も初歩的な内容の問い合わせに対応することで、利用者の満足の向上を図る。

エ．利用者からの問い合わせ内容と対応履歴をデータベース化する。

3

オペレーション管理に関する講師の質問に対する次のア～エまでの受講者の解答のうち、適切な組み合わせは１～４のどれか。

【講　　師】　運用スケジュールは年間・月次・週次・日次とブレークダウンして作成していくわけですが、年間のスケジュールにはどのようなものを組み込むのでしょうか

【受講生ア】　年間というのは、どの月に何をしなくてはならないのかという側面です。設備面で見ますと、毎年あるものとして電源設備の法定点検による停電があります。期間はあらかじめ決まりますので、停電の期間を除いた運用スケジュールを作成する必要があります。アプリケーションシステムの面で見ますと、給与計算システムの年末調整処理を12月に行う必要があります。このような年間行事を忘れずに運用スケジュールに組み込んでおくのです。

【講　　師】　月次スケジュールを作成する際に、処理が集中する月末日にはどのような運用管理をすべきですか。

【受講生イ】　処理が集中してもスケジュールに影響が出ないようにするためには、コンピュータシステムの能力をこの時期に必要とする能力水準に合わせて装備することが大切です。

【講　　師】　運用スケジュールを作成するためには、具体的にいうとどのような情報を利用すべきですか。

【受講生ウ】　運用スケジュールは、アプリケーションシステムがいつ実行されるべきか、また、複数のジョブの実行が必要な場合にどのような順番で実行すべきか、専用帳票などに印刷する必要がある場合に、いつまでにプリンターの側に何箱用意しておくべきか、アプリケーションシステムのおおよその実行時間はどの

くらいかを知り、運用スケジュールを作成します。
【講　　師】 運用ルールを作成する際に留意すべき点には何がありますか。
【受講生エ】 運用ルールは、運用担当者や運用責任者が業務を遂行するために最も効率的に処理できるような内容にすべきです。

1．アとウ　2．イとエ　3．アとエ　4．ウとイ

4

保守管理に関して最も適切な記述はどれか。
ア．保守は、サービスを停止して行う必要があるため、停止時間が極力短くなるように周到な準備が必要である。
イ．ソフトウェア保守の特徴は、保守の頻度が多くなればなるほど、ソフトウェアは機能面の充実と品質面の充実が進むことである。
ウ．ハードウェア構成要素ごとに保守レベルを設定しておく。
エ．ハードウェアの日常の点検とは、オペレーション作業中にハードウェアに異常が起きていないかどうかに注意することである。

5

キャパシティ管理について、適切な選択肢はどれか。
顧客や利用者の事業や業務の将来計画に基づいて、ITサービスが装備すべき①（ア．機能　イ．処理能力）を計画することをキャパシティ計画という。また、ITサービスの処理能力には限界があるので、これを超えないようにするために、②（ア．負荷量を下げる　イ．運用時間を長くする）ことを需要管理という。
③（ア．問題管理　イ．障害管理）の目的は、障害の再発防止と未然防止である。

6 IT資源管理に関する各記述のうち、正しい組み合わせは１～４のどれか。

ア．ハードウェア資源の整備は、利用者の要望に基づいてハードウェア能力を計画することである。

イ．ソフトウェアは、著作権やライセンスに関した制約があることなど複雑な管理を必要とする。

ウ．データベース管理システムは、データベースのセキュリティを管理するソフトウェアのことである。

エ．設備の管理は、IT資源を有効に機能させるために、高い水準で稼働するように維持・運用・保守することである。

１，アとエ　２．イとウ　３．アとウ　４．イとエ

7 次のアからオまでの記述は、運用費用管理に関するものであるが、明らかに誤っているものはいくつあるか。

ア．運用にかかる費用は作業の標準化などを適切に行うことにより、管理が容易になる。

イ．情報システムの運用費用の構成は、ライフサイクルに着目すると固定費用と変動費用とに分けることができる。

ウ．ソフトウェア費用は、定常費用と臨時費用とに分けることができる。

エ．設備機器の費用を算定する際には、将来計画をある程度予想したオフィスや建屋の設計をしておく必要がある。

オ．ハードウェアの運用・保守費用の合計のことを総所有コストという。

１．１個　２．２個　３．３個　４．４個

8 要員管理に関する記述としてふさわしいものはどれか。
ア．勤務体系は、労働安全衛生法により定められた労働時間と休憩時間を遵守するように制定する。
イ．勤務管理は、適正な作業負荷になるように運用スケジュール作成することとその実施のフォローを目的としている。
ウ．男女雇用機会均等法は、差別や不利益扱いの禁止、セクシャルハラスメントの防止、などを目的とした法律である。
エ．キャリアパスは、要員が現状のキャリア（職種・専門分野とレベル）に至った経歴を示すもので、今後の育成方針を決定するために用いる。

9 外部委託に関する記述としてふさわしいものはどれか。
ア．外部委託は、自社要員の不足、技術水準の不足、ピーク時の作業能力の不足などに合わせて、要員の確保、処理能力の確保などを目的に行うことである。
イ．オンサイトサポートサービスは、委託先の施設内に自社の情報システムを置き、その運用・保守・点検を委託するサービスである。
ウ．SaaSとは、アプリケーションソフトウェアのレンタル業者のことで、利用者は自分のコンピュータシステムにインストールし、利用した時間分の料金を支払う。
エ．派遣は、成果物の完成責任はないが、委託元に指示された内容の作業を委託先責任者を通じて労働者に指示し、実施することができる。

10 情報セキュリティに関する記述としてふさわしいものはどれか。
ア．情報資産のセキュリティ管理の規準には、ISO9001がある。
イ．情報セキュリティポリシーとは、情報セキュリティへの取り組みに関しての基本方針や行動規範を指す。

ウ．情報セキュリティ実施手順とは、基本方針の内容を受けて具体的なルールを記述したものである。
エ．通信および運用管理とは、建物、設備、装置、作業環境を対象としたセキュリティ対策のことである。

11

システムの更新について、適切な選択肢はどれか。
① ITサービスに対する変更を効率よく安全に実施するために、（ア．変更手続　イ．プログラムモジュール）の標準化、緊急度などによる優先度づけが大切である。
② 複数の変更を束ねて（ア．リリース　イ．バージョンアップ）単位とし、この単位で実際に適用する。
③ 移行テストは、その対象が非常に多くの要素となることが多いうえ、（ア．多数の検証すべきアプリケーションの仕様　イ．それぞれの要素の相互作用）があるので、あらゆる場合を想定して行う必要がある。

第1章　理解度チェック

解答・解説

1
ウ
ア．×　記述内容は、利用者のIT資源の利用を現在の制約範囲内に抑制するための方策であって、将来を見据えるという視点が欠けている。
イ．×　IT資源の導入は、現状のIT資源の使用状況だけでなく、将来のIT資源の利用方向を十分見極めたうえで行うべきある。
ウ．○　経営者および利用部門がシステム運用に求めている要件を分析することが大事である。分析した結果をシステム運用管理計画として立案し、利用者がITサービスを将来にわたってストレスなく利用する環境を維持することである。
エ．×　システム運用管理の目的は、システム利用者にITサービスをストレスなく利用する環境を維持することである。このような環境を確保した後に、システム運用にかかわる費用、IT資源の維持にかかる費用などの節減を行うべきである。

2
エ
ア．×　ユーザー対応窓口の24時間体制は、利用者に対する利便性の向上を図ることができる。しかし、ITサービスが求められるサービスレベルによっては、利用頻度や人件費などの運営費用などと効果の程度、あるいはユーザー対応窓口の有効性という観点からは必ずしも適切とはいえない場合もある。
イ．×　ユーザー窓口要員に高度なIT知識を有する者を配置すると、IT知識に関する問い合わせへのレスポンス時間は短縮できるであろう。しかし、問い合わせ内容はIT知識に関することだけでなく、業務処理方法に関すること、ITサービスに関すること、設備に関すること、苦情などさまざまな分野の問い合わせに対応する必要があり、問い合わせの内容に応じたスキル保有

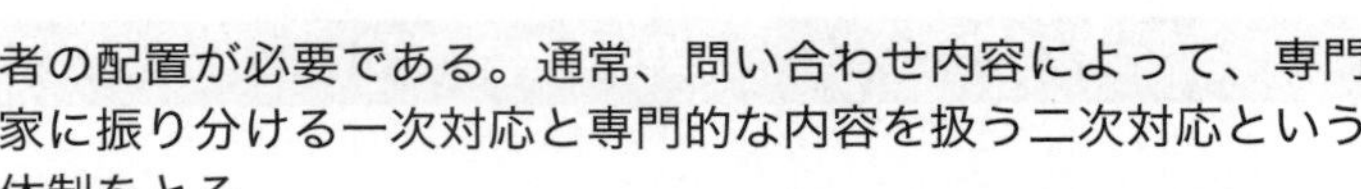

者の配置が必要である。通常、問い合わせ内容によって、専門家に振り分ける一次対応と専門的な内容を扱う二次対応という体制をとる。

ウ. ×　ユーザー窓口要員に高度な知識を有する優秀な人材を配置しても、「パスワードを忘れてしまった。どうしよう」というような初歩的な問い合わせについては、利用者の満足向上に効果的とはいえない。利用状況や利用ニーズを調べ、利用者教育なども含め有効な策を検討すべきである。

エ. ○　データベースを参照することにより、トラブルの進捗管理ができる。また、問い合わせ内容の分析を行ってFAQを作成し、ホームページに掲載することにより、ユーザー窓口への問い合わせ数を削減することができるなどの利点がある。

3

1

ア. ○　１年間の中で定例的に行われるイベントを運用スケジュールに組み込む必要がある。たとえば、財務の決算日程、給与計算の年末調整や一時金計算などの年間の定例業務日程やビル電源の定期点検による停電日程である。

イ. ×　コンピュータシステムの能力は、月次の平均的に必要とされる水準を確保しておき、それを超える処理がある場合は、別の日に分散させることを考える。受講者の回答は性能管理の観点で述べられている。しかし、コンピュータシステムの能力を高い水準に合わせてしまうと、処理集中日以外は、能力が遊んでしまい、費用対効果が低下してしまう。ITサービスによっては、サービス低下が許されないものもあるので、ITサービスが要求する特性を十分考えたうえで能力水準を設定すべきである。

ウ. ○　運用スケジュールの作成あたっては、対象アプリケーションシステムの実行タイミングと頻度、同一業務処理のジョブシーケンス、入力データの種類・量・時期、出力情報の種類と

出力時期、必要資源と処理時間を情報とする。
エ．×　システム運用の目的は、与えられたIT資源の中で、ITサービスの利用者に対して高い利便性を提供することにある。したがって、システム運用部門の効率性のみを考慮して運用ルールを定めてはいけない。利用部門からの要望を勘案して作成し、必要に応じて、見直しすることが大切である。

4　ウ
ア．×　保守の実施時期は、ITサービスが稼働していない時期が望ましい。しかし、ITサービスによってはサービスの停止ができないものもあり、その場合は稼働中に行うことになる。いずれの場合もITサービスの提供に影響を及ぼさないように迅速に保守作業を行わなくてはならない。
イ．×　ソフトウェアは、ITサービスの利用の進展に合わせて、機能拡張、機能向上などの改修・改造を繰り返すことが多い。その結果、ソフトウェアの構造が複雑になり品質の劣化を招くことになり、いずれ改修・改造が非常に困難な状態に陥るという特徴がある。
ウ．○　保守の年度計画を立案する際に、適切な保守対象を選択し、保守作業に必要な資源や経費を明確にするため、ハードウェア構成要素ごとに保守レベルを設定しておく。
エ．×　ハードウェアの日常の点検とは、始業時や終業時などの決まった時間に、点検項目を決めて行うことをいう。

5　①イ　②ア　③ア
キャパシティ管理の目的は、ITサービスの処理能力を適切な時期に費用対効果の高い方法で用意し提供することであるので、将来の姿を表すキャパシティ計画を作成することがキャパシティ管理の成果物の１つである。キャパシティ計画とは、顧客や利用者

の事業や業務の将来計画に基づいて、ITサービスが装備すべき処理能力を計画することである。

ITサービスの処理能力には限界があるので、これを超えないようにするためには、負荷量（需要）を下げるように制御する必要がある。これを行うのが需要管理である。

問題管理の目的は、障害の再発防止と未然防止である。障害管理とは、発生の可能性のある障害に対し、障害発生による影響の度合いを最小化するためのすべての活動である。

6 4

ア．×　ハードウェアの整備は、利用者の要望だけでなく、業務処理量の拡大やITサービスの処理量の増大の傾向を分析して、先を見越した整備計画を立案していく必要がある。

イ．○　ソフトウェアはハードウェアや設備機器と異なり、複製することにより、多数の同一ソフトウェアが存在すること、著作権やライセンスに関した制約があることなど複雑な管理を必要とする。また、ソフトウェアの所有状況と利用状況とが密接に関係しているので、ソフトウェアが持つこれらの特徴を考慮した管理が必要である。

ウ．×　データベース管理システムは、データベースのセキュリティの管理だけでなく、運用や維持を管理し、データを加工・編集・蓄積・利用するといった一連の処理が行えるツールを利用者に提供するソフトウェアのことである。

エ．○　設備資源管理とは、IT資源を有効に機能させるために、いかなるリスクにも対応できるように安全対策基準などの指針に従いながら、マネジメントサイクルを回し、高い水準で稼働するように設備資源を維持・運用・保守することである。

7 3
ア．○　運用にかかる費用は作業の標準化を行って作業単位に費用項目を設定すると集計や分析が容易になる。
イ．×　情報システムの運用費用の構成は大きく、初期費用と運用費用とに分けることができる。初期費用は情報システムの導入に伴って一時的に発生する費用である。運用費用は、情報システムの運用に伴って定常的に発生する費用である。固定費用と変動費用に分けて管理する方法は、部門費計算や製品原価計算に適合する。情報システムの運用費用を固定費という観点で見ると、ハードウェアのリース料金やレンタル料金、システム運用部門の人件費などが該当する。変動費は、処理するデータ量の多寡による水道光熱費、システム運用部門の残業代、出力帳票の費用などが該当する。これらは情報システムの導入後の費用のみであり、ライフサイクルに着目した分類とはいえない。
ウ．×　ソフトウェア費用は、導入費用と保守費用とがある。ソフトウェア費用を定常費用という観点で見ると、レンタル費やソフトウェアパッケージの保守料金が該当する。また、臨時費用という観点で見ると、修正費用のような保守費用に該当する。すなわち、導入費用が含まれていないことになる。
エ．○　設備機器の費用を算定する際には、増設や拡張する場合に多額の費用がかかることがあるので、将来計画をある程度予想してオフィスや建屋の設計をしておく必要がある。
オ．×　情報システムの導入費用と運用・保守費用の合計のことを総所有コスト（TCO：Total Cost of Ownership）という。

8 ウ
ア．×　勤務体系とは、労働時間、休憩時間の取り方、および賃金の関係をいう。労働基準法の定めでは、一般的な労働時間は週40時間以内で、１日当たりで休憩時間を除いて８時間以内と

決まっている。労働安全衛生法は、労働者の作業安全と作業環境の保全、健康の確保を目的とした法律である。

イ．✕　勤務管理は、適正な作業負荷や適正人員数の確保などを目的にしている。適正要員数を決めるには、作業量を合理的に算出する必要がある。

ウ．○　男女雇用機会均等法は、性別を理由とする差別の禁止、妊娠・出産・産休取得などを理由とする不利益扱いの禁止、セクシュアルハラスメントの防止、などを目的とした法律である。

エ．✕　キャリアパスは、将来必要とされる職務を想定し、それに向けて現状のキャリア（職種・専門分野とレベル）からめざすべきキャリアへの道筋を示すものである。

9　ア

ア．○　外部委託は、システム保守・運用業務を機動的に展開しようとするために行うものである。すなわち、自社要員の不足、技術水準の不足、ピーク時の作業能力の不足などに合わせて、要員の確保、処理能力の確保などの効果を求めるものである。

イ．✕　オンサイトサポートサービスとは、委託先が、自社施設内で、そこに設置された情報システムの運用・保守・点検を行うサービスのことである。

ウ．✕　SaaSとは、インターネットを用いて、アプリケーションソフトウェアの機能を提供するサービスをいう。

エ．✕　派遣は、「自己（委託先）の雇用する労働者を派遣先（委託元）の指揮命令を受けて派遣先のために労働させること」と定義されている。

10　イ

ア．✕　情報資産のセキュリティ管理の規準には、情報セキュリティマネジメントシステム（ISMS：Information Security

Management System）としての国際規格ISO/IEC27001があり、JISではJIS Q 27001として発行されている。

イ．○　情報セキュリティポリシーとは、企業・団体が情報セキュリティを確保し、維持するという目的のために、情報セキュリティへの取り組みに関して、基本方針や行動規範を明確にしたものである。

ウ．×　実施手順とは、情報セキュリティポリシーや情報セキュリティ対策基準に記載された事項を、日常の個々の場面に応じた行動のとり方として規定したものである。

エ．×　通信および運用管理とは、情報システムに実装したセキュリティ機能を利用してコンピュータ犯罪やネットワーク犯罪の発生を防止するセキュリティ対策などのことである。

11

①ア　②ア　③イ

変更管理では、ITサービスに対する変更を効率よく安全に実施しなくてはならない。そのためには、変更手続の標準化、緊急度などによる優先度づけとこれに従った変更を行うことが大切である。

リリースとは、承認された変更を運用状態に円滑に適用するために、複数の変更を束ねてリリース単位とし、この単位で実際に適用することである。利用者に大きな影響を与えるITサービスの停止をできるだけ避けるため、複数の変更を1つのリリースに含めるのである。

移行テストは、移行テストの対象が非常に多くの要素となることが多いうえ、それぞれの要素の相互作用があるので、あらゆる場合を想定して行う必要があるが、アプリケーションの仕様は、移行テストの検証対象ではない。

参考文献

【政府、官公庁発行の白書や資料等】

総務省『情報通信白書 令和元年版』2019年

経済産業省「SaaS向けSLAガイドライン」2008年

【その他】

(独)情報処理推進機構「情報システムに係る政府調達へのSLA導入ガイドライン」2004年

(独)情報処理推進機構「共通フレーム2013」2013年3月

(独)情報処理推進機構「iコンピテンシディクショナリ2018」2018年8月

(一社)ソフトウェア資産管理評価認定協会「ソフトウェア資産管理基準Ver.4.1」2014年6月

(一財)日本情報経済社会推進協会「SAMユーザーズガイド〔改定版〕」2014年

山路幹夫・武内真弓・石坂浩之『ITILによる運用管理の実際』ソフト・リサーチ・センター、2006年

根本俊一・三重野研一『日本版SOX法による内部統制実務入門』エクスメディア、2007年

笹森俊裕・満川一彦『IT Service Management教科書 ITILファンデーションシラバス2011』翔泳社、2013年

官野厚『ITILの基礎－ITIL ファンデーション（シラバス2011）試験対応』マイナビ、2013年

杉原建郎・吉田一幸・岩崎賢治・三浦広志・吉田佐智男『インフラデザインパターン』技術評論社、2014年

Betsy Beyer, Chris Jonesほか編、澤田武男ほか監訳『SREサイトリライアビリティエンジニアリング－Googleの信頼性を支えるエンジニアリングチーム』オライリー・ジャパン、2017年

【中央職業能力開発協会編『ビジネス・キャリア検定試験標準テキスト』】

林誠監修『経営情報システム２級（情報化活用)』社会保険研究所、2007年

久保貞也監修『経営情報システム３級〔第２版〕』社会保険研究所、2018年

第2章

活用

この章のねらい

第2章では、インターネットをはじめとする、さまざまな情報活用の技術について見ていく。

まず、情報一般の活用について、そのプロセスを追って確認していく。大量の情報の波にのまれて、本来の情報活用の目的を見失ってしまうことがないようにするためには、各プロセスにおける留意点をしっかりと押さえておく必要がある。

そのほか、デジタル・メディアの基本的な技術やWeb、各種ビジネスツールの基本機能等を理解する。どれも情報を「使いこなす」ために必須の知識である。

さらに、データ活用やITの動向、また、企業等におけるネットワークの活用について、理解を深める。これらの動向をとらえておくことは、今後、情報系の業務を行ううえで重要なポイントとなる。

第1節 情報の活用

学習のポイント

◆情報活用のプロセス（情報源の選定、収集、整理、蓄積、加工、検索）のそれぞれのステップにおける留意点を理解する。
◆情報の価値について理解し、個人情報や機密情報の取り扱いにおける留意点を理解する。
◆情報共有化の意義を押さえたうえで、情報の特性によりどのような共有の方法があるのかを理解する。

1 情報の収集と活用

（1）情報源の選定

あらゆる情報が世の中に氾濫している現代社会においては、やみくもに情報を収集しようとすると、非常に非効率になってしまう。また、情報の波にのまれ、精度の高い情報を収集することも難しくなる。

このような事態を避けるためには、情報収集を開始する前に、

・欲しい情報のありかはどこか

・それぞれの情報のありか（＝情報源）にはどのような特徴があるのか

を理解しておきたい。

活用目的に合致し、質が高い情報を収集するため、また、効率的に情報を収集するためには、情報源の種類とその特徴についてポイントを押さえておく必要がある。

一言で「情報源」といっても、分類の切り口によってさまざまな体系化ができる。情報源の媒体の特性（活字、電波など）を中心に考えた切

り口、情報源の範囲（国内の特定地域、国内全域、世界の特定地域、世界全域など）でとらえて分類する切り口、情報源となる機関（企業内の資料室、一般図書館、専門図書館、業界団体、外部リサーチ会社など）によって整理する切り口、などが考えられる。

ここでは、一般的に最もよく用いられる、媒体の特性を中心に整理していく。媒体の特性により、情報源の種類を体系化すると、図表2-1-1のようになる。

図表2-1-1●情報源の種類（媒体の特性による）

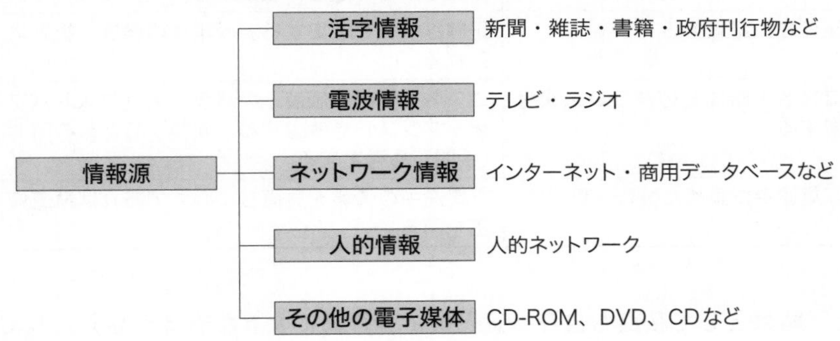

（2）収集

①　情報収集のポイント

情報を収集するうえでの主なポイントを整理すると、図表2-1-2のようになる。

②　基本的な考え方

次に、昨今の情報を取り巻く状況も意識して、実際にどのようなスタンスで収集を行うのかを考えていく。

私たちを取り巻く情報の量・質は、ますます多様化している。情報の中には、誤っているもの、危険なものも存在する。その中で、自分にとって本当に価値のある、必要な情報を選択し、収集することは容易なことではない。しかし、その判断を誤り、不適切な情報を活用してしまう

図表2-1-2●情報収集におけるポイント

情報収集におけるポイント	説　　明
収集目的を明確化する	何のために情報を収集しているのかを見失わないようにする。
収集範囲を明確化する	効率性を考え、手当たりしだいに収集しない。
幅広く、大量に収集する	目的に合致した範囲内であれば、幅広く大量に情報を収集することが望ましい。求める情報にアクセスできる確率が高まる、情報と情報を組み合わせることにより新たな価値が創造できる、という可能性が広がる。
タイミングよく収集する	必要なときに迅速に収集する。
正確さに留意する	正確な情報を収集する。収集後の検証も視野に入れる。
コスト・時間とのバランスを考慮する	コストと情報の価値とのバランス（コストパフォーマンス）を考慮する。収集するための時間（手間）も考慮する。
収集途中で集めた情報を見直す	収集途中の情報を見直し、必要であれば軌道修正を図る。

と、結果として私たち自身の意思決定や行動に大きな影響が与えられてしまう。

誤った判断を避けるためには、情報収集の「技術」を身につけるだけでなく、常に、「何のために必要な情報なのか？」という問いかけを自分自身にすることが大切である。

さらに、実際の収集段階においては、情報を活用する

・目的

・必要性

・利用方法

などを十分に検討しておく必要がある。効率的に情報収集することを念頭に置き、あまりにも見当外れな情報にまでアプローチしないよう留意する。

そのためには、情報源を問わず、収集方針をあらかじめある程度定め

ておく。出版物等を購入するのか、公的機関のデータを閲覧するのか、あるいはデータベース検索が中心になるのかなどの観点で準備を行う。

③　収集手段

目的が明確になったら、次に情報収集の手段を具体的に検討する。目的に合った情報収集を行うためには、4つの観点を持つことが必要である。→図表2-1-3

図表2-1-3●収集手段に関する4つの観点

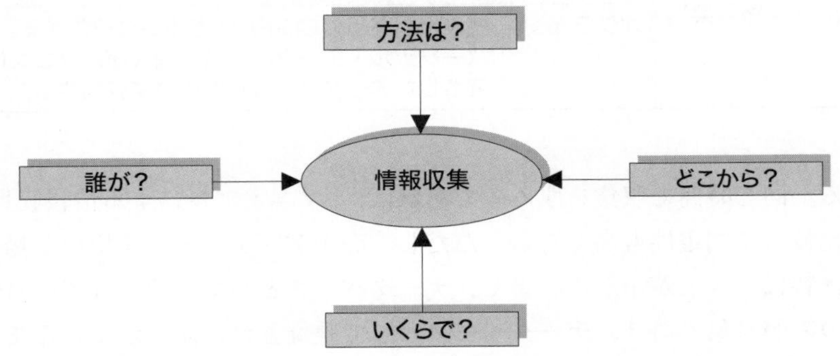

ⅰ．方法は？

具体的な収集手段を検討し、適切な方法を選択する。紙媒体の書籍や資料などを集める、実際に調査を行う、既存のデータベースを使うなどといった方法が考えられる。もちろん、これら各種の手段を組み合わせて情報を収集することも多い。

情報収集の具体的な方法は、一般に図表2-1-4のように分類される。

それぞれの方法にはメリットとデメリットがある。

「マニュアルによる情報収集」の場合は、何よりも「目で見た」「耳で聞いた」など生きた情報が得られることが多いという点がメリットである。ただし、人手と時間を要する。

一方、「デジタル・データによる情報収集」の場合は、収集にかかる時間が短縮化でき、結果として効率のよい情報収集ができる可能性が高く

図表2-1-4●情報収集の具体的な方法

<table>
<tr><th colspan="2">情報収集の方法</th><th>特徴・具体例</th></tr>
<tr><td colspan="2">マニュアルによる情報収集
（人手を介した情報収集）</td><td>各種印刷物（新聞、雑誌、書籍、調査資料集など）を手作業で収集する。
また、みずからアンケート調査やヒアリング等を行い、情報収集をする。</td></tr>
<tr><td rowspan="2">デジタル・データによる情報収集（インターネットやデジタル媒体を用いた情報収集）</td><td>オンライン</td><td>ネットワークを介し、商用データベースなどを利用して収集する。
インターネット上の情報（ニュース、統計データ等）を検索して収集する。</td></tr>
<tr><td>オフライン</td><td>読み出し専用のCD-ROMを用いて収集する。
パーソナル・データベース（個人がパソコンに蓄積したデータベース）を用いて収集する。</td></tr>
</table>

なる。同じ時間で収集をするのであれば、「マニュアルによる情報収集」と比較して網羅性も高くなる。ただし、商用データベースを用いる場合には特にコストがかかる。また、データベースとして公開されている情報のみが対象であり、データベースとして整備され、閲覧ができるまでにタイムラグが生じる可能性もある。

インターネットで情報検索をする場合は、コストはかからない。ただし、情報の信用性という面から、得られた情報についてあるいは情報源について、しっかりと検証を行う必要がある。

ii. 誰が？

みずから情報を収集するのか、あるいは専門の調査会社等へ外部委託するのか、という点を検討する。外部へ委託する場合は、委託する会社の

・専門性
・コスト

について十分調査する。

iii. どこから？

情報をどこに求めるのか、という観点である。どのような情報源を使えば、的確な情報収集ができるのかを考える。

iv．いくらで？

情報は無形のものであるために、有形の物品等を購入する場合と比較して、コスト意識を持つことはなかなか難しい。しかし、情報を収集するプロセスの中で、コストは確実に発生する。その点を認識しておく必要がある。

外部委託する場合には、コストの問題は特に重要である。かかるコストは、依頼する収集範囲や分析内容等によって大きく異なる。単に「安い」「高い」ではなく、「かかるコストに対してどれくらいの成果を上げることができるのか」、つまりコストパフォーマンスを見極める必要もある。これらの点を、依頼する前に十分に検討しなければならない。

また、「みずから（社内等で）情報収集を行う場合は、コストゼロである」という意識も捨てなければならない。資料等の購入費はもちろん、人件費や通信費などのコストが発生している、という認識を持ったうえで効率よく収集するよう心がける。

(3) 整理

情報は、単に収集しただけでは活用することはできない。「蓄積」→「加工」→「検索」というプロセスの前に、収集した情報を整理するというステップが入る。情報整理の段階には、

・分類
・廃棄

という2つの内容が含まれる。

① 分類

適切な範囲で多く収集した情報は、何らかの基準で分類をしておく。分類によって、情報は理解しやすい形に並び替えられ、追加収集すべき情報や不要な情報の発見につながる。また、「蓄積」→「加工」→「検索」という、情報活用のステップで使用可能なヒントを得ることも期待できる。

情報の分類基準については、さまざまなものがあるが、ここでは、仕

事においてよく使われている分類基準をいくつか挙げておく。

ⅰ．テーマ別

たとえば、「ネットワークの活用について」などといったテーマで、それに関する情報をまず１つにまとめる。さらに、それらを大項目・中項目・小項目等と分割し、整理していく。「何についての情報なのか」を基準に分類する方法である。

ⅱ．時系列

「2021年４月～2022年３月」というように、期間別にまとめていくものが代表的な例である。「いつ発生した情報なのか」を基準に分類する方法である。

ⅲ．タイトル別

「どのような標題（タイトル）なのか」を基準に分類する方法である。「消費者物価指数レポート」など、タイトルが同じものを１つのまとまりとする。

ⅳ．プロジェクト別

「人事システム開発プロジェクト」など、「どのようなプロジェクトなのか」を基準に分類する方法である。プロジェクトスタートから終了までが一番大きなまとまりになる。

ⅴ．形式別

「第３営業部全体会議議事録」などが例である。形式（書式）が同じものを１つのまとまりとして考える。

そのほか、「競合企業××の動向」というように、誰の情報なのかを基準に分類する方法や、電話帳などでおなじみの五十音順・アルファベット順の分類基準などもある。

② 廃棄

情報活用における「廃棄」に対する認識が、近年、非常に高まってきている。

インターネットの普及などを背景に、昔と比較して情報の入手に関しては比較的容易に行うことができるようになった。流通する情報の量も比較にならないほど多く、流通するスピードも非常に速くなっている。しかし、入手した情報を捨てるという判断は、コンピュータ任せではできない。私たちの的確な考え方・判断が問われるステップである。

廃棄の主な観点は、次のとおりである。

ｉ．活用度合い

活用するタイミング、活用する方法（直接的に活用できるのか、ほかの情報と組み合わせて間接的に活用できるのか）、活用する範囲（その情報すべてか、一部か）といった切り口で活用度合いを評価する。活用度合いがきわめて低いものに関しては、廃棄の対象とする。一定時間（１年間など）アクセスがないものは廃棄するなど、時間と頻度で決める場合も多い。

ⅱ．信頼性

その情報に信頼性があるかないかが、まず廃棄基準となる。情報源のほか複数の観点から検証した結果、信頼性に乏しい情報は廃棄する。信頼性の低い情報を誤って使用しないように速やかに廃棄しなければならない。

ⅲ．類似（同種）情報の存在の有無

同じ情報が身近に存在していたり、いつでもアクセス可能な場所に存在していることが明確な場合は、手持ちの情報を廃棄しても問題はないと考えることができる。

ⅳ．再入手の困難性

同じ情報を再度入手しようという場合に、あまりにも時間やコストがかかる場合であれば、その情報は廃棄すべきではない。

ｖ．累積や加工等による付加価値の高さ

後に時系列で情報を累積していった場合、また、何らかの加工を行った場合に、その情報の価値がさらに高まると判断できる場合は、いますぐに必要な情報ではなくても、廃棄せず保管しておいたほうがよい。

(4) 蓄積

① 蓄積・保管の方法

収集した情報は、何らかの方法で蓄積・保管する。蓄積・保管の方法は、

・アナログ情報（文書）によるもの

・デジタル情報（データベース）によるもの

の2つに大きく分けることができる。

i. アナログ情報（文書）としての蓄積・保管

ファイリング Key Word によって行われることが一般的である。

分類した情報を、各種ツールを用いてファイルし、適宜見出しをつけたり色分けをしたり、わかりやすく蓄積・保管できるような工夫をする。

ii. デジタル情報（データベース）としての蓄積・保管

デジタル情報 Key Word の増加は、近年目覚しい。

デジタル情報は、CD、DVD、USBメモリそのほかの保存用メディア、もしくはパソコンのハードディスクなどに蓄積・保存する。

なお、アナログ情報・デジタル情報とも、それぞれ特徴・メリット・デメリットが存在する。それらを十分に検討したうえで、「欲しいときにすぐに取り出すことができる」適切な方法を選択する。→図表2-1-5

② 留意点

情報の蓄積・保管に際して特に留意すべき点は2つある。

i. 整理をしたうえで蓄積・保管する

情報を効率よく活用できるように、蓄積・保管していくことが求められる。分類基準（テーマ別、時系列など）を明確にし、その基準に則って整理をしたうえで蓄積・保管を行うことが重要である。

Key Word

ファイリング――ファイルやボックスなどのツールを利用して、一定のルールのもとに情報を蓄積・保管・管理していくしくみ。

デジタル情報――紙以外のメディアに記録された情報やコンピュータネットワークを介してやりとりをする情報。

図表2-1-5●アナログ情報とデジタル情報の特徴

アナログ情報	デジタル情報
・誰にでも扱うことができる ・書き込みができる ・情報活用に際して、特別な道具が要らない ・保管スペースを確保する必要がある	・大量の情報を扱うことができる ・検索、加工、再利用が容易である ・情報活用に際して、コンピュータなどの機器が必要になる

ⅱ．定期的に見直す

蓄積・保管時点では「必要」という判断が下された情報でも、一定の時間が経過すると、役に立たない不要な情報になることもある。活用されない無駄な情報を増やさないように、いったん蓄積・保管された情報に関しても、一定のサイクルで見直しを行う。

（5）加工

①　加工の意義

収集した情報は、そのまま利用する場合と、何らかの形に変えて活用する場合がある。情報の形を変えることを情報の加工 Key Word という。

情報を加工する意義は、収集した情報の価値をより高め（価値のさらなる付加）、より使い勝手をよくすることにある。言い換えるならば、情報の価値が高まらず、使い勝手もよくならないような加工は、行ってもあまり意味のないものとなる。

②　主な加工法と具体例

主な加工法とその具体例として、次のようなものを挙げることができる。

Key Word

情報の加工――元の情報について、ある目的のもとで、複数の情報を組み合わせたり、一部を選択したり、元の情報と違う形に変えたりすること。

ⅰ．情報の内容の加工

情報を追加・修正・削除・挿入する。また順位づけ（序列化）を行う。

ⅱ．情報の編集

分類、並べ替え、タイトルづけ、図解、グラフ化、色分け、拡大・縮小などを行う。

ⅲ．外観の加工

綴じ方、サイズを変更する。

ⅳ．媒体の加工

アナログ情報からデジタル情報へ変換する。

③ 留意点

情報を加工する場合には、以下の点に留意する。

ⅰ．目的との整合性の確認

すばらしく見栄えがよいものに加工されても、そもそもの活用目的から外れていれば、それは意味のない作業ということになる。情報の活用目的を認識したうえで、適切な加工方法を選択する。

ⅱ．加工された情報の信頼性

情報を組み合わせたり、図解したりすることで、情報の内容がゆがんでしまうこともありうる。加工された情報の内容に信頼性がおけるかどうかを検証する必要がある。

(6) 検索

仕事あるいはプライベートの場で、私たちは、何らかの手がかりをもとに情報を探し出す機会が多い。たとえば、図書館の蔵書検索やインターネットのサーチエンジンを用いた検索などである。情報検索 Key Word

Key Word

情報検索——後で利用することを想定して蓄積した情報の中から、ある特定の情報を探し、選択すること。

は私たちの生活になくてはならないものとなっている。

① 検索のステップ

検索は、情報の整理・蓄積のステップと大きな関連性がある。どのような基準で情報を整理しているのか、どのような形態で蓄積・保管されているのかによって、検索の実行方法は異なってくるからである。

つまり、情報の検索は、

・(検索を考えて) 整理・蓄積する段階

・整理・蓄積された情報を実際に検索する（実行する）段階

の２つのステップで成り立っていると考えるべきである。最初のステップに関しては、すでに述べているので、ここでは「検索を実行する段階」における留意点等をもう少し詳しく見ていくことにする。

② 検索しやすいしくみ

検索のしやすさは、蓄積された情報の種類・量・質、そして蓄積・保管の方法に大きく依存する。

アナログ情報であれば、見出しやファイリングの方法を工夫する必要

Column  **知ってて便利**

《統計数値の活用について》

報告書などを作成するときに、各種統計資料がよく活用される。ただし、官公庁で行った統計資料などに含まれる情報量は莫大であり、そのまま使うとかえってわかりにくい資料となってしまう。

ここでは、統計数値を上手に使いこなすためのポイントを紹介していこう。

① 全体のトレンドをまずつかむ

個々の数値にとらわれる前に、数値全体の流れ・傾向をつかむ。

② 自分なりに仮説を立てる

異なるテーマの統計数値間に何か関連性はないかなど、自分なりに仮説を立ててからデータを読んでみる。

③ ビジュアル化する

グラフや図表をうまく使い、読み手にインパクトを与える。

がある。情報量は多すぎないほうが必要な情報を発見しやすくなる。

デジタル情報（特にデータベースとして蓄積されている情報）の場合は、検索システムを作成するにあたって、以下の点に留意する。

ⅰ．十分な情報の量があること

ある程度十分な情報の量の中から検索するほうが、検索の正確性を維持できる。

ⅱ．操作性が容易であること

検索の方法が難しくないことが大切である。利用者にとってわかりやすい検索の方法（キーワードの入力手順など）を考える。

ⅲ．検索スピードが速いこと

蓄積・保管されている情報の量や質にもよるが、データ処理速度が速い機器（コンピュータ、通信機器）および高速なネットワーク回線を利用したほうが、快適に情報検索を行うことができる。

2 情報の価値

（1）情報の定義

情報の価値を検討するにあたり、その定義を確認する必要がある。データ、情報、知識について、日常生活では特に区別することなく使われることが多いが、その意味を明確にしておく。

① データ

データとは、出来事や存在など認識可能な客観的事実であり、多くの場合、数量化できるものである。企業などで取引が発生した場合、それはデータとして記録される。売上げデータや支払いデータなど客観的な事実として発生・記録される。

今日では、コンピュータで扱う電子データとして認識され、その活用に注目が集まっている。データの種類もPOSデータや企業情報システムから生み出される取引データ、インターネット上の“つぶやき”データ、センサーやGPSなどが生み出すデータなど発生源が多様化するとともに、

“ビッグデータ Key Word ” としてその量にも注目が集まっている。

② 情報

データが客観的な事実であるのに対して、情報は意味を持っている。情報は、人に伝えるために、目的に沿ってデータを収集・加工・整理したものである。

例として、POSシステムで記録されるのは単なる電子データにすぎないが、それが一定の条件で収集・加工されると「売上高」などの意味ある情報となる。

企業が経営活動に情報を必要としているのは、この意味的側面で、組織の意思決定に重要な役割を果たすためである。一般的に、データは目的を持って情報に変換されることにより経営に貢献するのである。

③ 知識

知識とは、あるテーマのもとに関連づけられた体系的な情報を指す。情報がデータから生み出されたように、知識も情報をもとにつくられる。知識は、個人、グループ、組織の中に存在し継承されていく。

今日では、企業などが保有する“データ”に注目が集まっているが、データはあくまで認識可能な客観的事実にほかならない。重要なのはそれを加工・整理して生み出される情報である。

（２）情報価値の条件

① 情報の特徴と情報の価値

情報の持つ特徴のうち、「価値」にかかわるものは、以下のとおりである。

ｉ．情報の価値は相対的である

同じ情報であっても、利用者によって、価値あるものと判断される場

Key Word

ビッグデータ――デジタル化の進展やネットワークの高度化などから生み出される膨大なデータを指す。データ量だけではなく、その種類（パーソナルデータ、ストリーミングデータ、オープンデータなど）の多様性も着目されている。

合と、価値がないと判断される場合がある。情報の価値は絶対的なものではなく、その情報の利用者にとって役に立つかどうかで決まる。

ⅱ. 累積・加工により価値が高まる

時系列の情報を持つことで傾向がわかるようになるなど、情報は累積することで価値が高まることがある。また、同じ情報でも、分析・加工の仕方によって、より価値の高い情報になることもある。

② 情報の価値の条件

価値ある情報とは、情報の受け手にとって必要なものであり、意思決定のための適切な材料となりうるものである。活用目的に即したものであれば「価値ある情報」とみなされる。主な情報の価値の条件としては、次の4つを挙げることができる。

・管理可能な範囲で大量であること
・タイムリーであること
・まだあまり認知されていない新規性の高い情報であること
・正確な情報であること

これらは、情報収集のポイントとしても挙げたものである。つまり、情報収集の段階から、「情報の価値」を意識していかなければならないのである。

(3) コスト

情報のコストを正確に数値で算定することはなかなか難しい。しかし、情報活用のプロセスにおいて、コスト意識を常に持つことは必要である。

情報のコストを考える際には、大きく2つの観点がある。

① 情報源の探索～検索のプロセスにおいてかかるコスト

いままで見てきた、

情報源の探索 → 収集 → 整理 → 蓄積 → 加工 → 検索

それぞれのステップにおいてかかるコストのことである。

収集を例に考えれば、自分で収集するか、外部会社へ委託するかによってかかるコストは異なる。ただし、ここでしっかりと考えるべきことは、「実際にいくらかかったか」ということよりも、「得られた情報の価値に対してかけたコストは適切であったか」という点である。

② つくるコストと配布するコストの関係

新たな情報をつくり出すためには、非常に大きな労力とコストがかかる。しかし、それに対して、出来上がった情報を配布・発信するコストは比較的低い。

たとえば、日本の国民全体を対象とした統計調査を行う場合、情報の集積や分析にかかるコストは莫大なものとなる。それに対して、集計分析した情報を印刷したり、コピーしたり、Webサイトに掲載するためのコストは比較的低い費用で済む。つまり、「つくるコストは高いが、配布するコストは低い」ということができる。

これも情報の特徴の1つであり、情報活用のプロセス全般にわたって意識しておくべき点といえる。

(4) 価値計算

情報の価値は、自分の抱えている問題にその情報を利用することがどの程度有用だったかにより決まるが、それを数値で算出することは困難である。しかし、実際の価値測定は難しいとしても、情報の持つ価値とコストの関係については、マクドノウが示している。マクドノウは、情報を「特定の状況における価値が評価されたデータ」と定義づけている。マクドノウはさらに、情報と意思決定との関係を、情報の価値と収集のためのコストの関係を用いて説明している。→図表2-1-6

つまり、一般的な利益計算でいう「利益」が、「情報の価値－情報の費用」で示されるということである（時間の経過とともに価値は逓増、費用は増加する）。この価値と利益の差が最大のところで意思決定を行うことが理想的である、とマクドノウは述べている。

(5) 個人情報

個人情報は、企業など組織が保有する情報の中で最も重要なものの1

図表2-1-6●情報の価値とコスト

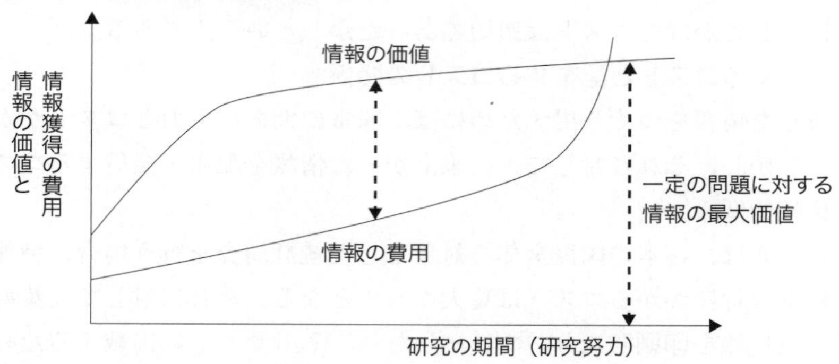

出所：マクドノウ、1966年、84頁

つである。米国を中心とした巨大IT企業による個人データ独占への批判など、個人情報保護強化は世界的な流れとなっている。

わが国においても、2005（平成17）年の個人情報保護法の施行を機に個人情報保護に関する注目が高まり、企業においてもその厳格な管理が求められるようになっている。企業が保有する個人情報はビジネスの展開に不可欠な情報であり、その有効活用と適切な管理が求められる。

① 個人情報の定義

個人情報保護法によれば、個人情報とは「生存する個人に関する情報であって、氏名や生年月日等により特定の個人を識別することができるもの」を指す。個人に関する情報とは、社会通念上、特定の個人を識別することができるもので、「生年月日と氏名の組み合わせ」「顔写真」なども個人情報である。旅券番号や運転免許証番号のような個人に割り当てられた番号も「個人識別符号」として、新たに「個人情報」として位置づけられた。

② 守るべき基本ルール

個人情報保護法では、企業などの個人情報の取り扱いについて、4つの基本ルールを規定している。

i. 個人情報の取得・利用

個人情報取扱事業者（以下、事業者）は、個人情報を取り扱うにあたって、利用目的をできる限り特定しなければならない（個人情報保護法第15条１項）。その利用目的は、あらかじめ公表しておくか、個人情報を取得する際に本人に通知する必要がある。

ⅱ．個人データの安全管理措置

事業者は、個人データの安全管理のために必要かつ適切な措置を講じなければならない（同法20条）。漏えいが生じないように、安全に管理するとともに、委託先にも安全管理を徹底する必要がある。

ⅲ．個人データの第三者提供

事業者は、個人データを第三者に提供する場合、原則としてあらかじめ本人の同意を得なければならない（同法23条１項）。

また、第三者に個人データを提供した場合、第三者から個人データの提供を受けた場合は、一定事項を記録する必要がある（同法25条・26条）。

ⅳ．保有個人データの開示請求

事業者は、本人から保有個人データの開示請求を受けたときは、本人に対し、原則として当該保有個人データを開示しなければならない（同法28条）。

③　ビッグデータ時代への対応

インターネットを介した取引の拡大を受け、企業は大量の顧客情報や顧客の行動履歴を保持するようになった。これらを分析し、商品開発やサービスに活用したいというニーズが拡大している。他方で、個人の詳細な行動履歴はパーソナルデータとして保護される必要がある。

個人情報保護法では、「匿名加工情報」として新たなルールが設けられ、特定の個人を識別することができないように個人情報を加工し、ビッグデータとして活用することを認めている。

（6）機密情報

会社等の組織が守らなければならない情報には、個人情報のほか、研究開発における技術情報、営業関連の情報、ノウハウ情報、顧客情報（個人・法人とも)、などの情報がある。

これらの機密情報を保護するためには、2つの方法が考えられる。

まず、これらの情報を取り扱う従業員や取引先等との間に、誓約書や機密保持契約書を締結する方法である。もう1つの方法は、不正競争防止法における営業秘密 Key Word として保護を受けるというものである。

ただし、営業秘密として保護されるためには、その情報は、

- 秘密管理性
- 有用性
- 非公知性

という3つの要件を保有していること、および、その情報を不正に取得した者の行為が、不正競争防止法に該当しているという要件を満たしている必要がある。

3 情報の共有化

チームで仕事をする場合などにおいては、情報はメンバー間で共有され、活用される。情報の共有化をうまく効果的に行うことができれば、仕事の効率化につながり、また、さらなる付加価値を生み出すことも期待できる。

アナログ情報であれば、誰でもがその存在を認識し、その情報が欲しいときにすぐに手に取れるように保管(ファイリング)しておくことが共有化の基本である。一方で、デジタル情報の場合は、データベース技術やネットワーク技術、グループウェアなどのツールを利用して共有のしくみを構築する。

Key Word

営業秘密――秘密として管理されている生産方法、販売方法そのほかの事業活動に有用な技術上または営業上の情報であって、公然と知られていないもの。

特にデジタル情報の共有化に際しては、情報にアクセスする権限をあらかじめ設定しておく必要がある。誰でもが自由に情報を共有するのではなく、アクセスを許可された人のみが共有できるよう、セキュリティ確保の観点からアクセス権限を設定する。

第2節 デジタル・メディアの活用

学習のポイント

- ◆デジタル・メディアで用いられるデータ形式や規格などについて理解する。
- ◆デジタル・データを記録・統合・配信するのに用いられる主な要素技術・統合技術を理解する。
- ◆Webに関連するプロトコル、マークアップ言語、サービスなどの特徴、具体的な活用例などを理解する。

メディアとは、人間の意味的相互作用を媒介するものなどとして広義に定義されるが、本テキストではデータ・情報の伝達媒体と狭義に定義する。

デジタル・メディアとは、インターネットをはじめとする、テキスト、図形、画像、音声、動画などで表現されるデジタル化された情報伝達方式の総称である。今日では、テキストや動画などを区別することなくネットワーク上で扱うことができるが、それらを処理する要素技術は異なっている。

本節では、デジタル・メディアで活用されている要素技術・統合技術などを見ていく。

1 要素技術

(1) 音声記録方式

音声を記録する方式には、次のようなものがある。それぞれの特徴を簡単に押さえておくことが必要である。

① PCM（Pulse-Code Modulation）

パルス符号変調という意味であり、音声をデジタル方式で録音するための方式である。この方式でデジタル化されたデータは、容量が大きくなる（１分当たり約10MB）ため、最近は、音声データを圧縮する圧縮PCMという方式を用いることが多い。

② MIDI（Musical Instruments Digital Interface）

音そのものではなく、楽器や楽譜など演奏の情報をファイルにした形式が、MIDIである。楽器（電子楽器）とコンピュータとを接続し、音楽を録音したり、再生したりするための規格である。

③ MP3（MPEG-1 Audio Layer 3）

※MPEG Key Word = Moving Picture Experts Group

ISOで標準化された、デジタル音声ファイルの形式である。CDなどの音声を約10分の１程度にまで圧縮することが可能である。

パソコンや携帯音楽プレーヤーにおいて、現在最も普及している音声データ形式である。

④ WAV（WAVEファイル）

WindowsやOS/2での音声標準形式で、サンプリングした音声などを保存するファイル形式である。

⑤ AAC（Advanced Audio Coding）

MPEGによって規格された音声データ形式の１つであり、MP3と比較して、高音質・高圧縮率を実現しているという特徴を持つ。

⑥ WMA（Windows Media Audio）

マイクロソフト社が開発した音声圧縮符号化方式のことであり、

Key Word

MPEG――カラー動画像の圧縮方式の標準化を目的とする団体のこと。また、この団体で定められた規格を指す場合もある。

Windows Media Playerで再生することができるオーディオファイルである。

⑦ ATRAC3（Adaptive Transform Acoustic Coding 3）

ソニー社が開発・提供している音声データ形式である。非可逆圧縮の音声データ形式であるATRACの後継であり、ATRACより一層高音質、高圧縮率を実現している。

（2）画像記録方式

コンピュータで扱う画像には、静止画と動画がある。

静止画には、写真やイラストなどが含まれる。一方、動画はビデオ画像などが例となる。

① 静止画

i．TIFF（Tagged Image File Format）

ビットマップイメージで保存する静止画のファイル形式で、基本的に非圧縮形式である。

ii．BMP（Bitmap）

マイクロソフト社のWindows用のカラー画像形式である。この形式をとると圧縮されないため、ファイルのサイズは大きくなる。

iii．GIF（Graphics Interchange Format）

インターネット用の画像ファイル形式として、主にイラストなどに用いられている。256色まで取り扱うことができるが、フルカラー対応ではない。

iv．JPEG（Joint Photographic Experts Group）

インターネット用の画像ファイルとして普及しているフルカラー対応のファイル形式であり、写真などの表示に用いられている。利用者が圧縮率や画質を設定することができる。

v．PNG（Portable Network Graphics）

GIFに代わるファイル形式として生まれた。PNG-24ではフルカラー対応が可能であり、透過処理などもできる。幅広い画像の保存に適しており、画像の大きさをリサイズしても画質は劣化しない。

② 動画

ⅰ．MPEG（Moving Picture Expert Group）

MPEGそのものは、ISO/IECの下部組織として設立された、動画像符号化の標準化を進める委員会の名称のことである。また、そこで標準化されたファイル形式そのものも、MPEGと総称している。

MPEGの規格には、４つがある。→図表２-２-１

図表２-２-１●MPEGの規格

規　格	特　　　徴
MPEG-1	初期の規格であり、音声のMP3を含む
MPEG-2	現世代DVDや地上デジタル放送などで使用されている
MPEG-4	ストリーミング配信、次世代DVD、携帯端末向け配信などの用途で広く使用されている
MPEG-7	さまざまな形式のマルチメディアコンテンツが効率的に検索できるようにするために、それぞれがどのようなデータなのかを記述する標準技術である

※MPEG-3はほかの規格に吸収され、現在は存在しない。

ⅱ．AVI（Audio Video Interleaving）

Windows上でビデオファイルを扱うための標準的な動画形式である。Windows Media Playerで再生することができる。

ⅲ．WMV（Windows Media Video）

マイクロソフト社が2000年に規定したWindows用の標準動画ファイルのことであり、AVIと同様、Windows Media Playerで再生することができる。

（3）圧縮技術

静止画像や動画像は、データ量が非常に大きくなるため、そのまま記録したり、そのまま伝送することは効率面で問題がある。したがって、圧縮 Key Word を行ったうえで扱う。圧縮処理を行うことで、コンピュータの記憶装置の容量を効率的に使用することができたり、データ伝送時間を短縮することができたりする。

圧縮技術には大きく分けて、「可逆符号化」と「不可逆符号化（もしくは非可逆符号化）」という方法がある。

① 可逆符号化

圧縮と伸長 Key Word の操作を行っても、データの内容が変わらない、つまり、圧縮したデータを完全に元のデータに伸長できる圧縮方式のことである。

② 不可逆符号化

圧縮したデータを伸長したときに、元の原画像のデータには戻らない符号化方式のことである。MP3、MPEG、JPEGなどは、この不可逆符号化を利用して、データを圧縮している。

（4）標準化技術

デジタル・メディアにおける標準化とは、異なるメーカーのコンピュータ等でも表示や再生が可能となるような規格化を進めることを意味する。

① 標準化組織

国際的な標準化組織には、次のようなものがある。

ⅰ. 国際標準化機構（ISO：International Organization for Standardization）

電気分野を除く工業分野の国際的な標準規格を策定するための民間の非営利団体である。

ⅱ. 国際電気標準会議（IEC：International Electrotechnical Commission）

電気工学、電子工学、および関連した技術を扱う国際的な標準化団体

Key Word

圧縮――データの量を少なくする処理。

伸長――圧縮したファイルを元に戻すこと。解凍ともいう。

である。

iii. 国際電気通信連合（ITU：International Telecommunication Union）

電気通信に関する国際標準の策定を行う機関である。各国間の標準化と規制を確立することなどを目的としている。

iv. 米国電気電子技術者協会（IEEE：Institute of Electrical and Electronic Engineers）

「アイトリプルイー」と読み、アメリカに本部を持つ電気・電子技術の学会である。LAN、通信分野などにおけるインタフェースの標準規格化に大きく貢献している組織である。

② 音声

ITU-T（International Telecommunication Union-Telecommunication＝国際電気通信連合電気通信標準化部門）勧告により、音声・音響の符号化方式が標準化されている。また、ISOにより標準化された規格としては、MPEG-1およびMPEG-2のオーディオ方式がある。

③ 画像

静止画像に関しては、JPEGが実質的な国際標準となっている。また、動画像については、MPEGが標準規格となっている。なお、MPEGは、ISOとIECが共同して策定したカラー動画像の圧縮・伸長方式である。

2 統合技術

（1）記録

デジタル・メディアは、文字、音声、映像など複数の要素によって構成されている。それぞれを作成した後で、最終的にシステムに記録し、1つのコンテンツとして統合することを、**オーサリング**という。オーサリングを行う際に使用するソフトウェアは、オーサリングツールと呼ばれている。

(2) 編集

デジタル・メディアのデータを編集する方法には、

・リニア編集

・ノンリニア編集

の2種類がある。

リニア編集は、データを編集する際に、データが記録されている媒体そのものを利用する編集方法である。一方、ノンリニア編集は、記憶媒体を直接編集せずに、コンピュータなどを介して編集する方法である。媒体からコンピュータにいったんデータを取り込んで、コンピュータ上の編集用ソフトウェア等で、デジタル・データとして編集を行うといった方法は、ノンリニア編集の代表例である。

(3) アニメーション

画面を動かすことをアニメーションという。ビデオ画像としての動画はもちろん、タイトルロゴなどの文字データもアニメーションの対象となる。

(4) ハイパーテキスト (hypertext)

文字だけではなく、静止画像や動画像等のメディアを含んだ文書を、デジタル・メディア文書という。デジタル・メディア文書の中で最も代表的なものがハイパーテキストによる文書である。

ハイパーテキストとは、複数の文書（テキスト）を相互に関連づけて、結びつけるしくみである。「テキストを超える」という意味からhyper-（〜を超えた）text（文書）と名づけられたといわれている。→図表2-2-2

ハイパーテキストでは、画像や音声などのオブジェクトを組み込んだテキスト文書の中に、それらの関連を指定するリンク情報を埋め込む。リンク Key Word をクリック（指定）することによって、関連するデータ（画像や音声など）をたどって検索し、表示させていくことが可能となる。

図表２-２-２●ハイパーテキストのしくみ

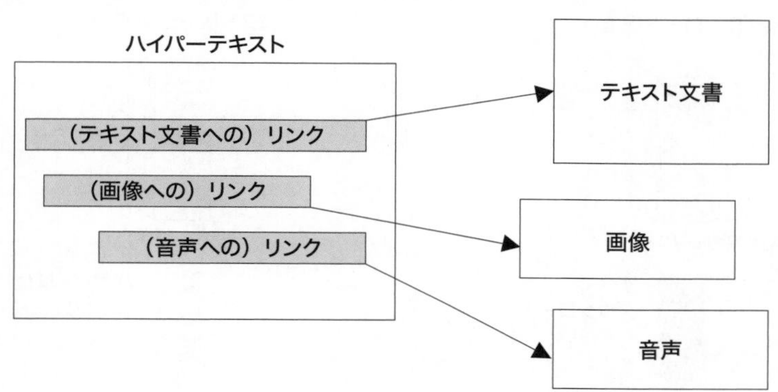

なお、ハイパーテキストは、HTML（Hyper Text Markup Language）というホームページなどで利用される言語で記述され、WWWブラウザという表示用のソフトウェアによって、表示・再生される。

（5）ストリーミング

ストリーミングとは、動画や音声の配信に関する技術の１つである。動画や音声の配信において、データをすべてダウンロードしてから再生を始めるのではなく、ダウンロードしながら動画や音声を再生できる技術である。→図表２-２-３

ストリーミングでは、サーバーからダウンロードしたデータを、クライアント側のバッファ（データを一時格納する記憶エリア）にいったん保存する。そして、そのバッファから、一定の速度でデータを読み出して再生する、というしくみになっている。こういったしくみを採用する

Key Word

リンク――現在表示している文書から、別の文書や画像、音声ファイル等にアクセスし、表示・再生する機能。

図表2-2-3●従来のダウンロード配信とストリーミング配信

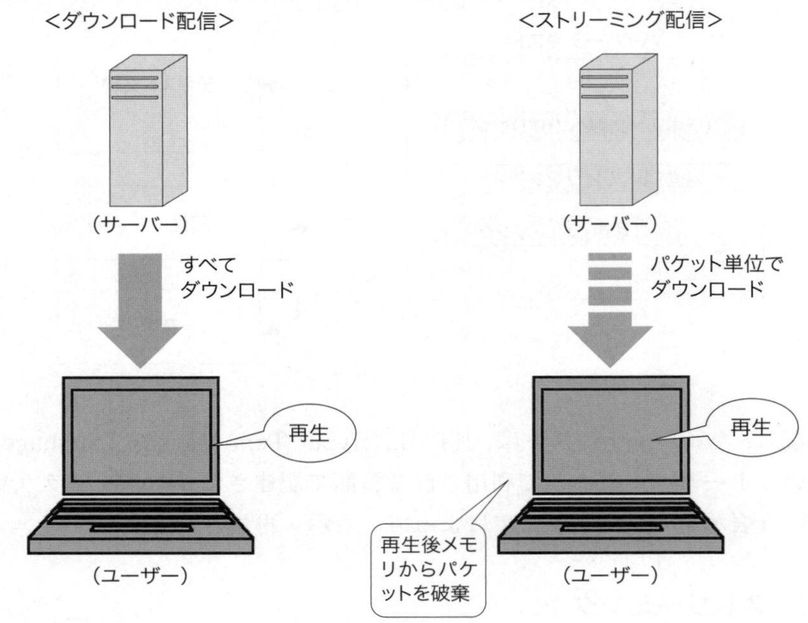

ことによって、動画や音声が飛んで途切れてしまうことを防いでいる。

ストリーミング技術の主な活用用途としては、ライブストリーミング Key Word やビデオ・オン・デマンド Key Word を挙げることができる。

Key Word

ライブストリーミング――生中継の動画や音声を、そのままストリーミング配信すること。動画の配信には、スポーツ中継や記者会見、音声の配信にはインターネットラジオなどで活用されている。

ビデオ・オン・デマンド――利用者の要求に応じて、随時動画を配信するサービスのことである。

3 Web技術

デジタル・メディアの活用を考えていくうえで、Web技術の利用は欠かせないものとなっている。ここでは、主なWeb技術について、その意味と活用方法等を挙げていく。

（1）HTTP

HTTP（Hyper Text Transfer Protocol）は、HTMLで記述されたドキュメント（文書）を送受信するためのプロトコル Key Word である。

Webで通信する場合には、HTTPをプロトコルとして情報を共有する。送信側と受信側でHTTPを共通の通信ルールとすることで、Web上における情報のやりとりが可能となる。

なお、HTTPによってWebサーバーへデータを要求することを「HTTPリクエスト」、HTTPリクエストに対して応答することを「HTTPレスポンス」という。

（2）XML

XML（eXtensible Markup Language）とは、HTMLと同様、インターネットにおいて使用可能なマークアップ言語 Key Word である。テキストファイルの中にタグと呼ばれるマーク（〈　〉で囲む）をつけて、さまざまな情報を指定することができる。特定のソフトウェアに依存しないデータ形式である点はHTMLと同様であるが、使用するタグおよび属性

Key Word

プロトコル――規約、ルール、手順などのことである。特にネットワークにおける「プロトコル」は、情報の形式や情報をやりとりするための手順を意味する。

マークアップ言語――文書の一部を「タグ」と呼ばれる特別な文字列で囲い（マークアップという）、文章の構造（見出しやリンクなど）および修飾情報（文字の大きさなど）を、文章中に記述していく記述言語である。→図表２-２-４

図表2-2-4●マークアップ言語の関係

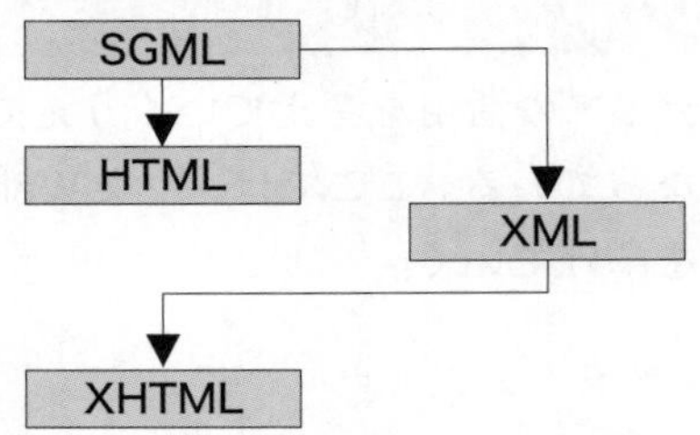

・SGML（Standard Generalized Markup Language）
　コンピュータで処理する文書全般に使用することができる汎用的なマークアップ言語。文書の論理構造、意味構造を記述する。HTMLやXMLのベースとなっている。
・XHTML（eXtensible Hyper Text Markup Language）
　HTMLからXMLへの移行をスムーズにするために、HTMLをXMLに適合するよう定義しなおしたマークアップ言語のことである。

を、利用者が自由に定義することができるという点においては、HTMLと異なる。→図表2-2-5

XMLは、データ交換の際などに、その特性を発揮することができる。たとえば、企業間取引（EDIなど）のシステムをXMLで構築すれば、

図表2-2-5●XMLの記述例

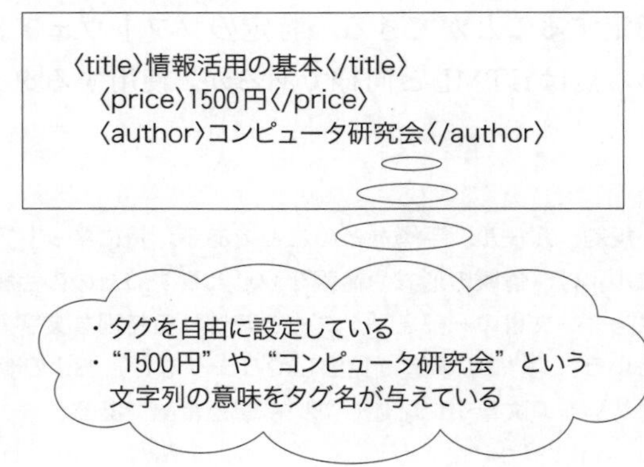

XMLが共通フォーマットとなり、Webを用いてブラウザ上で商取引のデータを送受信することができる。Web上でのやりとりが可能となること（Web EDI）によって、システムに要するコストは大幅に削減することができ、また、XMLという共通フォーマットを用いることで、取引に参加する企業を拡大することもできる。

(3) HTML

HTML（Hyper Text Markup Language）は、Webページを記述するためのマークアップ言語である。テキストのみで記述される文書だが、テキストの中にタグをつけて、文書の論理構造や修飾情報を記述していく。→図表２−２−６

図表２−２−６●HTMLの記述例とブラウザ上での表示イメージ

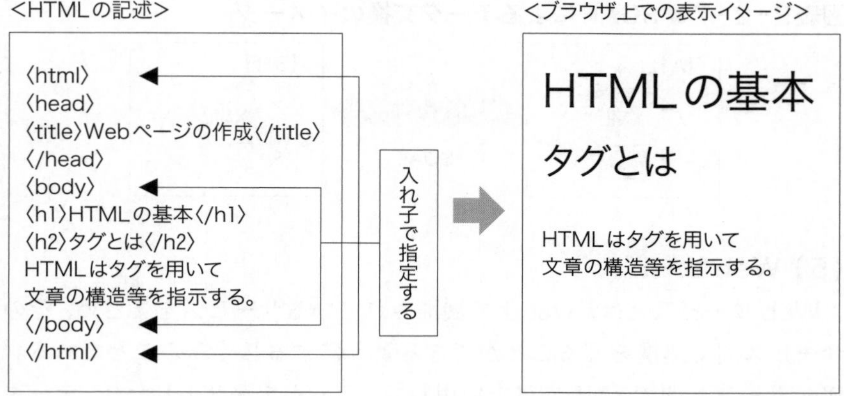

<使用したタグの意味>

タ　グ	意　　味
〈html〉 ～ 〈/html〉	HTML言語の始まりと終わりの指定
〈head〉 ～ 〈/head〉	ヘッダ情報の始まりと終わりの指定
〈title〉 ～ 〈/title〉	HTML文書のタイトル
〈body〉 ～ 〈/body〉	ブラウザに出力される記述の範囲
〈h○〉 ～ 〈/h○〉	見出しレベルの指定（1～6で指定）

HTMLはWebサイトを制作する言語として広く利用されており、機能強化も図られている。しかし、HTMLは文章の構造をつくるための言語であるためサイトにデザインを施し、見栄えを整えるには無理がある。

そこで使用されているのが、CSS（Cascading Style Sheets）である。CSS（スタイルシート）をHTMLファイルとは別に作成し、HTMLから呼び出すことでデザイン性の高いWebサイトをつくることができる。

（4）SOAP

SOAP（Simple Object Access Protocol）は、遠隔地にあるコンピュータのプログラムやデータにアクセスするためのプロトコルである。XMLを利用する際に、メッセージ交換用の共通的な枠組みとして活用されている。→図表2-2-7

図表2-2-7●SOAPによるデータ交換のイメージ

（5）Webサービス

Webサービスとは、Web上で展開されているサービスをまとめ、そのサービス間で連携をとることができるようにするしくみのことである。Webサービス間でXML文書を使用して、データを呼び出したり、データの送受信を行う。

Webサービスを導入することによって、XMLを利用した商取引を行っている企業がオープンになり、いままでまったく取引のなかった企業ともインターネットを介して取引を行うことができる、というメリットがある。

Webサービスの技術基盤は、

・XML
・SOAP
・UDDI
・WSDL

である。

(6) UDDI

UDDI（Universal Description, Discovery and Integration）を一言でいうと、「Web上で行われているビジネスのアドレス帳」である。

インターネット上の

・どこに
・どのようなビジネスが
・どのような形式で

行われているのか、といった情報が格納されている。

Webサービスを公開している企業においては、UDDIに登録をすることによって、サービス内容を利用者に伝達できるというメリットがある。

なお、UDDIの情報は、WSDLで記述される。

(7) WSDL

WSDL（Web Services Description Language）は、UDDIで使われている、Webサービスの特徴的な機能を記述するための言語であり、XMLよって定義されている。SOAPやUDDIとともに、Webサービスを支える技術として利用されている。

(8) Java

Javaは、Sun Microsystems社が開発したプログラミング言語である。ネットワーク上での使用を前提とした、オブジェクト指向 Key Word の言語である。

① Javaの特徴

Javaの主な特徴として、以下の点を挙げることができる。

ⅰ．オブジェクト指向

C言語に似た表記法をとっているが、それらの言語の欠点も踏まえて設計されたため、オブジェクト指向性がより確立している。

ⅱ．ネットワーク環境で利用されることを前提としている

セキュリティ機能、ネットワーク関連の機能が標準で搭載されている。

ⅲ．汎用性が高い

特定のハードやOSに依存せず、どのようなプラットフォームでも動作する。

なお、Javaプログラムの実行環境は、Java仮想マシンと呼ばれている。Java仮想マシンには、プラットフォーム間の違いを吸収する、という役割がある。仮想マシン上で動作するJavaプログラムでは、プラットフォームの違いを意識しなくてもよい。

② Web関連の技術

Javaは、ネットワーク上での利用を前提とした言語である。したがって、インターネットにおける利用に際して、関連する技術が誕生している。

Javaから派生してWeb上で活用されている技術には、次のようなものがある。

ⅰ．Javaサーブレット

Webサーバー上で実行されるJavaプログラムである。

ⅱ．JSP

Webサーバー上で動的なWebページを作成する技術である。HTMLに埋め込んで記述することができる。

ⅲ．Javaアプレット

Key Word

オブジェクト指向――ソフトウェアの設計や開発において処理の手順よりも処理の対象（オブジェクト）に重点を置いた考え方のこと。

Webサーバーからダウンロードし、Webブラウザ上で実行されるJavaプログラムである。ネットワークゲームやアニメーションのプログラムによく利用されている。

Javaアプレットを使うことにより、HTMLで記述された「静的」なWebページでは実現できない、「動的」な（アクセスのたびにプログラムでページがつくられ、表示される）表現が可能となる。

iv. JavaBeans

「Bean」とは、Javaにおける小さなコンポーネント（部品）のことである。Javaのコンポーネント技術をまとめたものがJavaBeansであり、これらの部品を組み合わせてアプリケーションソフトを構築する手法を指す。

これらの技術のうち、サーバー側で作動する（Webサーバー上で実行され、その処理結果をクライアントのWebブラウザに返送する）ものは、

・Javaサーブレット

・JSP

であり、クライアント側で作動する（Webブラウザの制御のもとで実行する）ものは、

・Javaアプレット

である。

なお、JavaBeansは、クライアント用・サーバー用どちらでも作成できる。

(9) JavaScript

JavaScriptは、Sun Microsystems社とNetscape Communications社が開発した、Webブラウザ上での利用に適したスクリプト言語である（スクリプト言語とは、簡易的なプログラム言語の総称）。JavaとJavaScriptはまったく別のプログラミング言語であり、用途も異なっている。

JavaScriptはWebページで複雑な機能を実行できるようにするプログラミング言語で、たとえば、メッセージボックスの表示、カレンダー・

地図の組み込み表示、入力内容のチェックなど、静的なHTMLだけではできない複雑な動的Webサイトをつくることができる。

JavaScriptとともに注目されるのが、Ajax（Asynchronous JavaScript＋XMLの略、エイジャックスまたはアジャックスと読む）である。Ajaxは、Jesse James Garrett氏が、2005年2月に投稿した「Ajax: A New Approach to Web Applications」（Ajax Webアプリケーションへの新しいアプローチ）で提唱されたJavaScript、XMLなどを使ったWebアプリケーションの構造の考え方で、Webアプリケーションの操作性を高めることが容易にできるという特徴がある。Ajaxにより、クライアントからサーバーに要求を送信し、現在表示されていないページの一部だけを差し替えたり、マウスの移動をきっかけに、コンテンツを動かしたりすることができる。

第3節 ネットワークの活用

学習のポイント

◆普段利用している、Webの技術や検索の技術、eメールのしくみや活用方法について知る。
◆ネットワーク上でのクラウドサービスの特徴や利点を学び、構成する技術を理解する。
◆ソーシャルメディアやグループウェアの利点や利用方法を知る。
◆近年発展しているECの特徴を学び、企業間取引を支える技術について理解する。

1 Web

(1) インターネットとは

インターネットとは、簡単にいうと、「ネットワークのネットワーク」であり、また、世界最大のネットワークでもある。

① インターネットの特徴

インターネットの特徴はいくつかあるが、まず初めに、

・自律分散型

という点を挙げることができる。インターネットは、管理者が存在し中央集権的に管理されるネットワークではない。インターネット全体を統轄する管理者が存在しないので、個別のLAN等のネットワークの管理者およびインターネットの利用者それぞれが責任を持って管理し、参加する「自律型」のネットワークである。

そのうえで、世界各地に存在するサーバーが、お互いに連携し合って

インターネットというネットワークがつくり上げられている。

次に、

・TCP/IPというプロトコルを使用する

という点がある。TCP/IPについては、**(3)**「インターネットのプロトコル」で説明する。

② ISP（Internet Service Provider）

個人や中小規模の企業等がインターネットに接続する際は、ISPを通じてインターネットにアクセスすることが多い。

ISPとは、インターネット接続サービスを提供する業者のことである。後で述べるIPアドレスの取得などのサービスを利用者に提供する。

(2) IPアドレス

インターネットに接続する際は、必ずIPアドレスを取得する。

① IPアドレスとは

IPアドレスとは、接続するコンピュータごとに割り振られる数値であり、識別のための番号と言い換えることもできる（通信を行うためには、必ず相手を特定する必要がある）。

IPアドレスは、32ビットの数字で表現される（IPv4の場合）。単なる数値の羅列であるIPアドレスはユーザーにとっては使いにくいため、コンピュータに名前（ドメイン名）をつけ、DNS（Domain Name System、後述）によってIPアドレスとの相互変換を行うことが可能である。

② IPv4とIPv6

IPアドレスには、現在普及しているIPv4と、現在移行が進みつつあるIPv6がある。どちらも、「コンピュータを識別する」というIPアドレス本来の機能には変わりはないが、いくつかの相違点がある。

ⅰ. 使用されるビット数

何ビットの数値で表すかによって、割り当て可能なIPアドレスの数が決まる。IPv4は32ビット、IPv6は128ビットである。したがって、IPv6のほうが割り当て可能なIPアドレスの数は格段に多い。

ⅱ．セキュリティ機能の強化

IPv6においては、データの暗号化などセキュリティ機能の強化が図られている。

③ グローバルIPアドレスとプライベートIPアドレス

IPアドレスは、グローバルIPアドレスとプライベートIPアドレスに分けることができる。

ⅰ．グローバルIPアドレス

インターネットにアクセスするためのIPアドレスであり、世界中で重複することのない唯一無二のIPアドレスである。

ⅱ．プライベートIPアドレス

企業等が構築しているLANなどの中において、自由に割り当てることができるIPアドレスである。そのLANの中では重複しないが、そのLAN以外のIPアドレスとは重複する可能性がある。

プライベートIPアドレスが存在する理由は、グローバルIPアドレスを節約するためである。LAN内のコンピュータにグローバルIPアドレスを割り当てても問題ないが、グローバルIPアドレスは数に限界があるため、一般にはプライベートIPアドレスを割り当てる。

いわば、グローバルIPアドレスは、電話における外線番号（代表番号）、プライベートIPアドレスは企業の中における内線番号のような特性を持っている。

④ ドメイン名

インターネットを利用しているとよく目にする「www.yahoo.co.jp」や「www.mhlw.go.jp」といった表記を、「ドメイン名」と呼んでいる。

ドメイン名とは、インターネット上の住所のようなものと考えればよい。郵便で手紙を送るときには住所が必要であるが、インターネット上においては、あて先としてドメイン名を指定する。電子メールの送受信やホームページの閲覧のために、相手がインターネット上のどこにいるのかを特定する必要があるからである。

ドメイン名の構造は図表２-３-１のようになっている。

図表2-3-1●ドメイン名の構造

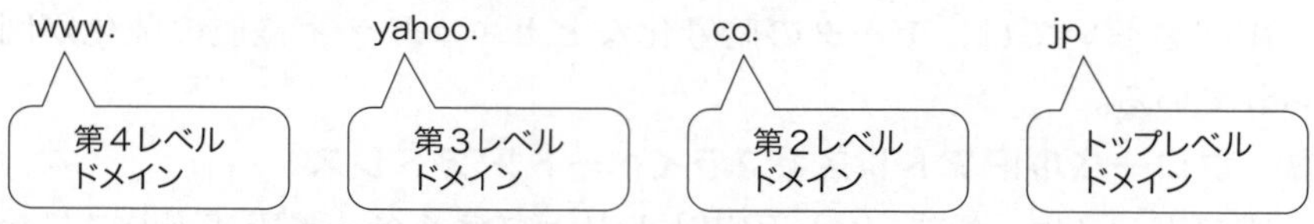

・トップレベルドメイン：国名（「jp」は日本）を表す
・第２レベルドメイン：「属性型ドメイン名」もしくは「地域型ドメイン名」を表す
・第３レベルドメイン：企業等の名前を表す
・第４レベルドメイン：www

⑤ DNS（Domain Name System）

DNSは、人間が理解できる言葉（ドメイン名）と、コンピュータが理解できる言葉（IPアドレス）とを対応づけするしくみである。このしくみにおいては、ネームサーバー（DNSサーバー、ドメインネームサーバーともいう）というドメイン名をIPアドレスに変換するコンピュータが中心的役割を果たす。個々のネームサーバーは、その配下のネットワークに接続されているホストのドメイン名とIPアドレスの対応表を持っている。

インターネット上にはたくさんのネームサーバーが存在し、階層構造をつくっている。それらのネームサーバーが連携し、あらゆるコンピュータに対して、ドメイン名からIPアドレスを求めることができる。

(3) インターネットのプロトコル

インターネットのプロトコルは、TCP/IPである。つまり、インターネットでは、TCP/IPという通信規約を用いて、世界中のコンピュータ、ネットワークを相互に接続しているのである。

① TCP/IP

TCP/IPは、インターネットで標準的に使用されているプロトコルの体系であり、4つの階層で構成されている。→図表2-3-2

図表2-3-2●TCP/IPの各層とそれぞれの層に含まれるプロトコル

TCP/IPプロトコルの階層	主なプロトコル
アプリケーション層	Webページの閲覧：HTTP ファイル転送：FTP メール：POP、SMTP IPアドレス：DNS、DHCP 遠隔ログイン：Telnet
トランスポート層	TCP、UDP
インターネット層	IP、ICMP
ネットワークインタフェース層	イーサネット、FDDI

各層の役割と、各層に含まれる主要なプロトコルを簡単に説明する。

ⅰ．ネットワークインタフェース層

伝送制御のプロトコルやネットワーク媒体のインタフェースに関する仕様等について規定している。

ⅱ．インターネット層

複数のネットワークを経由してあて先までデータを届けるために必要なプロトコルについて規定している。

・IP：Internet Protocol

ネットワークに接続している機器にあて先の住所を割り当てたり、ネットワーク内で最適な経路（ルート）を選定する方法を規定するプロトコル。

・ICMP：Internet Control Message Protocol

IPのエラー、制御のメッセージを転送するプロトコル。

ⅲ．トランスポート層

アプリケーション間のデータ転送について制御する。

・TCP（Transmission Control Protocol）：**コネクション** Key Word を確立し、効率的な転送を行うことを保証するプロトコル。

・UDP（User Datagram Protocol）：コネクションを確立せずにデータグラム単位でデータ転送を行うプロトコル。

ⅳ. アプリケーション層

Webページ閲覧、eメールなどに関するさまざまなアプリケーション用のプロトコルが規定されている。

・HTTP（Hyper Text Transfer Protocol）：WebサーバーとWebブラウザの間で、HTMLなどのハイパーテキストを送受信するためのプロトコル。

・FTP（File Transfer Protocol）：TCP/IPにおいてファイルを転送する際に使われるプロトコル。

・Telnet：ネットワークにつながったコンピュータを遠隔操作するプロトコル。

・POP（Post Office Protocol）：eメールをサーバーから受信するためのプロトコル。現在一般的に利用されているのは、POP3（Post Office Protocol version 3）である。

・SMTP（Simple Mail Transfer Protocol）：クライアントがサーバーにメールを送信したり、サーバー間でメールのやりとりをする際に用いるプロトコル。

・DNS（Domain Name System）：ドメイン名とIPアドレスとの対応づけを管理するプロトコル。

・DHCP（Dynamic Host Configuration Protocol）：インターネットに接続するコンピュータにIPアドレスなどを自動的に割り当てるプロトコル。

② パケット

TCP/IPでは、データを一定長以下の長さに切り、小さい塊にして送受信する。この小さい塊を「パケット」という。パケットは小包を意味

Key Word

コネクション――2つのプロセス間で通信するために使用する専用の通信路のこと。

し、データそのものにあて先などの情報が追加される。パケットはばらばらにネットワーク内を伝わり、あて先で元のデータとして組み立てられる。

パケットによるデータ通信を行うメリットは、回線利用の効率化が図れること、および、データ破損の際の再送の手間が最小限で済むことなどである。

（4）WWW

①　Webページ閲覧のしくみ

WWW（World Wide Web）はWebページ閲覧のしくみのことである。インターネットに接続しているサーバーとクライアントの間で、世界中のWebサーバー上のWebページをリンクし、クライアント上でさまざまな情報を見ることができる。なお、Webページ閲覧のためには、HTTPというプロトコルを使用する。→図表２-３-３

図表２-３-３●WWWのしくみ

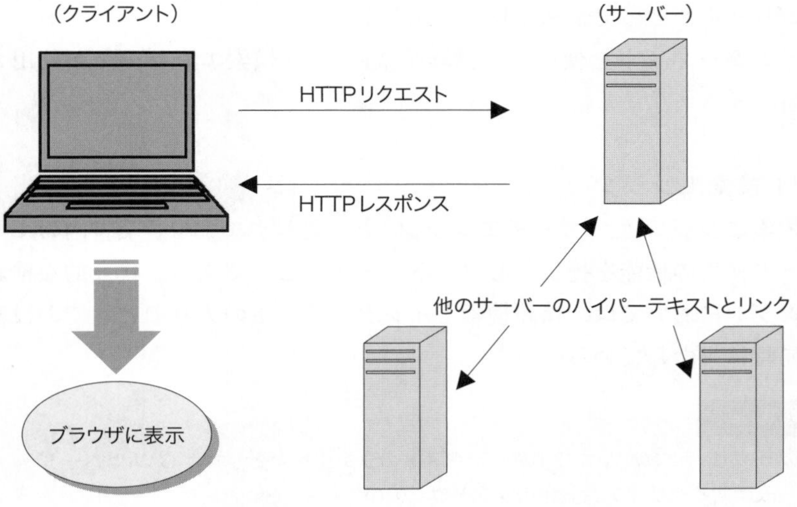

② サーバーとクライアント（ブラウザ）

ⅰ．Webサーバー

Webサーバーは、HTTPリクエストに対してHTMLドキュメントをネットワークを通じてHTTPレスポンスでクライアントに返すという役割を持つ。Apache（アパッチ）、Nginx（エンジンエックス）、IIS（Internet Information Services）などが具体的な例である。

ⅱ．クライアント（ブラウザ Key Word）

HTTPリクエストをWebサーバーに出し、Webサーバーからの返答を受けて、HTMLファイルや画像等を解析してブラウザに表示させる。

2 検 索

（1）インターネットにおける情報検索とは

「検索」とは、必要な情報を、大量の情報の中から見つけ出すことを意味する。コンピュータを使用することを前提に考えると、手がかりとなるキーワードや条件式を入力して検索したり、あらかじめ分類されたカテゴリーをたどって情報を見つけ出していく。

インターネットを使用した情報検索には、「検索エンジン」が使用される。

（2）検索エンジン

検索エンジンは、「サーチエンジン」とも呼ばれており、文書内のキーワード検索の機能を提供するソフトウェアのことである。代表的な検索エンジンにおいては、情報検索とインターネットの入り口としての役割を同時に果たしている。

Key Word

ブラウザ——WWWでハイパーテキストのリンクをたどりながらWebページを表示するクライアント側のソフトウェアのこと。

なお、検索エンジンには、大きく分けて、「ディレクトリ型」と「ロボット型」がある。それぞれの特徴については、以下のとおりである。

① ディレクトリ型検索エンジン

ディレクトリ型検索エンジンは、情報があらかじめジャンルやカテゴリーごとに、階層構造で整理されており、リンクをたどっていくだけで、目的のページを見つけることができる。

ディレクトリ型検索エンジンの長所として、

・人間がカテゴライズして登録しているので、Webサイトの重要度を考慮できる
・ロボット型と比較して、ノイズ（余計な情報）が抽出されることが少ない

という点を挙げることができる。反面、短所としては、

・検索対象のWebページが限られている
・情報を人間が精査・整理する時間が必要なので、最新の内容と限らない

という特性がある。

② ロボット型検索エンジン

ロボット型検索エンジンにおいては、サーチエンジンと呼ばれる情報収集プログラムが、世界中のWebサーバーを巡回して、自動的にWebページに関する情報を収集する。そして、収集した情報を、キーワードごとにデータベース化するタイプのシステムである。

ロボット型検索エンジンの長所として、

・広範囲で最新のWebページを検索することが可能である
・登録データ量が多い

などといった点を挙げることができる。反面、短所としては、

・指定するキーワードによっては、検索結果が想像以上に多くなり、目的のWebページが探しづらくなってしまう
・ディレクトリ型と比較して、ノイズが多くなる

という特性がある。

(3) キーワード検索

キーワード検索は、主にロボット型検索エンジンで用いられる。

① キーワード検索の留意点

キーワード検索を行ううえでの留意点は次のとおりである。

・具体的な用語を使う。
・同義語や類義語を活用する。
・キーワードを分割する。
・条件検索を活用する。
・想像力を発揮する。
・検索エンジンのヘルプを活用する。

検索エンジンのヘルプを見ると、フレーズ検索の方法や、日付やドメインを限定した検索の方法などが示されている。それらの機能を活用することで、ノイズを減少させ、より目的に合致した情報を得ることができる。

② ブーリアン検索

ブーリアン検索 Key Word とは、複数のキーワードをAND、OR、NOTといった半角の記号を使った演算式で検索する技法を指す。

・AND：複数のキーワードをすべて含む（例：犬 AND 猫）。
・OR：複数のキーワードのいずれかを含む（例：犬 OR 猫）。
・NOT：指定のキーワードを除外する（例：犬 NOT 猫）。

ブーリアン検索では、式の中に（　）（カッコ）を使うこともできる。キーワード検索の中に、ブーリアン検索の式を的確に用いていくことで、より一層的確な情報検索を行うことができる。

Key Word

ブーリアン検索――Boolean、つまり、演算記号を、キーワードの中に用いて検索式を作成する方法のこと。

(4) SEO (Search Engine Optimization)

SEO (Search Engine Optimization) とは、「検索エンジン最適化」の略語で、Webページを検索上位に表示させることを意味する。GoogleやYahooなどのロボット型検索エンジンで、検索結果の上位に表示されるようにWebページを作成するテクニックである。

企業のWebサイトが検索で上位に表示されることは、企業のマーケティング上の重要課題であり、検索エンジン最適化は必須の取り組みとなっている。

他方で、検索結果のランキングは検索エンジンのアルゴリズムに則って行われているが、その内容はブラックボックスとなっているためSEOは容易ではない。

検索エンジン最適化は、大きくホワイトハットSEOとブラックハットSEOに分類される。ホワイトハットSEOはユーザーに重点を置いてサイトを改善する検索エンジン最適化のことで、ブラックハットSEOは検索エンジンをだまし、Webページを本来よりも高く評価させる検索エンジン最適化のことである。

(5) リアルタイム検索

従来のロボット型検索エンジンでは、ロボットが処理し検索エンジンで検索できるようにするまで数日～数時間かかっていたが、2009年から「リアルタイム検索」として、ミニブログやSNSなどでリアルタイムに更新されている情報を対象にするWeb検索サービスが開始された。

リアルタイム検索の対象は、TwitterやFacebookなどソーシャルメディアが中心となるが、Webに公開されたコンテンツが「秒単位」で検索結果に反映・追加されていく。

3 eメール（電子メール）

（1）eメールのしくみ

eメールを送信し、受信されるまでのしくみは図表2-3-4のとおりである。

図表2-3-4●eメールのしくみ

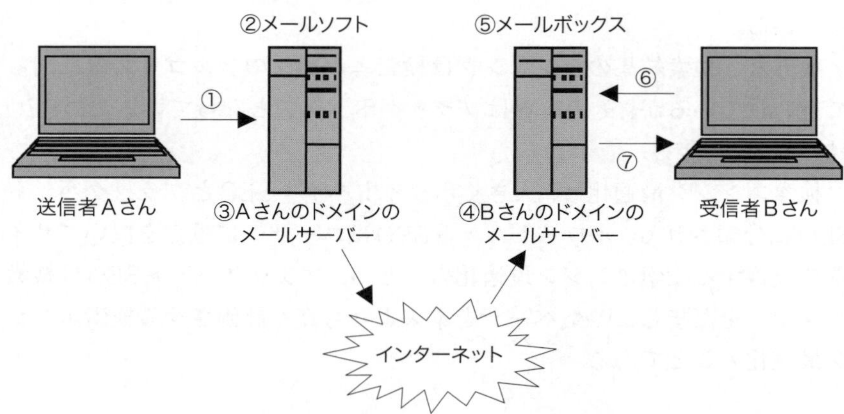

① 送信者AさんがBさんあてに（Bさんのメールアドレスを指定して）送信したメールは、Aさんのドメインのメールサーバーに、SMTPというプロトコルを使って送信される。
②・③・④ あて先のメールサーバーに、SMTPのプロトコルを使って送信する。
⑤ Bさんのドメインのメールサーバーの、Bさん用のメールボックスに届く。
⑥・⑦ Bさんはメールを受信するために、POP3のプロトコルを使って、メールを要求し、ダウンロードする。

なお、eメールを受信するためのプロトコルには、POP3のほか、「IMAP」も利用されている。

IMAP（Internet Message Access Protocol）は、サーバー上にメールを保持したまま、メールデータの取得やメールの削除をすることができるプロトコルである。このような特性から、モバイル環境でのメールの受信によく用いられる。

POP3は、電子メールをメールボックスからダウンロードするプロトコルであり、特別に設定を行わない限り、サーバーのメールボックス上のメールはすべてダウンロードされ、サーバー上からは削除される。したがって、メールの管理はクライアントがローカルディスク上で行うことになる。

また、eメールの書式にはいくつかルールがある。

・Subject：メールの件名、題名を入れる。大量のメールを受信することが多い現在では、とにかくわかりやすいものにする必要がある。
・From：差出人のことである。
・To：メールのあて先である。
・CC：Carbon Copyの略である。CCに指定したメールアドレスの人に、メールの写しを通知しながら送信する。ほかの誰に送ったかもわかる。
・BCC：Blind Carbon Copyの略である。BCCあてにメールの写しを送信するが、BCCに設定したあて先は表示されない。すなわち、ほかの誰にメールを送ったかわからない。

CCとBCCは、その違いについてよく理解し、適切に使い分けることが大切である（迷惑メールの原因にもなるので、アドレスを知られたくない人もいる）。

（2）導入効果

仕事においてeメールを導入した場合に、期待される効果には、次のようなものがある。

① 業務効率の向上

情報伝達のスピードが迅速化し、組織（部署など）を超えたコミュニケーションが活発化する。電話のようにほかの人の作業・思考を止めてしまうことなく連絡を取り合うことができる、また、確実に連絡をすることができる、ドキュメントとして残すことができるというeメールの特性が、業務効率の向上につながっていくと考えられる。

② 情報の共有化

eメールを掲示板的に活用すれば、情報の共有化が促進する。プロジェクト等において、CCやBCCであて先を随時指定することによって、仕事の流れがどのようになっているのか、また、どのような経緯で進んでいるのかといった点について、メンバー間で共有できる。

③ ペーパーレス化

紙ベースでの回覧資料が減少し、ペーパーレスを実現することができる。

(3) さまざまなeメール

eメールを発展・応用させたさまざまなしくみが実現化している。それらを適切に活用することで、前記の(2)「導入効果」の、さらなる拡大につながることが期待できる。一方で、急速な普及によって、迷惑なeメールや、犯罪につながるeメールも出現している。

それらの代表例について見ていく。

① メーリングリスト

eメールを使ったインターネット活用法の1つであり、複数の人に同じメールを配信できるしくみのことである。

メーリングリストでは、ある特定のあて先（メールアドレス）にメールを送ると、あらかじめ登録されているメンバー全員に送信される。また、送られてきたメールに返信をすると、そのメール（返信メール）も登録されているメンバー全員に送られる（このことを理解して返信しないと、迷惑がかかるので注意すること）。つまり、1対1ではなく複数どうしでのメールのやりとりが実現できるしくみである。これがメーリングリストの最大の特徴である。→図表2-3-5

② メールマガジン

メールマガジンは、「メルマガ」と略して表現されることもある。その名のとおり、eメールの雑誌のようなもので、特定分野の記事について定期的に発行される。購読申し込み（メールアドレスの登録）をすると、定期的あるいは不定期に、登録したメールアドレスあてに自動的にメールが送られてくる。

図表２-３-５●メーリングリストのしくみ

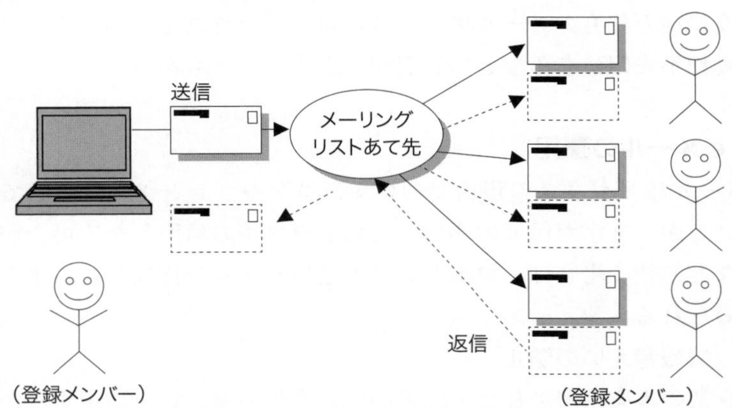

受信側（読み手）には、興味のある分野や好きなショップ等からの情報を収集するために、発信側には、タイミングよく情報発信ができるツールとして活用されている。

③　チェーンメール

チェーンメールは、迷惑メールの一種であり、不特定多数の人にｅメールが次々に転送され、受信者がねずみ算式に増えていくことを目的としている。

一見有益そうな情報に見せかけたり、コンピュータウイルスの警告に見せかけて、「あなたのお友達にもこのメールを転送して教えてあげてください」と転送を依頼する。

チェーンメールへの対応としては、「受信してもほかの誰かに送信しないこと」、つまり無視（削除）することが一番有効である。

④　spamメール

spam（スパム）メールとは、広告・宣伝・勧誘等を目的として送られる、迷惑メールの一種である。「利用者の同意を得ずに送られてくる」という点がポイントである。メールの内容には、違法性の高い詐欺まがいの商品広告、アダルトサイトおよび出会い系サイトへの勧誘・架空請求などを目的としたものもあり、取り扱いには注意が必要である。

一度に何万件ものメールアドレスに対し発信されるため、ネットワークが動作不安定になるなどの状況が発生することもある。

(4) eメールの運用

eメールはビジネスの現場でのコミュニケーションツールとして定着しているが、文字だけでの通信のためトラブルの原因となる場合がある。企業などで使う場合は、組織としての運用ルールを作成し対応することが求められる。

① 情報漏えいの防止

企業の営業秘密や社員・顧客の個人情報の漏えいを防止するため、運用のルールが必要になる。重要な情報を送る際には、暗号化したりパスワードを設定するなどの防止策をとる必要がある。

② 私的利用の禁止

企業のメールアドレスは業務用のものであり、私的な利用については認めないのが一般的である。

③ ウイルス感染防止

ウイルスの感染ルートはメールが多いため、セキュリティ対策が施されたPCを利用し、メールの送受信の際にはウイルススキャンを行う必要がある。感染を防止するために、ウイルス対策の基準を設け運用する必要がある。

これら以外にも、円滑なコミュニケーションのためのマナーが必要となる。あて先の書き方、メールの題名、引用時の注意点なども含めたeメール運用ルールが必要となる。

4 クラウドサービス

(1) クラウドサービスの概要

クラウドとは、クラウドコンピューティング（Cloud Computing）を略した呼び方で、データやアプリケーション等のコンピュータ資源をネットワーク経由で利用するしくみを指す。クラウド経由で利用者に提供されるITサービスが、**クラウドサービス**と呼ばれるようになった。

クラウドサービスはその構成要素から、3種類に分けられる。

① IaaS（Infrastructure as a Service）

コンピュータやストレージ、ネットワークなどのハードウェアが提供するサービスである。

② PaaS（Platform as a Service）

アプリケーションプログラムを開発・実行するためのツールや環境（＝プラットフォーム）を提供するサービスである。

③ SaaS（Software as a Service）

アプリケーションプログラムが持つ機能を提供するサービスである。業種／業務別アプリケーションから、SNS（Social Networking Service）やメールのようなコミュニケーションツールなどが用意されている。

これまで、利用者はコンピュータのハードウェア、ソフトウェア、データなどを自身で購入・保有するのが一般的であったが、ネットワークの発展によりクラウドサービスとしてこれらを共同利用することが可能となった。ネットワークにつながったスマートフォンやパソコン等のクライアントから、メールや業務システムなどをどこにいても使えるようになり、業務の効率化やコストダウンが図れるというメリットがある。

(2) クラウドサービスの技術基盤

クラウドサービスは、ハードウェア、ソフトウェアやアプリケーションなどをネットワーク経由で複数の利用者で共同利用するのが特徴である。ここでは、それを支える技術基盤について解説する。

① 仮想化技術

仮想化技術とは、ハードウェアなどの物理的な構成を隠して、論理的にそれらの資源を分割・統合するための技術である。たとえば、4つのCPUを持つ物理サーバーの存在を隠して、4台の論理（仮想）サーバーを構成するなどである。

クラウドサービスは、複数の利用者が同一のサービスをネットワークを介して共同利用するため、この仮想化技術によって成り立っているといえる。また、仮想化によりハードウェアなどリソースの数量にとらわれず、それらを仮想的に分割・統合して利用できるため、リソースの稼働効率を高めることができる。

② ネットワークの仮想化

ネットワークの仮想化とは、ハードウェアで提供されてきたネットワーク機器等を仮想化しソフトウェアで提供することを指す。複数の物理ネットワークを１つの論理（仮想）ネットワークに統合したり、１つの物理ネットワークを複数の論理ネットワークに分割することもできる。

ネットワークの仮想化で注目される技術が、SDN（Software-Defined Networking）と、NFV（Network Function Virtualization）である。

SDNとは、ソフトウェア技術により動的なネットワークの仮想化を実現し、新たな仮想ネットワークの構築や制御を、ソフトウェアにより自由に行えるようにしようという概念であり技術の総称である。

NFVとは、ネットワーク“機能”を仮想化し汎用的なハードウェア、あるいはクラウド上で実現することを指す用語である。ネットワーク機器の機能をソフトウェアとして提供する考えであり、SDNを補完するような関係にある。

③ API（Application Programming Interface）

APIとは、あるコンピュータプログラムの機能や入出力情報を外部のプログラムから呼び出して利用するための手順やデータ形式などを定めた規約を指す。従来はWindowsなどのOSがアプリケーション開発者向けに公開していた機能であったが、現在ではWebサービスがアプリケーション開発者向けに公開している機能であるWeb APIを指すようになっている。公開されているWeb APIでは、Googleマップ、Facebook、Twitterなどが有名であり、スマートフォン向けのアプリ開発では欠かせなくなっている。

(3) いろいろなクラウドサービス

クラウドサービスは、(1) で述べたとおりIaaS、PaaS、SaaSに区分されるが、最も一般的なのがアプリケーションサービスである。従来であれば、パッケージソフトの購入や自社開発するようなアプリケーションであってもクラウドサービスとして提供されている。

企業での利用においては、eメールから事務処理系、経営管理向けなど多様なクラウドサービスが提供されており、自社の業務に適したクラウドサービスを選定する必要がある。ここでは、クラウドサービスをタイプ別に紹介する。

① メールなどコミュニケーション

クラウドメール（Webメール）をはじめ、LINEなどのメッセージングアプリもビジネスで使われている。本節6で取り上げるグループウェアも自社導入ではなく、クラウドサービスとして利用する方向に進んでいる。

② PC処理などオフィス業務の支援

ネット上に各種ファイルや写真などのデータが保存できるオンラインストレージ、カレンダー（スケジュール管理）、文書作成、名刺管理、Web会議など、オフィスの日常業務で利用できるサービスが提供されている。

③ 業務処理ソフト

バックオフィスといわれる経理・人事・総務や販売・生産などの業務ソフトは、パッケージソフトなどを使った自社導入が一般的であったが、これらもクラウドサービスとして提供されている。

(4) 特徴・効果と課題

① 特徴と効果

クラウドサービスの特徴と導入効果は、以下の５点として整理される。

i. 拡張性（Scalability）：利用者は、必要なだけコンピュータ資源を利用でき、業務量に応じてコンピュータ資源を柔軟に利用できる。

ii. 可用性（Availability）：サービス提供者は、特定のサーバー群に問題が発生した場合、ほかのサーバー群に処理させることによってサービスの停止を防ぐことができる。

iii. 俊敏性（Agility）：利用者は、コンピュータ資源をサービスとして直ちに利用可能であり、サービス提供までの時間を大幅に短縮できる。

iv. 計測管理性（Measured Service）：クラウドサービスのリソース利用の計測管理が可能であり、利用者・サービス提供者双方にとって透明性を向上させることができる。

v. 経済性（Economy）：初期費用・運用費用などコスト面での優位性をもたらす経済性は、利用者、サービス提供者の双方にもたらされる。

② クラウドサービスの課題

クラウドサービスの利用にあたっては効果とともに、その課題・問題点の認識も必要である。

i. 安全性・信頼性の確保：クラウドサービスは、多数の利用者がコンピュータ資源を共有するものであり、安全性・信頼性の確保が求められる。

ii. データの所在：クラウドサービスにおいては、データの所在を利用者が必ずしも把握できないことから、国外にデータが保存されている場合、データの管理体制等についての確認が必要である。

iii. サービスのボーダレス性：クラウドサービスは国境を超えて自由にサービス提供が可能であることから、利用者の権利保障、個人データ保護等の国内・国外法規との関係について整理が必要である。

iv. カスタマイズの困難性：共通のシステムとして提供されているため、自社の独自要求に合わせた変更（カスタマイズ）が困難な場合が多い。

クラウドサービスは容易で迅速・安価に導入できるが、その継続利用にあたってはシステム使用料以外に運用にかかわるコストが継続的に発生する。そのため、自社独自導入と同様に導入効果とコストを見極めることが必要である。

5 ソーシャルメディア

ソーシャルメディア（Social Media）とは、インターネット上で不特定の人がコミュニケーションをとることで、情報の共有や拡散が生まれるメディアを指す。従来型の産業メディアである新聞、テレビなどのマスメディアと対比して使われる用語である。マスメディアの場合は運営者が情報発信者であるが、ソーシャルメディアの場合は利用者が情報発信者で拡散的に情報が広がっていく特徴がある。企業が顧客とのコミュニケーションのため活用する機会も拡大している。

代表的なソーシャルメディアは、ブログ、SNS（Social Networking Service）、動画共有サイト、メッセージングアプリなどである。SNSはソーシャルメディアの1要素である。

（1）SNS（Social Networking Service）

SNSは、ソーシャルネットワーキングサービス（Social Networking Service）の略で、登録された利用者どうしが交流できるWeb上の会員制サービスのことである。利用者間での情報の発信・共有・拡散に重きを置いており、社会的なつながりを提供するサービスである。近年では、スマートフォンの普及と軌を一にして利用が増加しており、企業や政府機関などでもSNSを使った情報発信や交流が拡大している。

SNSはコミュニケーションのツールにとどまらず、さまざまなサービスのプラットフォームとしても活用されるようになっており、ビジネスにおいてもその役割は重要である。他方で、“デマの拡散”や“炎上”など犯罪につながりかねない問題も多く発生している。

（2）マーケティングへの活用

ソーシャルメディアマーケティングとは、SNSなどソーシャルメディアを活用するマーケティング施策を指す。ソーシャルメディアはWebサイトなどとは異なり、企業と顧客が双方向にコミュニケーションをとることができることから、新たなマーケティングスタイルとして活用が進んでいる。類似する用語として、デジタルマーケティングもよく使われるが、ソーシャルメディアマーケティングの特徴は、デジタル・メディアを活用して顧客との双方向のコミュニケーションをとることを通じた交流である。

従来のマスメディアを活用したマーケティング・広告では、一方向の情報伝達しかできないという限界があったが、ソーシャルメディアを活用すると双方向での交流により顧客とのより緊密な関係構築が可能となる。→図表2-3-6

図表2-3-6●ソーシャルメディアとマスメディア広告の違い

	情報伝達	情報の広がり	情報の受け手	コンテンツ形成
ソーシャル	双方向 （操作不可）	発信者のつながり、コンテンツの拡散性による	能動的	企業＋個人 （集合的）
広告	片方向 （操作可能）	不特定多数、出稿量による	受動的	企業主体

出所：デジタルマーケティングラボ
(https://dmlab.jp/web/new_web/web140211_1.html)

ソーシャルメディアをマーケティングに活用するポイントは、①見るだけで面白い、役に立つコンテンツがある、②コンテンツに共感が持てる、③誰かに教えたいと思うコンテンツがある、④この企業の商品・サービスを使ってみたい、と利用者が思う運営にある。

ソーシャルメディアのビジネスへの活用の１例としてビジネスブログを紹介する。

ブログ（blog）は、個人が日記風に思ったことを書きWebに公開するものであるが、ビジネスでの活用も拡大している。企業の情報発信は自社ホームページが軸となるが、ホームページは企業の問い合わせ窓口として、整理された情報を網羅的に伝えることが必要となる。他方、ビジネスブログは顧客向けのニュースレターのようなもので、顧客に役立つ情報を提供しその反応を受け取ることができる。その目的は、顧客との接点の拡大であり、自社の持っている知識・技術・ノウハウなど独自のコンテンツを顧客目線で提供することが必要となる。

さらに必要なのは、その有効性の評価である。ビジネス上の評価指標である「新規獲得顧客数」「リードコンバージョン率（Lead Conversion）＝見込み客を顧客に変える率」などとともに、ブログとしての「平均ページビュー」「直帰率」「平均サイト滞在時間」、加えてブログの評価指標である「対話指数」などで有効性を評価する必要がある。

6 グループウェア

(1) グループウェアとは

グループウェアとは、本来、ネットワークで接続された複数のメンバーで構成された特定のグループが、そのグループ内で共同作業を効率的に行っていくように支援することを目的としたものである。つまり、LANで結ばれたグループ内において、作業の効率化を支援・促進するソフトウェアの総称である。

ただし、現在では、特定のグループ（１つのチーム、課、部など）を超えて、知識を共有したり、全社的な社員用の情報システムとしての役割を果たしているケースが多くなっている。

(2) 主な機能

グループウェアの主な機能には、次のようなものがある。

① eメール

通常の１対１で使用するeメールはもちろん、一斉同報（複数の相手に同時に送る）機能を使えば、会議の連絡事項伝達や各種書類の回覧などを容易に行うことができる。後者は、特に「グループ作業の効率向上に貢献する」ソフトウェアとしてのグループウェア的な使い方となる。

メールのやりとりから発展させて、過去のメールのやりとりをデータベース化し、テーマごとに参照できるようにしたり、会議でのディスカッションの経緯を振り返ったり、新入社員や異動となった人に仕事の経緯を引き継いだりする目的で利用することもできる。

② 電子掲示板

eメールは特定の人にメッセージを送る（1対1あるいは1対多）のに対して、電子掲示板では特定あるいは不特定多数の人にメッセージを送る。メンバー全員に対して行う「お知らせ」のような情報を流す必要がある場合に有効な機能である。

電子掲示板は、都合のよいときに見ることができるので、離れた場所にメンバーがいるときにも非常に便利である。

③ 電子会議室

電子会議室では、特定または不特定多数の参加メンバーが、各自の意見を会議室の機能を使って、書いていくことによって、相互にディスカッションを行う。

会議に参加している者は、ディスカッションの内容や討議の経過を読むことができる。離れた場所にいても会議ができるので、時間と費用の削減に貢献することができる機能である。遠路、わざわざ会議のために1カ所に集まるという無駄をなくすことができる。

④ 文書管理

文書管理とは、特定グループ、企業内のさまざまな情報を、デジタルの文書として共有化できるようにすることである。あらゆる文書を保存することが可能であり、共有化されたこれらの情報を活用することによって、ナレッジマネジメント Key Word につながっていくということが期

Key Word

ナレッジマネジメント（Knowledge Management）――個人の持つ知識や情報を組織全体で共有し、有効に活用することで業績を上げていこうという経営手法。「KM」と略されることもある。

待できる。

⑤　スケジュール管理

スケジュール管理とは、グループのメンバーのスケジュールを一括管理する機能である。各自が自分のスケジュールをグループスケジュールに登録しておけば、ほかのメンバーがそれを参照することができる。このような機能を持たせることによって、会議の日程調整など、さまざまな調整作業に利用することが可能となる。

⑥　施設予約

施設予約とは、会議室などの予約を効率よく管理することができる機能である。

施設を予約したいメンバーは、グループウェア上で会議室や設備の予約状況を確認する。空いていれば予約することが可能となる。施設利用が決まった時点で、すぐ確認と予約ができる。確認・調整など煩雑な事務作業がなくなり、仕事の効率化に役立つ。

⑦　ワークフロー

そもそもワークフローとは、業務にかかわる情報を部門等で共有し、その情報の流れを管理することを意味する。グループウェアにおけるワークフロー機能は、決裁の必要なデジタル化された文書を回覧したり、稟議事項を回付したりするなどの作業処理の流れを管理して自動化することを目的としている。複数の作業者にかかわる作業について、その仕事の流れを、あらかじめサーバー上に登録しておく。それによって、業務においてワークフローが発生した場合に自動的に次の人に処理を渡すようなしくみとなっている。

グループウェアではワークフロー処理の伝達（コミュニケーション）には、eメールを使用する場合が多く、作業の終了をメールで知らせる形態をとる。

ワークフローの機能を利用すると、稟議の申請や否決の流れなどについて効率よく管理することができる。

⑧　営業報告

各人の日報、月報などの業務報告を登録する。外出や出張が多く、なかなか社内で顔を合わせることができない場合でも、上司や他のグループメンバーが業務の進捗状況を把握することができるという点で、共同作業が効率化する。

最近では、グループウェアもWeb対応がほぼ必須となっている。外出中でも社内の掲示板やメールを確認したり、各種社内手続等を出張先から行ったりする、というニーズに対応できる商品が多くなっている。

7 EC：Electronic Commerce

インターネット等のネットワークを利用した商取引（EC：Electronic Commerce＝電子商取引）の体系は、図表2-3-7のように整理することができる。

ここでは、これらの取引の概要と動向について見ていく。

図表2-3-7●ECの体系

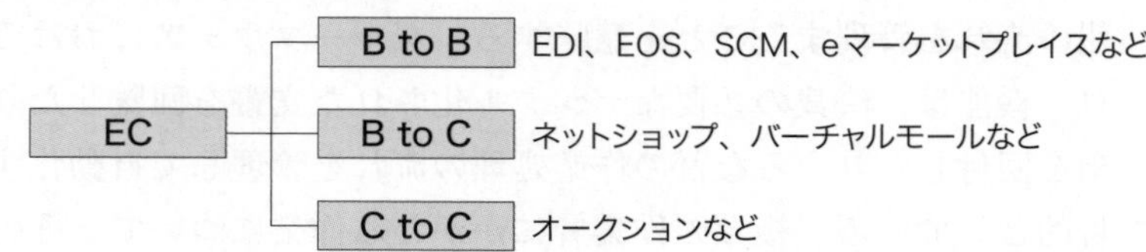

(1) B to B（企業間取引）

① B to Bとは

「B to B」の「B」は、「Business」を意味する。つまり、B to Bはビジネスを行う者どうしの電子商取引ということになる。B to Bは、さらに、特定企業間の取引と、不特定企業間の取引に分けることもできる。

② B to Bの市場規模

B to Bの市場規模は、2019（令和元）年時点で352兆9,620億円、商取引における電子商取引化率（EC化率）は31.7%となっている。市場規模

図表２－３－８●B to B-EC市場規模の推移

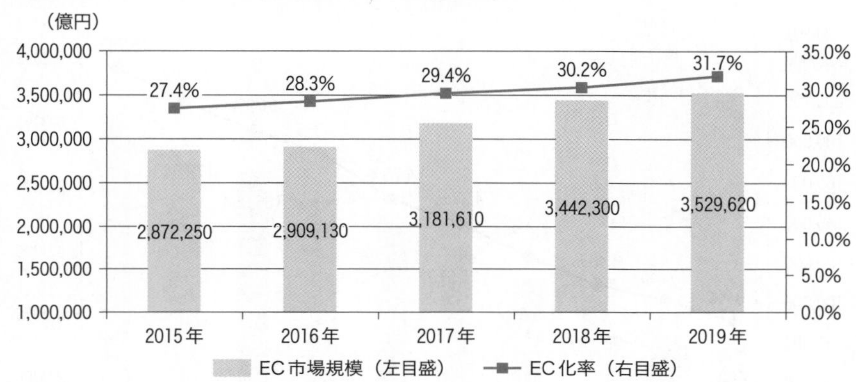

出所：経済産業省商務情報政策局情報経済課「令和元年度 内外一体の経済成長戦略構築にかかる国際経済調査事業（電子商取引に関する市場調査）報告書」令和２年７月

に関しては、2015（平成27）年からの４年間で約23％の伸びとなっている。→図表２－３－８

B to B取引市場は、一貫して拡大しておりEC化率も上昇を続けている。

(2) B to C（企業・消費者間取引）

① B to Cとは

「B to C」の「C」は、「Consumer」のCである。つまり、B to Cは「企業対消費者」の商取引を意味している。一般に、消費者が、インターネットを介してネットショップでモノやサービスを購入する。

② B to Cの市場規模

B to Cの市場規模は、2019（令和元）年時点では19兆3,609億円で2010（平成22）年から約2.5倍に増加している（→図表２－３－９）。内訳は、物販系分野が10兆515億円、サービス系分野が７兆1,672億円、デジタル系分野が２兆1,422億円となっている。→図表２－３－10

B to Cの市場は拡大を続けているが、その一要因と考えられるのがス

図表2-3-9●B to C-ECの市場規模および物販系EC化率の経年推移

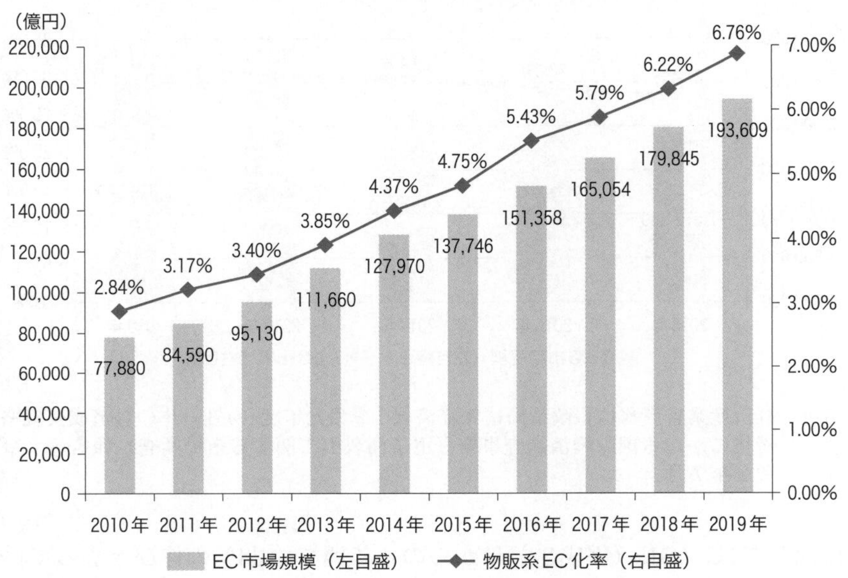

注：この調査では、B to C-ECの市場を「物販系」「サービス系」「デジタル系」に区分して市場規模を求めている。EC化率は物販系のみで算出している。

出所：図表2-3-8に同じ

図表2-3-10●B to C-EC市場規模および各分野の構成比率

分　野　名	構成金額	構成比率	EC化率
物販系分野： 食品・家電・アパレルなどの消費財（有形財）	10兆515億円	51.9%	6.76%
サービス系分野： 旅行、飲食、金融などのサービス	7兆1,672億円	37.0%	―
デジタル系分野： オンラインゲーム、電子出版、動画配信など	2兆1,422億円	11.1%	―

出所：図表2-3-8に同じ

マートフォンの普及である。B to C（物販）におけるスマートフォン経由の取引比率は、2019年で42.4%となっており、B to C市場の拡大と軌を一にしてスマートフォン経由取引比率が拡大しているのがわかる。→図表2-3-11

スマートフォンからのECの場合、スマホアプリからの利用が一般的である。スマホアプリは利用者にとって利便性が高く、事業者にとっても消費者とリレーションを構築するチャネルとして期待されている。

図表2-3-11●スマートフォン経由の市場規模の直近5年間の推移

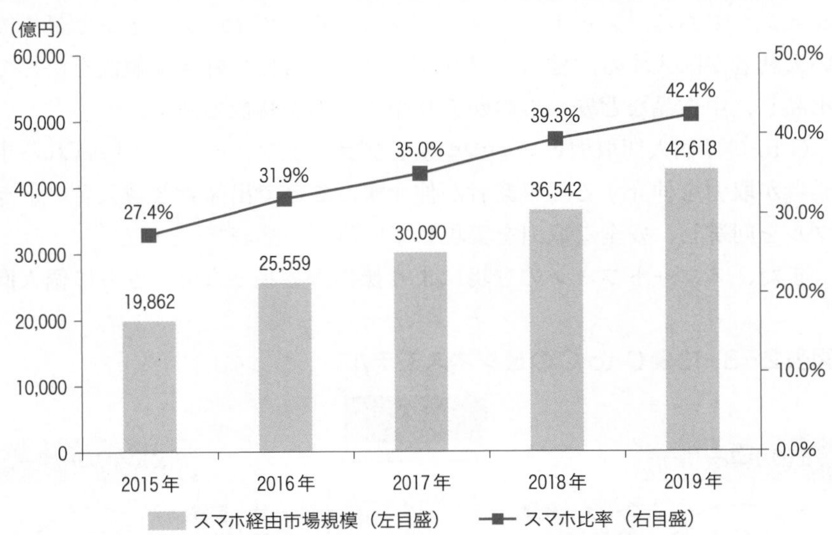

注：物販系ECを対象に、スマホ経由の市場規模を算出している。

出所：図表2-3-8に同じ

（3）C to C（個人間取引）

① C to Cとは

C to Cとは「Consumer to Consumer＝個人間取引」の意味であり、消費者どうしでモノやサービスを売り買いする形態のビジネスである。

2019（令和元）年の市場規模は、1兆7,407億円で前年比9.5%と高い伸び率になっている。

その代表的な例は、ネットオークションとフリマアプリ（Flea market application）である。

ネットオークションとは、インターネット上で行われるオークションで、出品されている商品の中から気に入ったものを選び、自分の指定した金額で入札して購入することができる。

フリマアプリとは、オンライン上でフリーマーケットのように、個人間で売り買いを行えるスマートフォン用のアプリ（モバイルアプリケーション）である。ネットオークションはあくまでオークションで最も高い入札者が購入する。他方、フリマアプリは自分で好きな値段を決めて出品し、中古品など安いものが売りやすいのが特徴である。

C to Cは個人間取引といいつつも、プラットフォーマーと呼ばれる事業者が取引を仲介する。事業者が仲介することで出品者と購入者のトラブルを回避し、安全な取引を実現している。→図表2-3-12

また、スマートフォンの登場により操作が容易となり、さらに個人向

図表2-3-12●C to Cのビジネスモデル

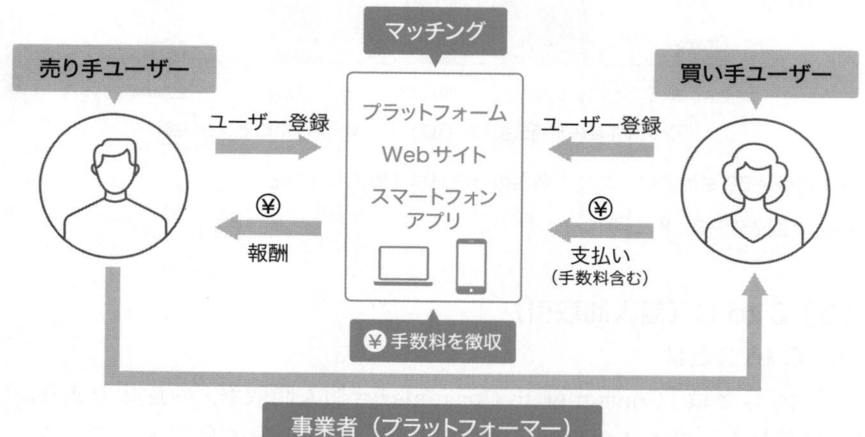

けのオンライン決済が登場したことが市場拡大の要因となっている。

(4) バーチャルモール

バーチャルモールとは、直訳すると「仮想商店街」となる。Web上に店舗が集まった「インターネット上の商店街」と紹介されることもある。複数店舗が出店をしているが、それらをまとめているWebサイトがあることがポイントである。まとめているWebサイト、そのバーチャルモールを主催している企業は、決済や情報提供、トラブルの解決等など1つの店舗では実現できないサービスを提供する。

(5) ポータルサイト

ポータルサイトは、「インターネットの玄関」という意味を持っている。つまり、インターネットを利用する際に、初めに訪れるWebサイトとして利用されている。

ネットワークプロバイダや検索エンジンを中心とした総合型のポータルサイトでは、検索エンジン、オークション、情報収集、ネットショッピング、占い、天気予報、メール、ブログ作成等さまざまなサービスがワンストップで提供され、利用者の利便性の向上が図られている。これらのサイトでは、集客力を生かした広告料、有料コンテンツ収入などを主な収入源としている。

ポータルサイトには、このような統合型のサイト以外に、目的や専門分野に特化したサイトも拡大している。

例として、グルメ・レストランの情報サイト、化粧品の情報、価格の比較、天気予報、ニュースなど多様なポータルサイトが登場している。

8 企業間連携

(1) EDI

① EDI (Electronic Data Interchange) とは

企業間電子商取引（B to B）に含まれる「EDI」とは、企業間でやりとりをするデータを電子化し、標準的な書式に統一して、ネットワークを介して交換するしくみのことである。

対象となるデータは、受発注、見積り、入荷、出荷、決済など多岐にわたる。これまで、電話やFAXを利用してやりとりしていた企業間における各種の取引情報を、ネットワーク上でやりとりするということである。

EDIを活用するとEDIで受信したデータを人手を介さずにコンピュータ入力し、そのまま自社システムで処理し、EDIで出力するといったことが可能となる。したがって、従来のツール（電話、FAX）と比較すると、情報伝達のスピードと、各業務プロセスにおける事務処理効率が向上する、というメリットがある。

② Web-EDI

Web-EDIとは、Web技術を利用したEDIであり、インターネット回線とWebブラウザがあれば、取引に参加することができるという特徴を持っている。

従来のEDIにおいては、専用の回線（VANなど）や専用の端末を利用していた。そのため、ある程度の設備投資が必要となり、中小零細企業にとっては、参入しにくいという側面があった。

しかし、Web-EDIを利用すれば、低コストでEDIを導入することができる。Web-EDIの普及は、EDI利用者の裾野を広げ、前述のメリット（利用効果）がさらに拡大するのでは、と期待されている。

③ 標準化

複数の企業がデータを交換するEDIにおいては、「標準化」が重要なポイントとなっている。EDIを実現するためには、通信プロトコルやデータ形式、データ項目などに関する取り決めが必要となる。EDIに必要な基本的な取り決めは以下の４つである。

ｉ．第１レベル：情報伝達規約

通信プロトコルに関する取り決めである。コンピュータ間の接続方法・手順などについての規約となる。

ⅱ．第２レベル：情報表現規約

帳票に含めるデータ項目などについての取り決めである。

ⅲ．第３レベル：業務運用規約

障害発生時の対応、取引データの到着確認の手続などについての取り決めである。

ⅳ．第４レベル：取引基本契約

取引が法的に有効であるかどうかを企業間で確認するために必要な取り決めである。

④　業界標準EDI

当初、EDIに関する取り決めは、取引企業間で決められていた。徐々に業界標準化が進み、現在では、業界を超えた標準化も進みつつある。

業界標準化の代表例を以下に示す。

・流通業界：流通BMS（Business message Standard）、XML/EDI
・物流業界：物流EDI標準、JTRN、物流XML/EDI標準
・金融業界：全銀EDIシステム（ZEDI）
・建設業界：CI-NET（Construction Industry NETwork）

（2）EOS

① EOS（Electronic Ordering System）とは

EOSとは、コンピュータおよびネットワークを利用した受発注システムのことである。小売業者の立場から見ると、発注したい商品やその個数などの情報を、ネットワークを介して卸売業者に送る。つまり、従来は電話やFAXなどを用いていた発注業務（卸売業等発注を受ける側の立場で考えると「受注業務」となる）を、コンピュータネットワークを用いて行うものである。

②　方式

EOSを用いて受発注を行う方式には、次のようなものがある。

ⅰ．キー・イン

発注端末から、キーボードを用いて、発注台帳を見ながら入力する方

式である。

ⅱ．バーコード棚札

陳列棚に各商品のバーコードを貼っておき、実際に棚を見ながらバーコードをスキャンして読み取る方式である。

ⅲ．オーダーブック

商品のバーコードが載っているオーダーブックに基づいて発注を行う方式である。

ⅳ．EOB（Electronic Order Book）

電子化されたオーダーブックに基づいて発注を行う方式である。

③ 導入効果

EOSの導入効果を、受注側と発注側に分けて考えると、以下のように整理することができる。

ⅰ．受注側（卸売業者、製造業者など）のメリット

・受注ミスの低減

電話を受けてから受注伝票を起票するというような作業がなくなるので、受注ミスが減少する。

・受注処理の平準化

小売店を巡回して受注を行っていた企業の場合、営業担当者が小売店から帰社してから集中して事務処理を行うことになる。EOSを導入することによって、作業分担も平準化され、時間を有効に活用することができるようになる。

・物流業務の効率化

受注データを再加工することによって、倉庫管理や配送等の業務の効率化が図れる。

・小売店への提案力向上

受注データを分析・加工し、小売店にさまざまな提案を行うことができるようになる。

ⅱ．発注側（小売業者）のメリット

・発注作業の効率化

商品の現在在庫量等を検索したり、データを入力する時間が短縮化され、入力ミスも減少する。パート、アルバイトでもマニュアル等に沿って容易に作業することができる。

・在庫の削減

効率のよい発注ができるようになるため、店頭等における在庫量を減らすことができる。また、発注から納品までのリードタイムも一般に短縮化できる。

(3) SCM

① SCM (Supply Chain Management) とは

サプライチェーンとは、部品や資材から商品を生産し、卸しや小売りといった流通を経由して顧客に届けるまでのモノの流れのことを意味する。SCM(サプライチェーンマネジメント)は、一連のモノの流れを適切にマネジメントすることによって、チェーン全体の最適化を目指す経営手法のことである。→図表2-3-13

図表2-3-13●SCMの概念

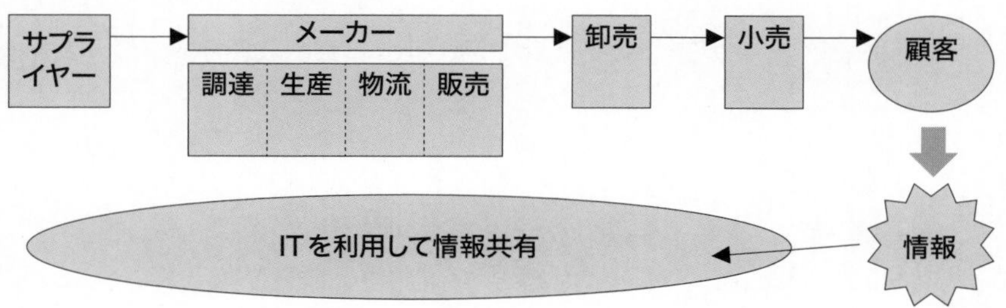

② SCMのメリット

SCMにおいては、チェーンを構成するメンバーが、リアルタイムで、在庫情報、売行き情報、原材料入荷計画、生産計画、販売計画などの情報を共有する。

メンバーが情報を共有できれば、たとえば、「売行き情報に合わせて精度の高い需要予測ができ、最適な生産計画を立てることができる」「最適な生産計画に基づき最適な部品調達計画を立てることができる」「サプライチェーン間の余分な在庫の削減が可能となる」といったメリットを享受することができる。つまり、過剰在庫や機会損失を極小化し、キャッシュフロー効率を上げ、さらに、リードタイムを短縮化することにより、顧客満足も高めることができる。

第４節 ビジネスツールの活用

学習のポイント

◆文書作成ソフトウェアの高度な機能の特徴について理解する。
◆表計算ソフトウェアによるデータ分析の基礎的な操作について理解する。
◆プレゼンテーションソフトウェアのさまざまな利用方法について理解する。

1 文書作成ソフトウェア

（1）文書作成ソフトウェアの利用シーンの変化

ビジネスの現場では誰もが文書作成や文書閲覧のシーンがあり、伝わりやすい文書の作成や効率的な編集が必要となっている。基本的な操作方法は研修や独学で習得しているケースが多いであろう。

現在のビジネスシーンでは文書の作成時の効率的な利用法や修正・更新時における有効な機能が重要になっている。そのため、校正機能やデータ変換、データ利用の方法については、効率的に連動させる方法や有効な支援機能を知っておく必要がある。

（2）文書作成時の表示方法

文書作成時の表示形式については以下のようなものがある。→図表２−４−１

・ページレイアウト
・Webレイアウト

図表2-4-1●文書作成時の表示形式

・アウトラインモード
・下書きモード

ページレイアウトモードは印刷時の出力に近い状態で画面に表示する。文書全体のバランスやページの版面率（余白と文字などの印刷部分の比率）を検討する際に有効である。

Webレイアウトは文書ファイルをWebブラウザで閲覧できるようにした場合の画面イメージが確認できる。Web上に掲載する際にはPDFに変換したり、改変されにくいよう画像で提示する場合が多いが、簡易的にWebページを作成する際には有効である。

アウトラインモードは文書の構成を考えながら執筆できるように、TabキーやBackSpaceキーなどを使って文のレベルを調整できる。文書全体の項目数や入れ子構造のバランスなどを確認できる。

下書きモードでは表示が簡略化され、入力・編集をスピーディーに行える。以前のDTPソフトウェアの利用においてエディタが重用されていたが、文書作成ソフトウェアのみで多くのことができるようになっている。

このほか、フォーカスモードと呼ばれるモードを提供している文書作成ソフトもある。フォーカスモードでは画面上に他のソフトウェアのウィンドウや通知を出さないようにして文章作成に集中できるようにしている。

(3) 校正機能

共同作業で文書を作成する場合、校正機能が役に立つ。修正箇所の表示、受け入れなどの履歴が自動的に記録される。

修正履歴はユーザーごとに誰がいつどのように直したかが確認できる。修正履歴の表示・非表示は切り替えが可能であり、修正を受け入れた後、文書を確定させる。

図表2-4-2●コメント機能

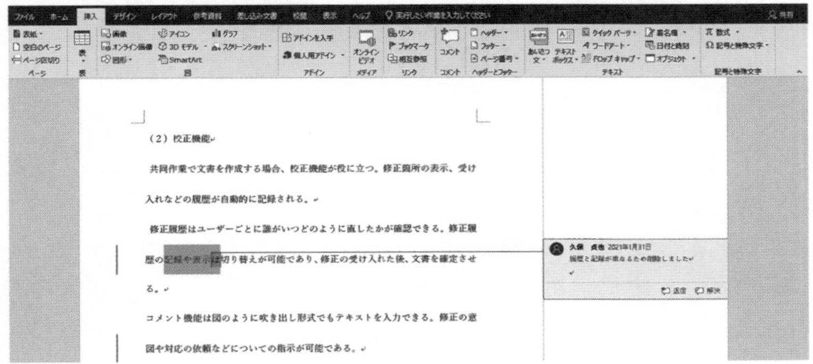

コメント機能は図表2-4-2のように吹き出し形式でもテキストを入力できる。修正の意図や対応の依頼などについての指示が可能である。

削除などを多用した場合は修正箇所が見えにくくなるため、共同作業者に注目してほしい部分の色を変えるなどの手作業も有効である。

英文のスペルチェックの機能は使う業務が限定されるかもしれないが、単語入力のアシスト機能や英単語を行末で分割するハイフネーションの自動化などが連動して英文作成で効果を発揮する。日本語についても送り仮名の統一や、誤用や言い回しの確認などを行うことができる。

（4）データの挿入

文書作成ではテキスト以外に以下のような図や音などを取り込むことができる。

- ・画像ファイル
- ・図形（アートワーク）
- ・スクリーンショット（マニュアル用）
- ・PDF
- ・表計算ソフトウェアで作成されたもの

取り込んだ写真などの画像に対して、大きさの調整やトリミング、縁のぼかしや色合いの調整などの編集が可能である。組織図やフローチャ

図表2-4-3●図の書式設定

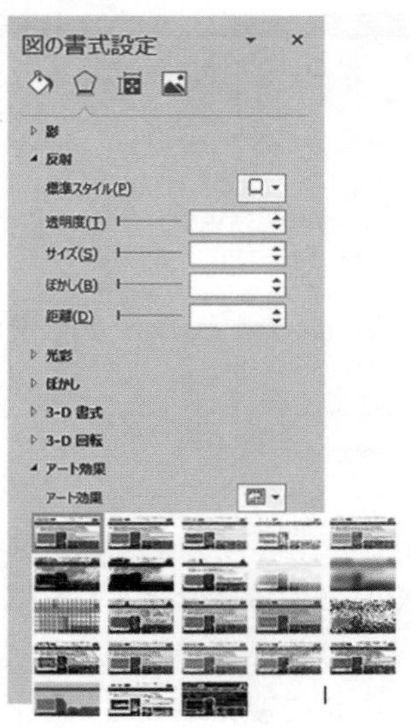

ートのような図形は四角や楕円などの図形を配置し組み合わせていく機能がある。これらの図形はベクター画像（→本節**3** **(5)**）として編集できるものもあり、精緻な描画も可能である。→図表2-4-3

マニュアルや操作手順などを作成する場合には、スクリーンショットを使うと便利である。スクリーンショットの撮り方はOSによって異なるが、画面全体、対象のウィンドウのみ、選択範囲など用途に応じて選べるようになっている。

PDF形式のファイルについては、オブジェクトとして配置することができる。また、PDFの文書内のデータを編集可能な状態で読み込むことも可能である。

表計算ソフトウェアで作成した表やグラフは変更できない図の形式で挿入できるほか、表計算ソフトウェア側で編集した結果を反映して連動させる形式も存在する。

（5）データのコンバート

作成した文書を共有する際に、ファイルを別形式にして保存する必要があるときがある。代表的なものとして以下の形式がある。

・PDF
・XPS
・Word97-2003
・書式なし（テキスト）
・リッチテキスト
・Webページ

PDFは無償のソフトウェアで閲覧できる形式である。PDFは文書の体裁を一定レベルで保った状態でファイルを交換できる。PDF形式のファイルを文書作成ソフトウェアの形式で読み込んで編集することもできる。

受け取り側のソフトウェアの有無やバージョンの違いによって読み込めないことを防ぐためには、互換性のある形式で記録する。古いバージョンで記録した際には、利用できない機能が含まれていることによる差異が発生することに注意する。

受け渡し後の編集作業があるならば編集可能な形式で渡す。文書の体裁などとは関係なく、入力内容をデータとして渡したい場合はテキスト形式などにする。この場合は図や表データなどは別データとして送る。

リッチテキストでは最低限の装飾で文書が記録される。これらはインストール手順や指示書などに使われることが多い。

（6）表形式の変換

文書内の表を文書作成ソフトウェアで作成できる。この文書内の表を区切り文字を含んだテキストに変換できる。区切り文字をTabやカンマを指定できるため、表計算ソフトウェアやあて名作成ソフトウェアなどの他のソフトウェアへの提供が容易になる。逆に、Tab区切りや空白区切りのテキストデータを文書作成ソフトウェアの機能を使って表に変換することもできる。→図表２-４-４

図表2-4-4●文字列の表への変換

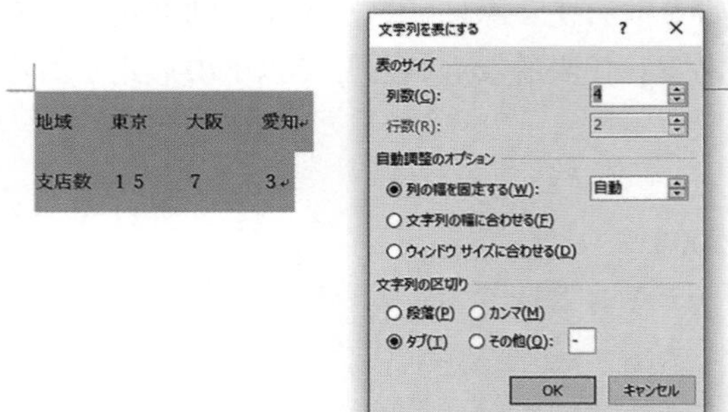

表計算ソフトウェアで作成した表を文書内に貼り付けることもできるが、編集可能な形式かグラフィックスの状態を維持した形式にするかは、その後の編集や最終的な出力を考えて選択する必要がある。

(7) 文書データのセキュリティ

文書の保護はパスワードを指定して行える。文書を開くためのパスワードと文書の内容を変更できる権限を分けて設定できる。→図表2-4-5

図表2-4-5●パスワードによる保護

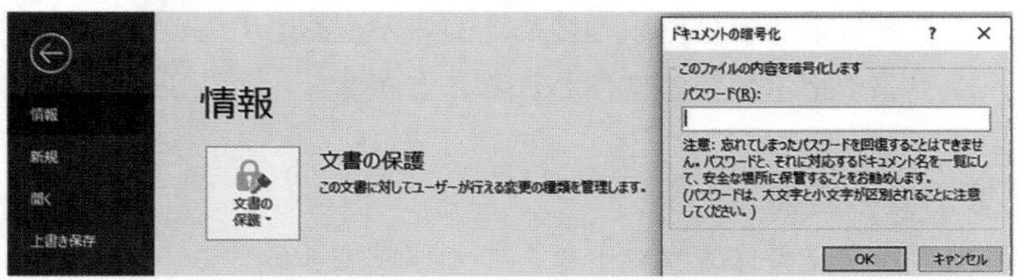

文書をメールで送る際には、文書ファイルそのものにパスワードを掛けたり、zip形式などに圧縮して暗号化したり、メーラーが自動的に添付ファイルにパスワードを掛けたりするなどの方法がある。

2　表計算ソフトウェア

（1）表計算ソフトウェアの利用

表計算ソフトウェアは連動した会計処理や経営シミュレーションの行えるツールとして脚光を浴びてきた。手間も時間もかかる計算を関係式の形で表の中のセルに書いておくことで、自動的に再計算を行えることが大きな利点である。あるセルに入力された情報を何度も入力し直すことなく、セル番地の指定を使って氏名や住所などの入力内容を他のセルに反映できる。そのような機能を使った申請書の様式をフォームとして作成して使われるケースがある。この場合、入力時点でその内容のチェック（空欄の不可、文字数の制約、数値の範囲など）が行えるツールとしても使える。

表計算ソフトウェアの機能はプログラミング言語で操作できるため、現場での工夫を実現するアプリケーションとして作り込むことも可能である。また、一連の処理を記録することも可能なため、自動処理への橋渡しも期待されている。

ただし、製作者があいまいなアプリケーションによってデータの活用がしにくかったり、入力の手間が増えてしまうケースもある。ほかにも、その後のデータの活用が考えられておらず、業務の非効率につながっているものもあるため、業務改革の対象になっている。

表計算ソフトウェアの特性を生かして、業務活動のデータの連動や状況の可視化を意識した利用が必要である。

（2）シミュレーション的な利用

業務内で発生する資金や商品の流れを表計算シート内で関連する式として表せば、予算管理や在庫管理だけでなく、状況の変化に対するシミュレーション（数値実験）を行える。指標の関係式を作り、予測パターンを乱数や確率分布で入力して期待値の算出や対応策の巧拙を比較できる。

大がかりなシミュレーションでなくとも、移動平均法で商品売上数量の期待値を算出したり、時間別の顧客数の予想値を実績から得るなどの使い方がある。待ち行列や事故発生などの一定確率で生じるものについては、確率分布を扱う関数を用いて現実に近い実験が行える。

分布の発生については以下のようなものが用意されている。

・正規分布
・指数分布
・F分布
・カイ2乗分布
・二項分布

(3) グラフとの連動

表計算ソフトウェアの主要な機能の1つがグラフ作成である。グラフにはいくつかの形式があるが、対象とするデータの特徴や比較したい目的によって適切なグラフを選ぶ必要がある。→図表2-4-6

たとえば、

・棒グラフ…年ごとや部署別など独立して記録される2つ以上の事象を比較する
・折れ線グラフ…温度や速度のように連続して起きる事象の変化を表示する
・円グラフ…全人口に占める若者の割合や市場占有率の比較のように比較対象間の相対的な違いを見る
・散布図…多数の観測結果を一覧できるように表示し、観測値の偏りやばらつきを調べる

図表2-4-6●グラフの例

といった基本的な利用方法がある。それぞれがバラバラに記録される離散的なものか観測値の間の中間の変化が存在する連続的なものかで判断したり、比率を見たいのか現象の全体像を見たいのかなどによって利用するグラフを判断する。

軸の説明や単位の統一、複数のグラフを出す際の表示範囲のズレは起きやすい見逃しであり、意図しない情報操作につながるため作成時に注意が必要である。

グラフや文書を連動させる際にはオフィス系のソフトウェア間での連携機能を使ったり、グラフ部分を文書側のマークダウン機能で呼び出したり、グラフの部分をプロットするためのプログラムで記載する方法もある。文書内のグラフが頻繁に変更されるレポートのようなものであれば、Webサーバーへ定期的にデータやグラフ画像をアップロードする方法などが考えられる。

（4）表計算ソフトウェアでのデータの共有

データを組織内で共有する場合、データベースソフトウェアで管理する形にするのが一般的であるが、小規模グループでの活動や本格的な調査の前に行うパイロット調査などでは、表計算ソフトウェアのファイル形式で共有することがある。

データが入っているファイルをメールで交換し、更新する方法では更新の不整合や誤って以前のバージョンに戻るなどの問題が起こりやすい。ファイルサーバーが利用できる場合は、共有ファイルとして扱える。また、クラウド上でのリアルタイムでの共同編集が可能にもなっている。

（5）表計算での分析

表計算ソフトウェアにはデータの傾向を見るために使う統計関連の関数が備わっている。統計分析に使う基礎的な関数の例を以下に示す。

・AVERAGE（引数）…引数で指定された数値群の平均値を算出する。
・STDEV. S（引数）…引数で指定された数値群の母集団標準偏差を推

定する。対象が母集団全体の場合はSTDEV. P関数を用いる。

・VAR. S(引数) …引数で指定された数値の母集団の分散を推定する。対象が母集団全体の場合はVAR. P関数を用いる。

・MEDIAN（引数）…引数で指定された数値群の中央値（メジアン）を示す。数値群の個数が偶数の場合は中央に位置する２つの数値の平均が示される。

・QUARTILE（配列、戻り値）…配列に格納されたデータから四分位数を抽出する。戻り値の指定によって第１四分位（25%）、第２四分位（50%）、第３四分位（75%）などを選ぶ。

・CORREL（配列１、配列２）…同数で対となる配列１と配列２の相関係数を示す。相関係数は－１から１の範囲で示され、１に近いと強い正の相関、－１に近いと強い負の相関となり、０に近いと相関関係がないことが示される。

基本的統計量の算出は単独の関数で行える。分散分析、回帰分析、因子分析などの分析は、分析ツールや表計算機能を活用したHADなどのようなプログラムで実行できる。

（6）ゴールシーク

表計算ソフトウェアでは関係式の計算結果を表示するだけでなく、設定した結果（ゴール）を達成するための条件を逆算することもできる。この機能は一般にゴールシークと呼ばれている。

ゴールを達成する条件を導き出すためには条件を総当り的に探索するのが単純であるが、以下のような方法で求めることができる。

目標の利益を上げる売上げを算出する例を示す。下図のような表を作成する。セルB４には「＝B１（B２：B３）」の関係式が入力されている。

	A	B
1	売上	0
2	固定費	400,000
3	変動費率	30%
4	利益	-120,000

ゴールシークの機能を呼び出し、数式入力セルに利益の関係式が書かれている＄B＄4を指定し、目標額に「2000000」を設定する。

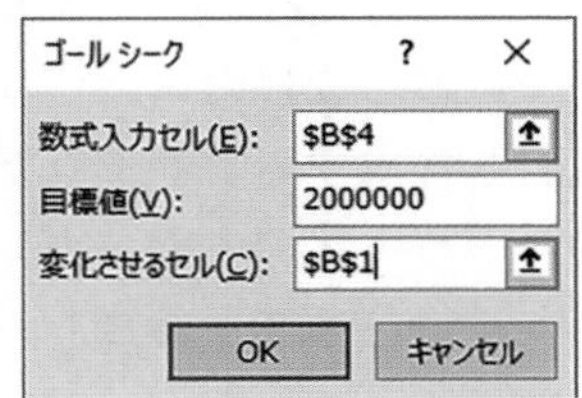

そして、変化させる条件として売上のセル＄B＄1を指定し、解の探索を実行する。

	A	B	C	D	E
1	売上	2,120,000			
2	固定費	400,000			
3	変動費率	30%			
4	利益	2,000,000			
5					
6					
7					
8					

B１のセルに2120000の数値が入り、目標値を達成する条件が示される。この機能を使って、簡易に目標値を変えて探索したり、他の条件を変更する可能性を探ることもできる。

（７）保存形式

保存形式を変えることで他のソフトウェアへのデータ提供が可能となる。CSV形式などでテキスト形式での保存が可能であり、データベースソフトウェアや統計分析ソフトウェアへの読み込みができる。ただし、OSの文字コードに影響される問題があるため、双方の文字コードの確認が必要である。

他の表計算ソフトウェアからの読み込みには、Open Document Formatが使われる。この規格は標準規格として国や自治体などでも採用されている。

3 プレゼンテーションソフトウェア

(1) プレゼンテーションソフトウェアの日常

スライドを使った授業や研修を受けたことがないという人は皆無であろう。スライド形式の資料を作成するプレゼンテーションソフトウェアは目にする機会が多いソフトウェアの１つである。

プレゼンテーションの作成では情報を整理したり、課題を提示したり、提案の発表などを想定して構成する。スライドの作成はプログラミングのような複雑さは少ない。しかし、利用シーンは多岐にわたるため、わかりやすい構成になっているか、理解しやすい情報提供になっているかなどの点を意識して作る必要がある。

(2) 表現の基本

基本的な留意点として、スライド１枚あたりの情報量が多すぎると読みにくいことが挙げられる。１枚あたりの説明時間が情報量と合っていないと聴衆側が消化不良になったり、間延びして集中力が低下してしまう。文字の大きさは見出しや本文ごとに統一されているほうが、違和感なく見えるため理解しやすくなる。

箇条書きは項目を３つ以上５つ程度で使うと記憶しやすい。項目が２つしかない場合は「ＡとＢ」という表現のほうが簡潔に伝わる。箇条書きにする場合、項目が並列の関係にあるかや時系列の順になっているかなどを確認する。これは聴衆が「なぜその順番になるのか」と疑問を持つ機会を減らすためである。また、語尾を述語か体現止めかなど表現を固定する。

赤字にしたり、ハイライトを引くなどの色の差は聴衆の注目を集める。しかし、これを数多く入れすぎると画面の複雑さが増してしまい、聴衆が集中力を持続しづらいスライドとなってしまう。

色に限らず、文字の大きさの差、掲載されている図の大きさなどの差は紙面全体の雰囲気に影響を与える。これらはジャンプ率や図板率と呼ばれ、その比率の差が大きいと活力があるように見え記憶に残りやすいが、大きすぎると近づきにくいイメージを持たれてしまうので注意が必要である。

（3）スライド全体のデザイン

スライド全体の背景や文字のフォントや大きさの指定はテンプレートを利用して統一できる。→図表２-４-７

テンプレートが与える雰囲気はプレゼンテーションのイメージに影響を持つため、内容に合ったものを選ぶよう配慮したい。

所属先が作成したテンプレートを使うケースは多いが、文字の大きさの統一などは、スライドマスターを編集して行える。フォントについても、理知的に見える明朝体と軽快にとらえられるゴシック体で与える影響が異なるので注意が必要である。また、フォントは利用する端末によって改行位置や見え方に差異が出ることがあるため、プレゼンテーション前の確認も必要となる。

図表２-４-７●テンプレートの例

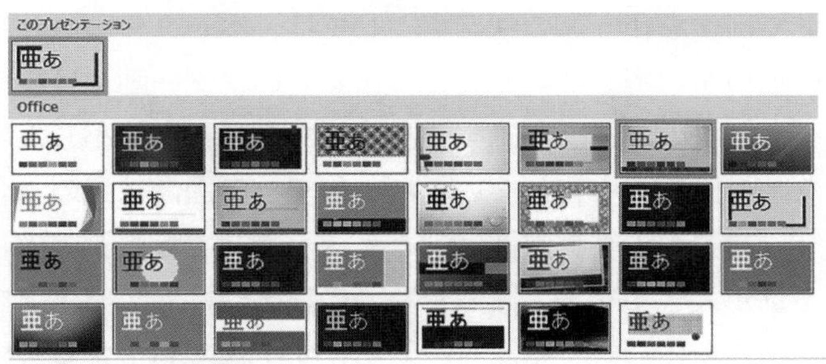

（4）関係の表示

スライド内で形の関係を使って、伝えたい内容の関係性を読み取らせることができる。代表的な形の関係を以下に示す。

・並列

・包含
・対立
・変化

並列は同等、かつ協調的と思われる関係を示す際に使う。項目ごとに同じ形や配色を使い、ひと目見て同レベルのものと気づかせる。

包含は複数の図を内側に含むものと全体を覆うものとして表す。部分と全体の関係を示し、あるものを構成する要素であることを表現する。上下で大きさを変えて、土台となるものとその上に位置するものとで表すことも可能である。

対立の関係では、形や配色を異なるものにしてそれらが異種のものであることを示す。向きを変えたり、○×などの反対の意味のものをシンボルとして使うこともある。

変化の関係では同じ形で大きさを変えたり、色をグラデーションになるように要素ごとに変える。元が同じで、かつ変化している様子を施す。

(5) スライドで使う画像

スライドで画像を使う際の注意点としては、ベクター画像とビットマップ画像の違いを理解しておくことである。ベクター画像は線や矩形、円などをベクトルの情報で記録するものであり、拡大縮小した際にもエッジ部分などの画質が劣化しない。ビットマップ画像は点の集合で記録されており、高精細の写真画像は大きく表示させても画質の劣化が少ないがデータ量が大きくなる。画像資料の提供を受けてスライドを作る場合は画像ファイルの形式を確認し、適切なサイズで利用する必要がある。

プレゼンテーションソフトウェアの作画機能を組み合わせることでもベクター画像が作成できる。作画用のソフトウェアで図形を作成した場合は、どの形式で貼り付けられているのかを確認することも重要である。

操作画面の説明などでスクリーンショットを記録する場合は、全画面の画像をトリミングするのか、ウィンドウ単位で撮影するのかの選択や、撮影の機能のオプションによって画質が変わるかなどを確認して使用する。

シンボルやロゴはデザインや色合いなどから共通のイメージが伝わりやすくなるため、短時間での理解につながることが期待できる。ただし、これらから共有されるイメージは社会通念や文化などに関連しているものもあることに注意が必要である。

（6）アニメーション

スライド内の文字列や画像などに動きや変化をもたせるアニメーションの設定が行える。注目を集めたい部分の色や大きさを変化させたり、スライドの記載内容を順に追加していくなどが使われる。→図表２-４-８

図表２-４-８●アニメーションの設定例

スライドの切り替え時にもアニメーションが設定できる。画面の切り替わりを明確に伝え、画面への集中を喚起させる。→図表２-４-９

図表２-４-９●スライド切り替え時のアニメーションの設定例

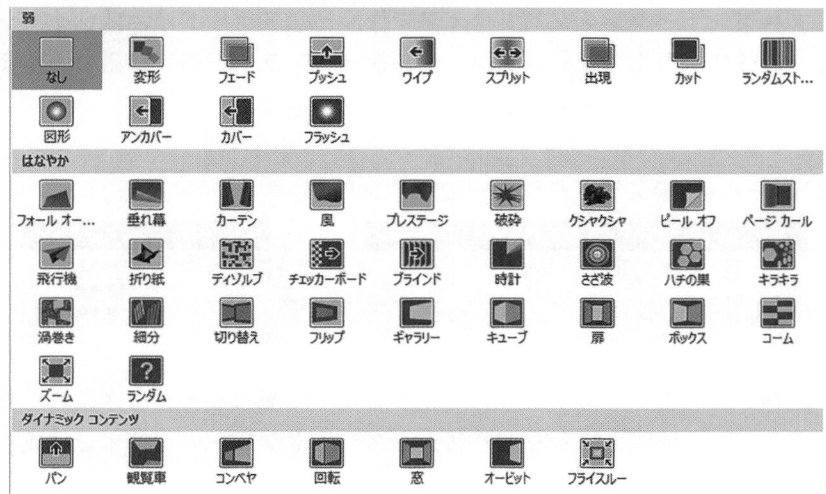

こうしたアニメーションは効果的であるが、多用は禁物である。過剰な演出や内容との関連性が見えない表現が続くと、飽きと集中力の減退を引き起こし、プレゼンテーション自体への興味を奪う。スライド内の図や文字の表現と同様に、アニメーションの設定にも統一した意味を持たせて違和感なく見られるようにすることが重要である。

(7) 音声の取り込みと動画資料の作成

プレゼンテーションのスライドには図形以外にも動画や音声を含むことができる。音声の取り込みはスライド内で注目を集めるためにも、配布するビデオを作成する際にも役立つ。音声はスライド内にオブジェクトとして設置でき、配布ビデオを作る際にはスライド単位で記録するとわかりやすい。

動画ファイルに書き出す場合、容量の小さい音声ファイルと比べて大きな容量で記録されることに留意して、出力する画面サイズなどを検討する。

(8) スライドの再生方法

プレゼンテーションソフトウェアで作成したスライドは、スライドショーの機能で再生される。リハーサル機能でスライド切り替えのタイミングを記録できる。→図表2-4-10

図表2-4-10●スライドショーのウィンドウ

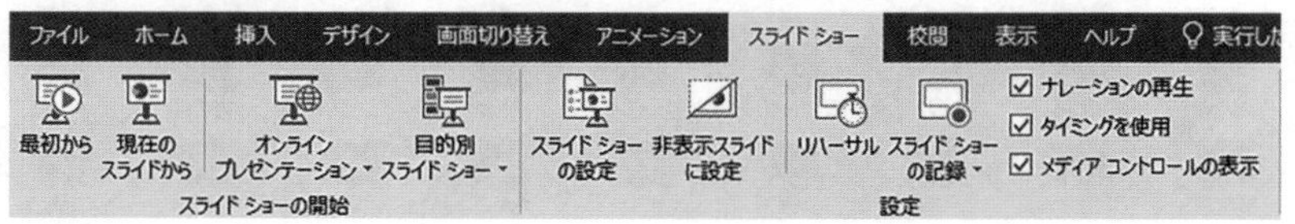

記録されたタイミングと音声データを使って配布ビデオを作成したり、指定した一定間隔で表示を切り替えるスライドショーのビデオを作成したりできる。

図表2-4-11●発表者ツールの例

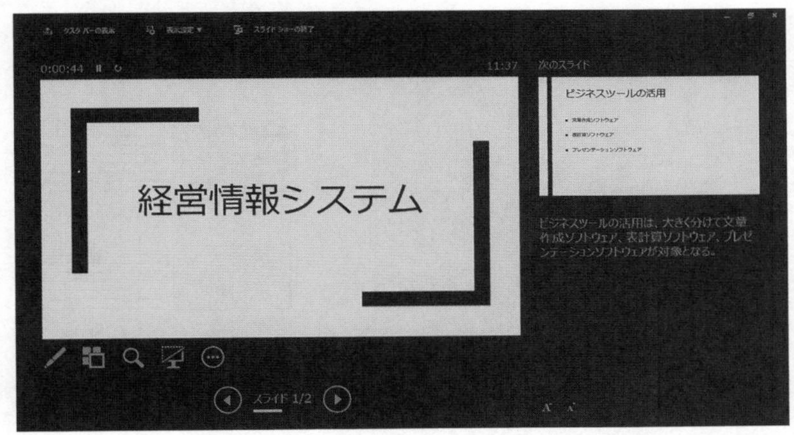

複数画面を利用して発表する場合、発表者ツールが表示できる。発表者ツールでは次に表示されるスライドを確認したり、発表者用ノートを参照したり、経過時間の確認などができる。→図表2-4-11

(9) 配布資料

スライドを配布資料として出力することができる。用紙1枚に複数のスライドを掲載し、メモ欄を付属させることもできる。→図表2-4-12

プレゼンテーションの進行や公開しない内容の有無を考え、出力するスライドを指定する場合もある。紙への出力以外に、MOVやMP4などの動画形式やJPEGやPNGなどの画像形式、およびPDFなどの形式が選べる。

図表2-4-12●配布資料の例

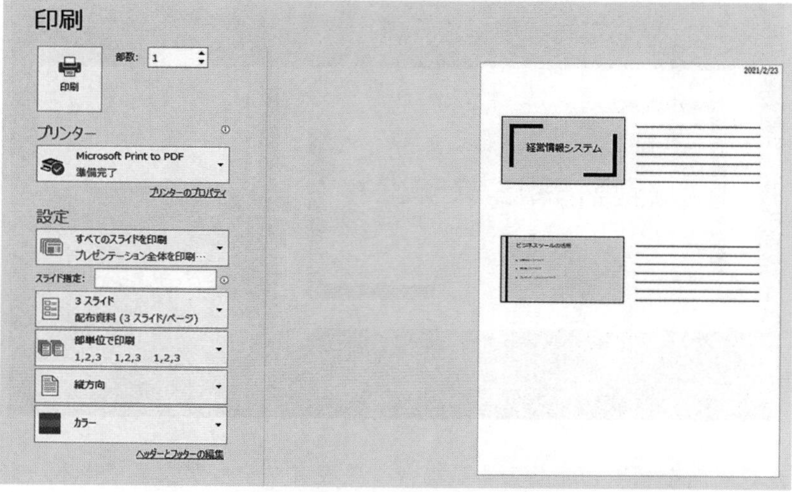

第５節 データの活用

学習のポイント

- ◆統計の基本的な考え方を知り、ビジネスで利用される機会の多い手法を理解する。
- ◆意思決定にかかわるデータ活用について学ぶ。
- ◆マーケティングにおいて利用される指標を学び、基本的な分析の考えを理解する。

1 統 計

(1) 平均と期待値

統計学を専門で習得する機会は多くない。統計学を体系的に学び、ビジネスの現場で応用することは難しいと思っている人も多数いると思われる。しかし、統計手法を用いることで事象を正確に把握することにつながり、意思決定を行ううえで有益な情報が得られる。そのためには統計手法の基本的な概念を理解し、適用する事例と結びつけて学んでいくことが近道となる。

平均と期待値は統計の第一歩である。物事が起きた回数や事象ごとの結果を集めて１回当たりの数値にしたものが平均である。これは観察された事実に基づく値となる。これに対して、期待値は理論上、その発生回数が起こりうると考えられる予測値であり、確率の概念を含む数値として表される。

平均は観測数によって偏りが生じる場合があり、期待値は前提となる発生確率の定義によって影響が出る。他人から得る情報を吟味する際と同様に、どのように観察された事実なのか、どんな前提を持つ予想なのかを考えて取り扱う必要がある。

(2) 差の見つけ方

記述統計の基本となるのは平均と分散、および標準偏差である。観測値が集団として密になっているか、疎になっているかを見て事象の特徴を評価する。標準偏差は、次式で求められる。

n個のデータx_1, x_2, …, x_nの平均は$\mu=\frac{1}{n}\sum_{i=1}^{n}x_i$で表され、平均$\mu$と各データの差を二乗して合計を取り、nで割って分散をσ^2として求められる。

$$\sigma^2=\frac{1}{n}\sum_{i=1}^{n}(x_i-\mu)^2=\frac{1}{n}\sum_{i=1}^{n}x_i^2-\mu^2$$

この分散σ^2の平方根σが標準偏差となる。

平均値が同じでも標準偏差が異なる例が図表2-5-1である。この図

図表2-5-1●平均値が同じく標準偏差が異なる例

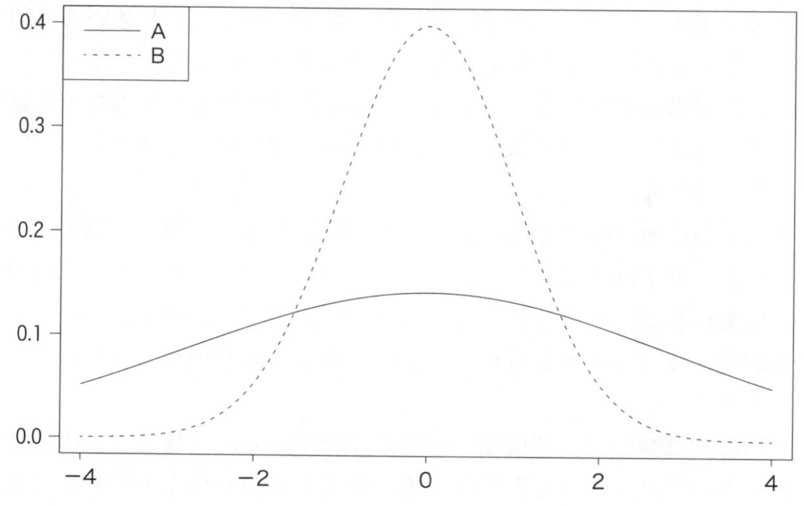

では分布Ａのほうが標準偏差が大きく、ばらつきが大きいことを示している。品質管理の観点では分布Ｂのほうがばらつきが少なく好ましい状態と考えられる。

σを基準として発生確率を想定すると、１σで68.2％、２σで95.4％、３σまでに99.6％が当てはまる。→図表２-５-２

品質管理では、この３σの範囲に収まらないような事態が発生した際に、異常が発生しているのではないかと考える。

図表２-５-２●σを基準とした発生確率の想定例

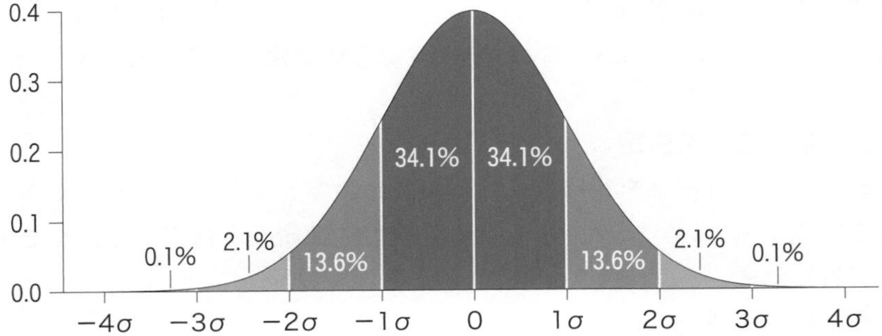

（３）ｔ検定

２つの集団の平均が等しいかどうかを判断する際にｔ検定が用いられる。２つの母集団がともに正規分布に従うものと仮定したうえで、確率的に同じ性質を持つとみなせるかどうかの判断に使われる。製造現場で異なるロットの製品が同じ性質であるかどうか（異常が起こっていないかどうか）や、アンケート調査で２つの集団の間に意見の違いがあるかどうかを判定する際に使われる。

表計算ソフトウェアや統計ソフトウェアにはt. test関数が用意されており、２つの配列（データの集団）を対象にｔ検定が行える。ｔ検定の結果で示されるｐ値がこの事象が発生する確率を示しており、この値に基づいて有意差があるかどうかを判断する。

(4) 相関

何か1つの要因が変化したときに、ほかのものに対して影響が出ているかを見ることを「相関関係」を見るという。たとえば、ある機械の利用年数が長くなるとエラーが出る可能性が低くなるというデータがあれば、利用年数の増加に対して期間当たりのエラー数が減少する「負の相関」がある。何かが増えれば一方も増える（経験年数が上がるとスコアが取りやすくなるようなもの）場合は「正の相関」となる。

相関の係数は表計算ソフトウェアではcorr関数などで算出できる。－1から1までの範囲で算出される。データが少なくても計算されてしまうため、無相関検定を行う。統計ソフトウェアではcor. test（x, y, method="pearson"）といった命令で検定方法を指定して実行する。

(5) 統計的仮説検定

統計を用いて検証を行う際には、仮説を設定して確率的に棄却できるかを判定するというスタイルをとる。統計的仮説検定は以下のような手順で行われる。

1）仮説の設定

例：製品Aの性能が製品Bと有意に異なっている

2）帰無仮説の設定

例：製品Aと製品Bの性能は等しい

3）対立仮説の設定

例：製品Aと製品Bの性能は有意差を持つ

4）標本データから仮説に関係する情報を要約し、検定統計量を計算する。帰無仮説が正しいと仮定した場合の発生確率を求め、その確率が基準とした値より小さければ帰無仮説を棄却し、仮説を支持する。

(6) 主成分分析

1つの指標や要因を2つの集団で比較するだけでなく、複数の要因について比べる方法として主成分分析がある。主成分分析は多数の要因を対象として、それらを分類するうえで代表となる要素や合成変数と呼ばれるものに要約するものである。

多くの要素を要約することは次元の縮小とも呼ばれる。学校の成績を例とすると、５教科の結果を文系科目と理系科目の２つに分けるなら２次元への縮小、総合得点の１つとするなら１次元への縮小と見られる。

主成分分析では、多数の要素間の相関から、全体のばらつきをよく表す要素群を主成分として合成していく。このときにどれだけ説明ができているかが「**寄与率**」と呼ばれ、要素群の累積寄与率を見て、どの程度説明されるものかを判断する。

（7）クラスター分析

クラスター分析は、事象を示す集団（データ）の中で近い特徴を持つクラスター（集落）を見いだして分類する方法である。対象となる項目や事柄の似た属性どうしが集まるように分けていく際に、距離尺度を利用して客観数値として表して分類を行う。

クラスター分析を使って先入観や主観による思い込みなどを排除して、対象間の位置づけや関連する対象を見つける。クラスター分析には**階層クラスター分析**と**非階層クラスター分析**があり、階層クラスターの場合は、図表２-５-３のように樹形図で表され、非階層クラスターの場合は分析の前にいくつに分けるかを指定して、図表２-５-４のように分類する。

（8）テキストマイニング

文や単語についても統計的に分類・分析が行える。文字列を対象とした分析を**テキストマイニング**という。文中の単語や動詞などを要素に分けて、それらが同時に出現する頻度や組み合わせの傾向などを数値化する。結果は階層クラスター分析のような樹形図や図表２-５-５のような分布図として表されたりする。

図表2-5-3●階層クラスター（樹形図）のイメージ

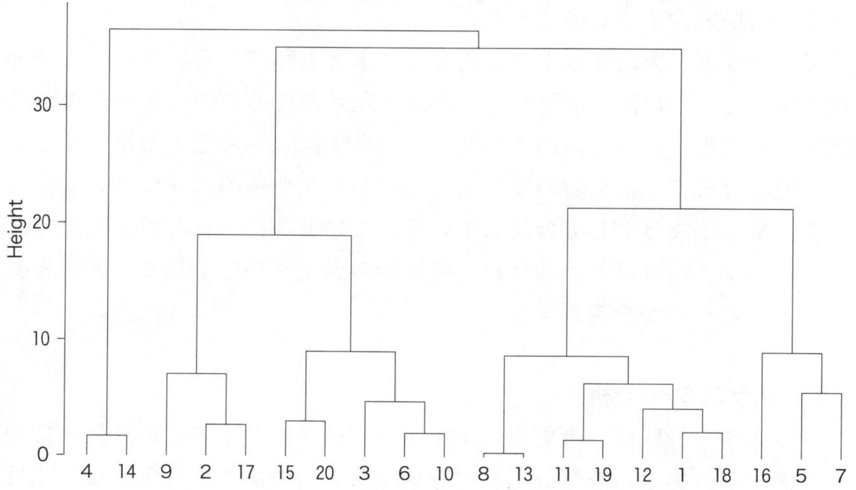

図表2-5-4●非階層クラスターのイメージ図

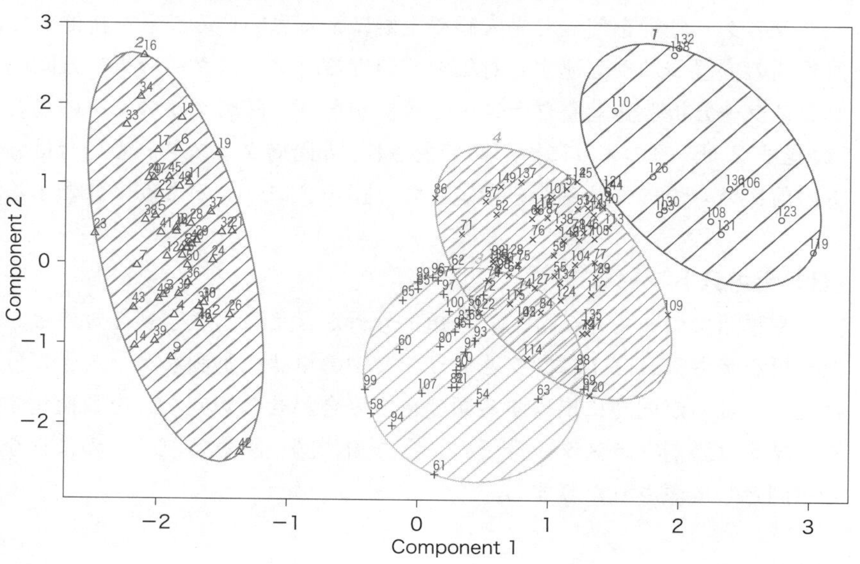

図表２-５-５●分布図のイメージ

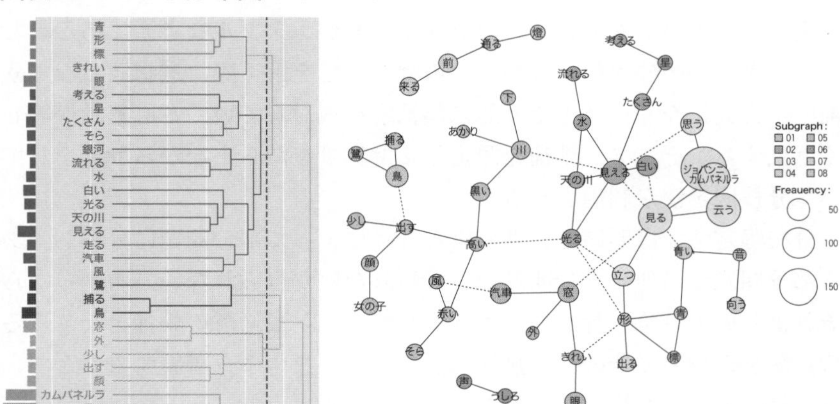

2　意思決定の支援

(1) 意思決定と意志決定

情報を活用する目的の１つとして人が行う判断や決定をより客観的に、かつ効率的に行うという面がある。膨大な情報をコンピュータで高速に処理して、正確な判断を行うという意思決定の支援が情報システムの機能として期待される。

意思決定（いしけってい）は意志決定とも書く場合がある。意志決定は統計の観点で使われることが多い。意志と書く場合は、最終決定は人間が行うものとされ、その決定のための材料を情報として提供するイメージとなる。これに対し、意思決定は人間の思い込みやバイアスを持ってしまう問題を抑えるために、設定された判断ルールに基づいて客観的な判断をめざすものとされる。

いずれにしても、バイアスや思い込みに陥らないために統計的に分析して評価や分類を行うことが重要である。そして、決定する方法のしくみに注意して最終的な決定の特徴を把握しておく。

（2）組み合わせ問題へのアプローチ

選択肢の中で最も優れたものを選ぶことがシンプルな考えである。しかし、多数の条件が組み合わさる場合、問題を解く際に選択肢となる候補解が膨大になり、総当たり的に候補解を検討していくと計算量が著しく増大する。そこで、候補を限定して計算量を減らしながら計算をしていく分枝限定法が利用される。

分枝限定法では問題を条件の場合分けによって部分問題に分解し、ある部分問題から他の部分問題よりも優れた解が得られないとわかったら、それより先の計算を行わないようにしていく。最適解の候補となりうる暫定解を保持してその後の無駄な計算が起きないよう調整することで、計算量を大きく減少させる働きが期待できる。

（3）重みづけ

需要の予測をする際に、1カ月前の売上げデータ、2カ月前の売上げデータ、3カ月前の売上げデータが存在する場合、単純にすべてのデータの平均を予測に使うのではなく、最近の動きを重視して、〔0.6×1カ月前の売上げデータ＋0.3×2カ月の前の売上げデータ＋0.1×3カ月前の売上データ〕と重みづけを行うほうが、売上げ動向の変化に対応しやすい。時系列データから将来を予測する際に使われる指数平滑法では、データの重要度を時間の経過に応じて変化させることで重みの要素を調整していく。

組織や人などの評価のように1つの数値軸で比較できないような場合でも、1つの尺度に変換して統合して比較したり、階層分析法（Analytic Hierarchy Process）を用いて評価基準の比較を行ったりして、判断材料となる比較情報を提供できる。

基準間の関係は部分的に成立しても全体では成立しない場合が多いため、判断材料の提示において、精度の限界に対する注意を含めた情報提供を心がける必要がある。

(4) 重要点領域の設定

集団を個別単位で分析すると、全体としては均一にならない差を持つことが多い。全体のうちの一部分で全体を示す状態を説明するものとして「パレートの法則」がある。パレートの法則は2：8の法則ともいわれ、全体の数値で表される大部分は20%程度の偏った部分で代表されるとする。20%の売れ筋商品で全体の利益の80%を占めるというABC分析はこの考えから導かれる（→図表2-5-6）。これに対して、在庫の制約が低いネットショップでは、全体では注目されない商品による購入の連鎖や累積が重要というロングテール現象もある。→図表2-5-7

図表2-5-6●ABC分析のイメージ

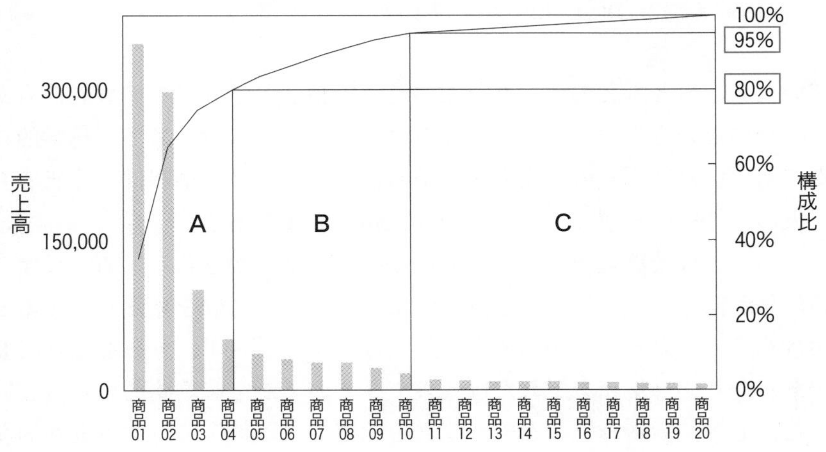

(5) データの独り歩きに注意する

人は物事を見るときに何かの現象に置き換えて単純化して理解しようとする側面がある。データから情報へ変換する過程においても単純化や省略化のプロセスが働くが、そのことを意識せずに情報が独り歩きする危険性がある。

データに基づいているようでも実際には一部の現象を誇張してしまっ

図表2-5-7●ロングテール現象のイメージ

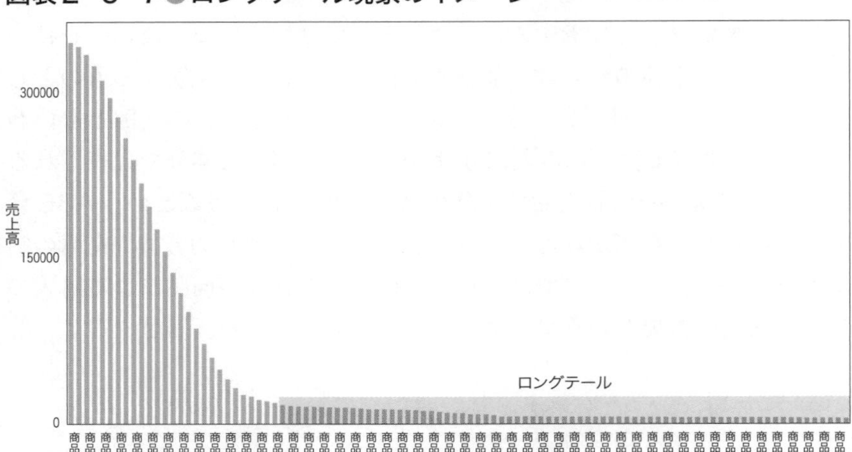

ていたり、もともとのデータ収集の時点で精度が十分でない可能性もある。そのため意思決定にかかわる者は、エビデンスベースド（科学的根拠に基づいた判断）の考え方を理解し、かつデータや情報はあくまでも現象の一部を切り取っているという意識が必要である。

このことは統計処理を実践していく中でも気づかされる。ある尺度での結果が同じであっても、定量化する際に省いた部分を見直してみると大きく違うということがある。平均だけではわからず、分散を見る必要があったり、母集団をどれだけ代表できているかを確率論的に見るといった、もう一歩踏み込んだチェックを想定できる数字に対する批判的な思考が肝要である。

3　マーケティングで使われる指標例

（1）回転率

回転率は事業や活動が一通り実行される速さを示し、活動全体の安定性や柔軟性を測る指標となる。

在庫回転率は、

在庫回転率＝売上高（売上原価）／平均在庫高（平均在庫金額）

で求められる。ここで、平均在庫高は、

平均在庫高＝（期首の在庫量＋期末の在庫量）÷２

である。

回転率は、一定期間内に平均在庫高に対してどれだけの売上げを上げたかを示しており、商品の仕入れから販売までの流れの速さを示している。回転率が高いと売れ行きのよい商品となり、売上げや利益に貢献する主力とみなされる。また、売上げが落ちた際のダメージの小ささや対策を講じる速さを示すことができ、経営状態の安定性を推測できる。

（2）ショッピングバスケット分析

顧客がある商品を購入する際に、同時に購入されやすいもの（組み合わせ）を見つける分析が**ショッピングバスケット分析**である。同じ買い物かご（バスケット）に入るものを探すという意味である。ショッピングバスケット分析の結果に基づいて、組み合わせて購入されやすい商品どうしを近くに陳列したり、レジの近くに組み合わされやすい商品を置いて購買意欲を刺激するといった対策が考えられる。

ショッピングバスケット分析では、支持度、信頼度、期待信頼度、リフト値の４つの指標が用いられる。

購入者の全体数のうち、商品Ａと別の商品Ｂを同時に購入した割合が**支持度**である。

支持度＝同時購入者数／購入者の全体数

この数値が小さすぎると単なる個人単位の事象程度となるため、分析の対象に含むべきではないと判断される。

商品Ａの購入者が商品Ｂを同時に購入する割合が**信頼度**となる。

信頼度＝同時購入者数／商品Ａ購入者数

この計算には方向性が存在するため、商品Ｂの購入者が商品Ａを同時に購入する信頼度はそれぞれ求めなければならない。

期待信頼度は現時点での商品Ｂの購入者の割合を示す。

期待信頼度＝商品Ｂ購入者数／購入者全体

購入者全体のうち商品Ｂを購入する割合が低く、商品Ａの購入者が商品Ｂを購入する割合（信頼度）が高いなら、商品Ａのプロモーションによる併売の拡大が検討できる。

リフト値は上記の考えを表すものであり、

リフト値＝信頼度／期待信頼度

となる。商品Ｂを単独で購入する割合に対して、商品Ａの購入者が商品Ｂを購入する割合である信頼度との割合を示す。リフト値が高くなるほど、商品Ａを購入することが商品Ｂの購入につながっていると考えられる。

以上の４つの指標を確認しながら有益な対象を絞り込んでいく。

(3) RFM分析

顧客データの分析においては、顧客をグループ化し、その性質や特徴に合った対策をとることが基本的な目的となる。顧客分析に使われる方法の１つとしてRFM分析がある。RFMとは、

R：Recency

F：Frequency

M：Monetary

である。

Recency：最新購買日のこと。最近購入した顧客のほうが重要とみなす尺度となる。

Frequency：購買頻度。どの程度頻繁に購入しているかを表す。たく

さんの購入回数があるということは顧客からの信頼が高いと考えられる。

Monetary：購買金額。購買金額の総計が大きいほど売上げに貢献する優良な顧客と考える。

これらのRFMの軸で顧客を分類して、顧客に対しての期待や今後の方策を考える。たとえば、

・Rが高い場合、これからの主力になる可能性がある
・Fが高いがRが低い場合、離れていった可能性がある顧客と考えられる
・RとFが高くMが低い顧客は、今後のMが上がるような情報提供を行う
・Mが比較的高くRとFが低い場合は、来店を促す対策が有効と思われる

といった分類が可能であり、対象別の戦略の展開が行える。

（4）行動ターゲティング

Webでの顧客行動を対象とするマーケティングでは、顧客の行動データをリアルタイムで収集・分類して、顧客の特徴に合った広告宣伝を提供しようとしている。これらは行動ターゲティングと呼ばれ、そのしくみはCookieによる閲覧履歴の追跡であったり、携帯端末の情報、およびログイン情報によるものなどが利用される。

従来のセグメント分析で使われている年齢や性別、地域などの分け方よりも顧客の分類が有効に行われ、効果が出やすいとされている。しかし、同時にプライバシーや政治的利用の問題が指摘されており、個人情報の問題や情報倫理の意識などを十分に配慮する必要がある。

第２章　理解度チェック

次の設問に、〇×で解答しなさい（解答・解説は後段参照）。

1 価値ある情報とは、「活用目的に即したもの」であり、情報の価値は常に絶対的であるといえる。

2 ストリーミングとは、動画や音声の配信において、ダウンロードしながら動画や音声を再生できる技術である。

3 インターネット等のネットワークを利用した商取引を比較すると、B to BのほうがB to Cよりも市場規模は大きい。

4 表計算ソフトウェアによって経営のシミュレーションや解の探索が行える。

5 データに基づいた企業活動を行う際には、分析結果に対して解釈を入れずに対策の行動を行うことが望ましい。

第２章　理解度チェック

解答・解説

1
×
情報の価値は、情報の受け手によって「役立つかどうか」で判断されるものである。したがって、情報の価値は相対的なものである。

2
○
ストリーミングは、動画や音声の配信に関する技術の１つである。

3
○
ビジネスを行うものどうしの商取引である「B to B」のほうが、企業対消費者間の商取引である「B to C」よりも市場規模は大きい。

4
○
表計算ソフトウェアの関数には確率分布や乱数の発生などの機能があり、シミュレーションの実行が可能である。また、ゴールシークの機能によって条件に基づいた最適階の算出も行える。

5
×
データがすべてをとらえているとはいえず、一部の現象の誇張になっていたり、思い込みを過度に進めてしまう危険性があるため、データの独り歩きに注意して説明できる範囲を確認する必要がある。

参考文献

田中一雄『情報管理概論』白桃書房、1998年
小山田了三『情報史・情報学』東京電気大学出版局、1993年
大阪市立大学商学部編『経営情報』有斐閣、2003年
アドリアン M. マクドノウ、松田武彦・横山保監修、長阪精三郎訳『情報の経済学と経営システム』好学社、1966年
中央青山監査法人編『情報セキュリティマネジメント』中央経済社、2006年
総務省『平成29年版 情報通信白書』2017年
幡鎌博『eビジネスの教科書〔第八版〕』創成社、2020年
中村忠之『ネットビジネス進化論〔第2版〕』中央経済社、2015年
経済産業省 商務情報政策局 情報経済課「令和元年度内外一体の経済成長戦略構築にかかる国際経済調査事業（電子商取引に関する市場調査）報告書」2020年
富士通エフ・オー・エム『よくわかるマスター Microsoft Office Specialist Microsoft Word 2016 対策テキスト＆問題集』FOM出版、2017年
富士通エフ・オー・エム『よくわかるマスター Microsoft Office Specialist Microsoft Excel 2016 対策テキスト＆問題集』FOM出版、2017年
富士通エフ・オー・エム『よくわかるマスター Microsoft Office Specialist Microsoft PowerPoint 2016 対策テキスト＆問題集』FOM出版、2017年
Hardley Wickham, Garrett Grolemund、大橋真也監修・黒川利明訳『Rではじめるデータサイエンス』オライリー・ジャパン、2017年
Rachel Schutt, Cathy O'Neil、石井弓美子・河内崇ほか訳『データサイエンス講義』オライリー・ジャパン、2014年
Sarah Boslaugh、黒川利明・木下哲也・中山智文ほか訳『統計クイックリファレンス』オライリー・ジャパン、2015年
ポール G. ホーエル、浅井晃・村上正康訳『初等統計学』培風館、1981年
樋口耕一『社会調査のための計量テキスト分析－内容分析の継承と発展を目指して〔第2版〕』ナカニシヤ出版、2020年

第3章

評　価

この章のねらい

第3章では、情報化の効果の評価について学習する。情報化は企画から運用、活用の流れの中で継続的に評価されなければならない。そのための考え方、方法、評価活動を学ぶ必要がある。

まず、情報化の効果をとらえるうえで経営戦略と情報化戦略の連動性を確認し、評価の前提となる外部環境と内部環境の分析の重要性を把握する。そして、評価の対象や項目、指標などを整理し、評価の視点を理解する。

次に情報化の目的に適した方法を知り、戦略の達成状況や成熟度を測るためのモデルを理解する。そして、情報化活動への投資と評価の具体的内容を学ぶ。

そのうえで、継続的な情報化活動の評価を実施するために、モニタリング・コントロールの意義、プロセスについて知り、モニタリングの実施方法を全体的にとらえ、改善活動へとつなげる評価活動の流れを理解する。

第１節　情報化の効果の考え方

学習のポイント

◆情報化の効果評価にあたっては、経営戦略の達成度を評価の基軸とする。

◆効果評価にあたっては、ハードウェア、ソフトウェアなどIT分野だけでなく、ビジネスプロセス改革、人材育成なども含めて多面的に行う。

◆効果評価は、情報システムの企画段階（事前評価）と運用段階（事後評価）に区分されるが、一貫した視点で行うことが必要である。

情報化の効果評価にあたっては、情報化の企画段階で作成した「情報化企画書」を踏まえて、情報システムの企画段階（事前評価）と運用段階（事後評価）で一貫した視点で行う。

本節では、情報化の効果評価の基本となる考え方を以下の４点から整理する。

(1) 経営戦略との連動性
(2) 評価の前提となる外部環境、内部環境
(3) 評価の対象や項目（ヒト、モノ、カネなどの視点）
(4) 評価の範囲

1　経営戦略との連動性

経営戦略とは、企業を取り巻く内外の経営環境変化に対して、積極的

に適合し企業を成功に導くためにどのような手段を講じるかを示したものであり、企業の中長期的な基本設計書である。また、情報化戦略とは経営戦略で設定した重要成功要因（Critical Success Factors：CSF）の実現に向けて、情報技術（IT）を利用したビジネスプロセスモデルとその実現計画を策定することである。

経営戦略、情報化戦略の策定方法は、『経営情報システム２級（情報化企画）』第１章で詳細に述べられているため、それを参照していただきたい。ここでは情報化の効果評価を行う最初のステップとして、経営戦略との連動性評価について述べる。

（1）経営戦略の再確認

経営戦略は、企業を取り巻く経営環境に適合する中長期的な計画である。経営戦略をもとに重要成功要因（CSF）が設定され、それを実現するためのアクションプランが実行される。そのため、情報化の効果評価を行う第1段階として、経営戦略の再確認を行う。

経営戦略の策定は、図表3－1－1の手順で行う。

①　内外環境分析（SWOT分析）

ここでは企業を取り巻く内外の環境分析を行う。自社の内部環境としての強み（Strengths）、弱み（Weaknesses）、外部環境としての機会（Opportunities）、脅威（Threats）に区分して自社の置かれている環境を客観的に評価する。

②　重要成功要因（CSF）の抽出

①で分析した自社の強み、弱み、機会、脅威を踏まえて、進むべき方向性を導き出す。経営戦略の中核となるCSFを策定する。

③　事業ドメインの再定義

CSFの策定とあわせて、事業活動の展開領域である事業ドメインの再定義を行う。この作業はCSFの抽出と一体で実施される。

④　経営課題（競争戦略）の選択

事業ドメインの選択とCSFとして確認されたものが経営戦略であり、

図表3-1-1●経営戦略策定手順

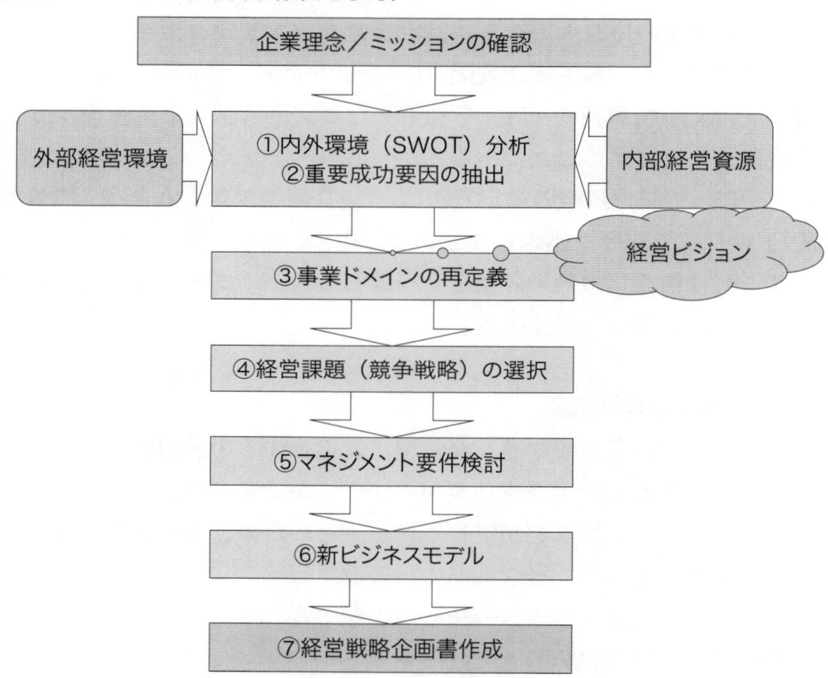

競争戦略の選択である。次のステップであるアクションプラン（実行計画）へと引き継がれていく。

（2）情報化戦略の再確認

情報化戦略は経営戦略立案を受けた次ステップとして、経営戦略を具体化していく実行計画の一部として策定される。ここでは、自社の経営戦略とともに、最新のIT環境の評価や競合他社のIT化動向なども踏まえて策定されることになる。図表3-1-2に情報化戦略の策定手順を示す。

ここで検討された内容は、「情報化企画書」としてまとめられる。

情報化戦略の策定手順は経営戦略の策定と類似しているが、重要成功要因（CSF）を踏まえた実行計画を具体化する活動の重要な一部である。

図表3-1-2●情報化戦略の策定手順

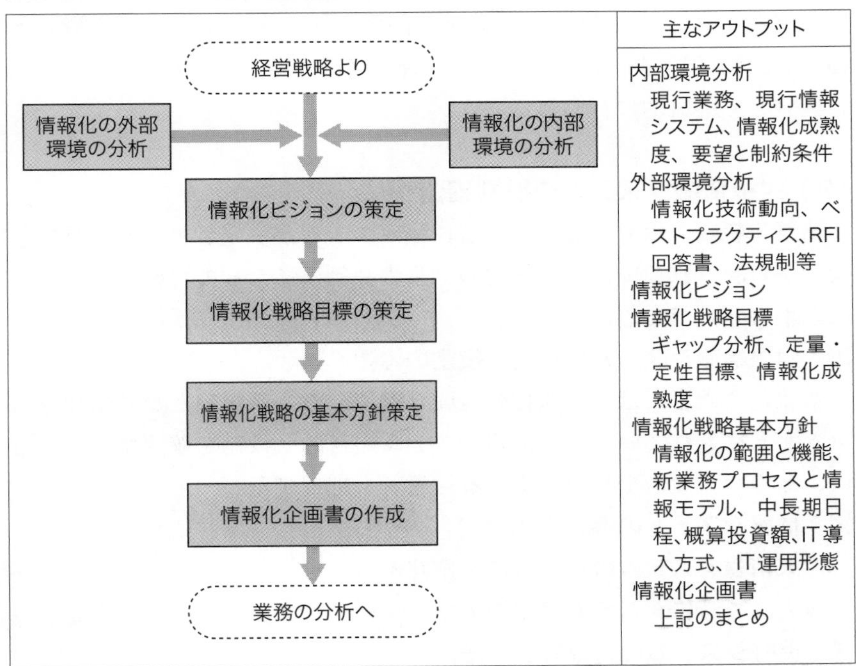

ポイントとなる点を3点示す。

① 情報化ビジョンの策定

情報化ビジョンとは企業のあるべき情報システムの姿、理想型を示すことである。あるべき企業の姿である経営ビジョンをITで実現するものである。

② 情報化戦略の基本方針策定

情報化の課題と達成目標を踏まえて、その実行計画を作成するのが情報化戦略の基本方針策定である。情報化対象の業務範囲・対象情報システムの決定、情報システム導入方法として自社開発、パッケージソフト導入、クラウドサービスの活用などを決定する。

③ 情報システムの評価方法

本節のテーマと最も関係する項目である。対象情報システム導入に対して実施されるIT投資とその効果の評価方法を決定する。IT投資とその効果評価はIT投資の計画段階、投資の実行段階、システムの運用段階に区分して継続的に行われる。

（3）対象情報システムの役割確認

情報化戦略の中では対象となる情報システムが決定され、その目的と役割が定義されている。情報化の効果の評価にあたって再確認する項目は以下の３点である。

① 対象情報システムの目的・役割の確認

情報化企画書には、情報化の範囲と機能、および対象となる情報システムが記載されている。各情報システムの目的・役割を確認するとともに、そのシステムを利用している対象者も把握する。

② 情報システムの導入方式

対象情報システムの導入方法を確認する。自社開発、パッケージソフト導入、さらにシステム運用のアウトソーシングなどもあれば確認する。

③ 情報システムの効果評価方法

情報化の効果評価は、全社的な経営戦略のレベルでの効果評価に加えて、個別のビジネスプロセスとそれに対応した情報システムの単位でも実施される。また、情報化の効果評価は、「いくらコスト削減ができたか」などの定量的な評価から、「顧客満足度の向上」など定性的な側面からの評価も必要となっている。このように、効果評価は多面的で重層的に行われるため、評価方法の全体を把握しておく。

2 評価の前提となる外部環境、内部環境

経営戦略とそれと一体となった情報化戦略は、企業内外の環境分析に基づいている。現状の環境分析を行い、企業を取り巻く内外の環境とその変化を認識する。

ここでは、企業を取り巻く経営環境の変化だけでなく、IT環境の変化も評価する。とりわけ近年のIT環境の変化は、企業内システムの高度化をもたらすにとどまらず、新規ビジネスを多く生み出している。Fintecやプラットフォーム・ビジネスのように、産業構造に大きな変化をもたらす新規ビジネスも多く生まれている。これらについても、企業を取り巻く環境分析の一環として行う必要がある。

内外の経営環境分析は、SWOT分析として行うのが一般的である。SWOT分析とは当該組織を取り巻く外部環境、内部環境の分析を行い、事業環境の変化に対応した経営資源の最適配分を図っていく戦略開発ツールである。ツールとしてはよく知られており活用もされているが、本項では改めて、内外環境分析（SWOT分析）の行い方を確認する。

（1）外部環境分析

外部環境とは自社を取り巻く外部の環境のことであり、自社ではコントロール不能で、与えられた条件として確認する必要がある。たとえば、「地球温暖化」という環境変化は、自社だけでコントロールすることは不可能であり、その環境変化に適合することが求められる。

外部環境分析は、自社にとっての機会（Opportunities）となる要因と、脅威（Threats）となる要因に分類しながら分析を進めていく。ここでは外部環境を政治（Politics）、経済（Economics）、社会（Society）、技術（Technology）の４視点から分析する例を示す。

①　政治（Politics）の視点

国際政治の変化、政府の政策変更、法改正・規制強化などが含まれる。例として、消費税率の変更や人材派遣法の施行などがある。

②　経済（Economics）の視点

景気動向、経済成長率、株価、為替動向、物価・消費動向など経済の動向変化のことを指す。

③　社会（Society）の視点

人口動態、文化、教育制度、ライフスタイルなどの変化を指す。少子高齢化は日本社会が抱える大きな社会環境の変化である。

④ 技術（Technology）の視点

情報技術や生産技術、マーケティング技術などの変化を指す。インターネットの登場や自動運転技術、AI（人工知能）など、新たな技術の登場は、経営環境に大きな変化をもたらす。

このように外部環境分析は、客観的に世の中の動向を理解するために実施される。ここで重要なことは、第1に、顧客・消費者の動向を把握することである。外部環境分析の4つの視点ではマクロの大局的な分析となっているが、消費者の意識やニーズの変化をつかむ必要がある。

第2のポイントは、競争相手についての理解である。外部環境の変化の中で競争相手も変化していく。たとえば、近年の情報技術環境の変化は新たなビジネスモデルを生み出し、競争環境の劇的変化をもたらしている。インターネットを活用したプラットフォーム型ビジネスは、既存のビジネス環境を破壊し産業構造の再編を生み出している。

このような企業を取り巻く競争環境の変化を外部環境として正しく理解することが、競争戦略立案の第一歩となる。

→参考：M. ポーター『競争の戦略』1980年

(2) 内部環境分析

内部環境とは自社内の環境要因のことで、強み（Strengths）と弱み（Weaknesses）に区分して分析を行う。自社の経営資源（ヒト、モノ、カネ、情報）やその能力（ケイパビリティ）を競合他社や業界の標準的な値と比較して強み・弱みを認識していく。

自社の内部環境を評価する視点は多様であるが、ここでは**内部環境分析**を以下の6項目に分類してその分析方法を示す。

① 経営の視点

② 財務の視点

③ マーケティングの視点

④　人材の視点
⑤　情報の視点
⑥　生産の視点

①　経営の視点

自社の経営能力のことで、経営者、経営管理者の能力が競合他社と比較して優れているか、劣っているかを評価する。

②　財務の視点

財務力および財務管理力を指す。財務の安定性や予算実績管理などの財務管理力、業界標準と比較した経営分析指標の優劣を評価する。

③　マーケティングの視点

自社のマーケティング力を評価する。市場・顧客と商品の動向を分析し、自社の強み・弱みを分析する。

④　人材の視点

人材の量と質を評価する。従業員の能力と適切な配置、人材構成、人材育成・評価制度などの優劣を評価する。

⑤　情報の視点

情報システムの成熟度とその活用状況を評価する。情報化の進展度を業界標準などと比較し、自社の強み・弱みを把握する。

⑥　生産の視点

特に製造業においては、重要な内部環境分析項目となる。生産能力全体を品質、コスト、スピードなどの項目で評価分析を行う。

内部環境分析は自社の能力を再評価する活動であり、担当者の立場を超えて客観的に行う必要がある。

（3）SWOT分析による重要成功要因（CSF）抽出

内外環境分析の結果導き出される**SWOT分析**は、経営戦略策定の重要なステップである。SWOT分析の結果は重要成功要因（CSF）抽出の基盤となる。

図表3-1-3●SWOT分析の例

機会（Opportunities）	脅威（Threats）
・海外進出で残った国内工場は自動化ニーズが強い ・消費者ニーズが多様化 ・物流コストが増大している ・有能な人材確保のチャンス	・外資系企業の参入 ・市場が飽和状態で縮小 ・大手小売業の直取引シフト ・価格競争で利益率減少 ・アジア企業製品の輸入拡大
強み（Strengths）	**弱み（Weaknesses）**
・全国的な物流ネットワーク保有 ・手動機では90%のシェア ・製品品質は業界トップクラス ・オリジナル商品開発が得意 ・製販にわたり業界事情に強い	・ワンマン経営 ・無駄な在庫が多い ・低収益構造 ・作業効率が悪く、残業が多い ・親会社からの押し付け仕入れ

図表3-1-3をSWOT分析の事例として、重要成功要因（CSF）抽出の方法を説明する。

SWOT分析は、企業の戦略目標を抽出するための分析方法にほかならない。把握した内部環境を自社の内部資源の強み・弱みの要素で整理し、また、外部環境を事業の機会と脅威の要素で整理してマトリクス（表）にまとめる。

・どのように強みを生かすか？
・どのように弱みを克服するか？
・どのように機会を利用するか？
・どのように脅威を取り除く、または脅威から身を守るか？

これらの問いに対する答えを導くことが戦略目標抽出の第一歩である。

さらに、強み（S）・弱み（W）と機会（O）・脅威（T）の各要素を組み合わせることで、環境変化に対応するための戦略目標を重要成功要因（CSF）として抽出する。

・S×O…強みを生かして機会をつかむ
・S×T…強みを生かして脅威に対抗する
・W×O…弱みを克服して機会を逃がさない

・W×T…弱みを克服して脅威に対抗する

このように抽出した経営課題について、重要性の観点から評価し、重要成功要因（CSF）を抽出する。重要性評価の観点として、ビジョンとの整合性・効果性・実現可能性・緊急性等がある。前述のビジョンとの整合性はここの評価で確保する。

SWOT分析および重要性の評価を通じて得られた重要成功要因（CSF）を、戦略目標として抽出する。→図表３−１−４

図表３−１−４●SWOT分析からの重要成功要因（CSF）の抽出

重要経営課題の抽出		外部環境	
		機会（O）	脅威（T）
内部環境	強み（S）	S×O：強みを生かして機会をつかむ	S×T：強みを生かして脅威に対抗する
	弱み（W）	W×O：弱みを克服して機会を逃さない	W×T：弱みを克服して脅威に対抗する

3　評価の対象や項目（ヒト、モノ、カネなどの視点）

情報化の効果評価にあたっては、財務や顧客、自社の組織、人的資源など多面的に行う必要がある。情報化初期のころには、対象となる業務が限定されていたため評価方法も単純であった。たとえば、給与計算などの業務の場合は、人手で給与計算を行っていた場合と給与計算システムを導入した場合の労力やコストの差は容易に算出でき、情報化の効果評価は容易であった。しかし、今日においては情報化の効果は、コスト・労力の削減にとどまらず、経営意思決定の支援、顧客満足度の向上、経営戦略への貢献など多様になり、その利用方法も高度化している。そのため、情報化の効果評価の対象や項目も多様化しているのが現状である。

本項では、バランスト・スコアカード（BSC：Balanced Scorecard）の４つの視点（財務の視点、顧客の視点、業務プロセスの視点、学習と成長の視点）から評価の対象と項目を確認する。前項で確認した重要成功要因（CSF）をこの4つの視点から分類し、おのおのの重要業績評価指標（KPI：Key Performance Indicator）を作成する。

（1）財務の視点

情報化の効果を財務的視点から評価する。「収益の拡大」「生産性の向上」「財務体質の健全化」などが主なテーマとなる。一般に財務の評価指標は多く存在するが、重要成功要因と対応した重要業績評価指標（KPI）を選択する。例として、利益の拡大が戦略目標なら売上高利益率が評価指標となり、コスト削減が目標なら売上高販管費率などが評価指標となる。

財務の評価指標はいわば結果指標であり、なぜ指標が変化したかを知る必要がある。たとえば、売上高が増加した場合、その理由は商品の改善によるものなのか、営業戦略を変更したことによるものなのかは、財務の指標からだけでは判断できない。財務の指標変化を評価する際には、他の指標との因果関係を考慮する必要がある。

（2）顧客の視点

顧客との関係性を評価する。顧客満足度の向上、新規顧客獲得数、客単価の向上などが評価指標となる。戦略目標で確認した顧客の特性・特徴とその顧客に提供する価値（商品やサービスなど）の組み合わせから評価の視点・評価指標を選択していく。

（3）業務プロセスの視点

戦略目標を達成するために、仕事のしくみや流れをどのように変革していくかの視点である。工場での生産効率向上、納品リードタイムの短縮、新商品開発期間の短縮、在庫数量の削減など多岐にわたる。

業務プロセスは、情報システム導入で最も直接的効果が明確になる分野である。多くの重要業績評価指標の設定が可能であるが、前述したように、戦略目標を意識してその達成度を評価するKPIを設定する必要がある。

（4）学習と成長の視点

戦略目標を達成するために、どのような人材育成・採用が必要かという視点である。社員１人ひとりの能力向上を図り、学習能力を高めるために、能力開発や人材の育成が不可欠となる。社員の能力向上に加えて、前向きな組織風土、企業の変革能力など、組織能力の向上も求められる。このように、社員の意識改革、組織人としての基本動作、人材の専門能力、リーダーシップ、組織風土などがテーマになる。

KPIとしては、従業員平均教育時間、従業員満足度指数、業務改善提案件数などが例として示される。

これらの評価方法を検討するうえで重要なのは以下の３点である。

第１は、戦略目標の達成を意識した評価方法・評価指標を設定することである。評価項目は多面的であるが、戦略目標を達成することに向けた一貫性を持つことである。また、特定の分野に限定した指標設定を行うのではなく、多面的に戦略目標全体をカバーする必要がある。

第２は、評価項目の設定にあたってはその相互関係を意識することである。今回設定した４つの視点は、相互に関係している。たとえば、顧客との新たな関係性をつくらないと売上げの拡大は実現できないし、業務プロセスの改善によってコスト削減は実現できる。このように、各指標は因果関係でつながっている。

第３は、評価指標の整合性を確認することである。評価指標は多面的に数多く設定される。そのため、指標間で矛盾が発生する危険性がある。例として、顧客満足度向上のための「顧客訪問回数」という指標と、営業プロセス効率化のための「顧客対応時間」という指標は、評価が逆の結果となる。このような場合は、戦略目標に立ち返り評価指標の再整理が必要となる。

4 評価の範囲

これまでの項では、情報化の効果評価の前提となる項目について論じてきたが、ここでは評価の対象となる業務や情報システムなどの範囲について確認する。評価の対象となる事業や業務、ビジネスプロセス、情報システムを明確にする。

企業など組織の情報化は、その組織の経営課題解決を目的として実施される。経営改革と一体となって実施されるため、その対象範囲は情報システムにとどまらず、それを含む業務プロセスや組織改革、人材育成など多岐にわたる。他方で、対象となる事業や業務の範囲は明確になる。情報化の効果評価にあたっては、その対象範囲を明確にすることも必要なのである。

情報化の対象範囲は、本節1で確認した情報化戦略立案時に決定されるのが一般的であり、その最終ステップで作成される「情報化企画書」に明示される。

本項では、情報化の効果評価の対象範囲の確認として、以下の3項目で行う。

(1) 対象となる事業・業務
(2) 対象ビジネスプロセス
(3) 対象となる情報システム

(1) 対象となる事業・業務

情報化の対象となる事業・業務は、本節1で示した経営戦略作成の最終ステップで確定する。内外環境分析（SWOT分析）を踏まえて、重要成功要因（CSF）が抽出される。SWOT分析からは数多くのCSFが抽出されるが、その企業の経営資源の状況、経営環境から、経営改革の対象となる範囲が限定され、経営戦略（経営課題）が選択される。

経営戦略が選択されるとその実施対象となるCSFと事業ドメインが明確となり、対象事業・業務が決定される。さらに、次のステップとして

図表３-１-５●経営戦略・経営課題とその内容の例

経営戦略	☆青果部門を抜本的改革し、取り扱いアイテムの増大を図る。地元住民との「ふれあい」を重視して、「安心感」があふれるスーパーとしてのイメージを全面に打ち出し、地域社会に融合する。
経営課題（CSF：重要成功要因）	主な内容
「ふれあい」と「安心感」があふれる企業イメージの演出強化	新キャッチフレーズでの訴求、売り出しの見直し、安心・高品質商品、手作り感演出、標準処理マニュアル、満足度調査
「価格引き下げ」「鮮度向上」「陳列見直し」を中心にした青果部門改革	高品質品と低価格品の併売、品質チェック徹底、地元仕入れ、売り場管理要員
青果・雑貨・一般加工食品のそれぞれの取り扱いアイテムの飛躍的増大	客動線の見直し 陳列スペースの拡大
人に優しい対応ができる応用力豊かな人材の育成	複数の部署にわたる業務をこなせる人材 顧客対応の優しい気配り

CSFから導かれた経営課題が立てられ、それに対応した重要業績評価指標（KPI）が設定される。→図表３-１-５

（２）対象ビジネスプロセス

効果評価の対象となる事業・業務の確認の次は、そのビジネスプロセスの確認である。情報化は対象事業・業務のビジネスプロセス改革と一体で進められる。対象となるビジネスプロセスは、情報化企画書の中に「新業務プロセス」として示されている。→本章第２節6

ビジネスプロセスとは仕事の進め方・手順であり、情報システムはその活用方法として標準的なビジネスプロセスが定義されている。新業務プロセスに記述されているビジネスプロセスは、新たに構想されるか、従来から改善が施されたビジネスプロセスとなる。このビジネスプロセスは、経営課題達成のために設定されたアクションプランを実行する側面も持つ。→図表３-１-６

（３）対象となる情報システム

評価対象となる事業・業務およびビジネスプロセス、アクションプラ

図表3-1-6●戦略目標と重要業績評価指標(KPI)、アクションプランの例

戦略目標	KPI	現在値	目標値	アクションプラン
トレーサビリティ情報の把握	トレーサビリティ情報回答時間	1時間	1分	FRIDを導入し、各ポイントから情報を収集する。
新商品の迅速な市場投入	新商品開発期間	5カ月	3カ月	商品開発部門のビジネスプロセスを簡略化する。
在庫数の削減	期末在庫高	9億円	7.5億円	——
需要予測の精度向上	需要変動情報の伝達速度	—	1週間	生産・販売部門で販売動向情報共有を進める。
生産効率の向上	生産計画の週次見直し品目数	—	100	生産・販売部門間で販売情報、生産情報を共有する。

ンを実行していく土台となるのが情報システムである。情報システムの評価にあたっては、機能要件・非機能要件の両面から評価が必要となる。

機能要件とは、新業務プロセスで定義された機能で、情報システムが実現するビジネス上の機能・役割を指す。非機能要件とは、主目的となる機能要件以外の要件全般を指す。具体的には、ユーザビリティ、性能、拡張性、セキュリティなどの機能をいう。

さらに、情報システムの導入方式についても評価の対象となる。従来は、ハードウェア・ソフトウェアともに自社への独自導入が一般的であったが、システムの稼働環境としてクラウドサービスなど外部のIT基盤を借りるという選択肢も増えてきている。ソフトウェアも独自開発からパッケージソフトの導入、クラウドサービスとしてソフトウェアの機能をレンタルすることも一般的になりつつある。これら導入方式についても、昨今のIT環境の動向を踏まえつつ効果評価に反映する必要がある。

以上のように、情報化の効果評価にあたっては、①経営戦略との連動性、②外部環境、内部環境の再評価、③評価する対象や項目の確認、④評価対象事業・業務の確認など、多面的に行う必要がある。

第２節　評価方法

学習のポイント

- ◆情報化の効果評価にあたっては、情報化の目的に適した評価方法を採用する。
- ◆評価方法は、情報化企画段階でコントロール目標、経営成果指標として設定される。
- ◆評価は、マネジメントサイクルに沿って継続的に実施することにより、経営成果を生み出す。

情報システムは導入するだけでなく、その後の活用のための継続した取り組みが必要となる。そのため、組織員の目的意識的なかかわりを促進するとともに、それを評価するしくみづくりが必要となる。それがコントロール目標であり、経営成果指標である。

これらは、情報化企画段階でシステム化計画の一環として作成され、システムの本番稼働後は継続的な効果評価のための指標として運用される。

本節では、情報化の効果評価のために一般的に使用されている手法を紹介する。また、情報化企画書に記述される効果評価方法を例として示す。

1　会計的評価法

企業の経営成果評価で基本となるのは、会計的指標である。会計的指標は、貸借対照表や損益計算書などの財務諸表から導くことができる。情報化の効果評価においても基本となる指標である。ここでは、情報化の効果評価に使われる指標についての説明を行う。

会計的指標は財務分析指標とも呼ばれ、企業の儲けを評価する収益性分析の指標と、財務面の安定性を評価する安全性分析の指標に大きく区分される。加えて、生産性や成長性なども指標として経営評価に用いられている。→図表3-2-1

図表3-2-1●会計的評価方法の例

売上高、利益、売上高利益率、株価、1人当たり売上高
投下資本収益率（ROI）、株主資本収益率（ROE）、経済的付加価値（EVA）、売上高成長率、新規顧客売上比率
在庫回転率、売掛金回収日数、半製品・資材在庫高、流動比率、固定長期適合率、販管費比率、生産機械稼働率、生産コスト

財務諸表の値は経営活動全体の結果であり、明確な数字で表現されるため評価が容易である。他方で、財務の評価指標はさまざまな経営活動の結果であり、その結果をもたらした原因の評価とあわせて行わないと、正しく情報化の効果評価に使うことはできない。例として、「売上高が1.5倍に増加した」という経営成果が上がった場合、その理由は、営業活動を活発に行った結果か、新商品を投入した成果か、あるいは、競合他社の商品が弱体化したためか、などその理由は多面的であることが予想できる。

また、情報化の効果が及ぶ範囲も多面的になっているため、効果の範囲を明確にしないと効果測定も容易でなく正確性を欠くことになる。

このように会計的評価法は、最も一般的に使われておりわかりやすく、評価指標も明確であるが、あくまで結果指標であるため他の指標と関連づけて使用しないと、情報化の効果評価としては不適切であるといえる。情報化の初期のころには、省力化効果などを中心に会計的指標が使われてきたが、近年では他の指標とあわせて因果関係を明確にして使われるようになっている。

2　バランスト・スコアカード

情報化の効果は多面的であるため、効果評価の方法も会計的方法から総合的な指標を使用する方向に進んできた。総合的な指標評価の代表例がバランスト・スコアカード（BSC：Balanced Scorecard）である。

BSCは戦略的経営システムとして位置づけられているが、業績評価システムとしての側面を持つ。会計的指標中心の業績管理手法の欠点を補うものとして、戦略・ビジョンを４つの視点（財務の視点、顧客の視点、業務プロセスの視点、学習と成長の視点）で分類し、その企業の持つ戦略やビジョンと連鎖された財務的指標、および非財務的指標を設定するのが特徴である。

学習と成長の視点では、人的スキル・組織風土・ITインフラなど組織の基盤となる部分を指し、業務プロセスの視点では、組織内部の仕事の進め方を対象とする。顧客の視点では、顧客に対する行動を対象とし、財務の視点では、売上げや利益など財務的成果を対象とする。これら４視点間のバランスをとることで総合的に業績評価を行うことができる。→図表３-２-２

BSCによる情報化の効果評価にあたっては、４つの視点におのおの対応した重要業績評価指標（KPI）を設定し、その値の変化で効果評価を行う。

重要業績評価指標（KPI）の設定にあたっては、以下の５点に留意する必要がある。

(1)　重要業績評価指標は、曖昧なものではなく全社的に統一する。

(2)　使用する重要業績評価指標は、戦略と重要成功要因（CSF）を含むビジネスの状況をカバーするものであること。

(3)　４つの視点でおのおの使用する重要業績評価指標は、それぞれ因果関係を持っていなければならない。

(4)　重要業績評価指標は、組織の責任者にとって現実的な目標の設定に役立つ必要がある。

図表3-2-2●バランスト・スコアカードによる業績評価の例

視 点	戦略目標	重要業績評価指標
財 務	持続的成長	売上成長率
	収益性の向上	ROE
顧 客	最終顧客の満足	アンケート調査による満足度指数
	卸売会社とのWin-Win関係構築	主要取引先の利益率向上
業務プロセス	需給の同期化	納期遵守率
	顧客ニーズの把握	クレームに対する応答時間
	製造技術の差別化	新製品開発件数
学習と成長	製品開発能力の向上	特許申請数
	営業能力の革新	改善提案件数

(5) 業績を測定・評価するプロセスは、容易で単純なものであること。

とりわけ、3点目の重要業績評価指標はそれぞれ因果関係を持っている点は重要である。学習と成長や業務プロセス、顧客の視点は、最終的に結果指標である財務の視点につながるものである。

4つの視点に対応した重要業績評価指標（KPI）の例を示す。

① 財務の視点の重要業績評価指標（KPI）例

売上高、純利益、売上高利益率、投資利益率、キャッシュ・フロー、EVA、流動比率、労働装備率

② 顧客の視点の重要業績評価指標（KPI）例

市場占有率、新規顧客獲得率、顧客定着率、顧客満足度、顧客の利益率

③ 業務プロセスの視点の重要業績評価指標（KPI）例

総売上高に対する新製品売上高の割合、新製品開発件数に対する実現した新製品実際開発件数、生産のリードタイム、製品コスト、納期の遵守率、製品1個当たりの物流コスト、クレーム処理件数、総製造コストに対する環境コスト

④　学習と成長の視点の重要業績評価指標（KPI）例

従業員満足度、従業員の生産性、従業員定着率、戦略的業務装備率、戦略的情報装備率、提案件数

3　戦略マップ

前述のBSCとそれに基づいて設定されるKPIは、情報化の効果評価において業績管理ツールとしては有効である。このBSCを補強し戦略実行のフレームワークを示したのが、戦略マップである。戦略目標とBSCの４つの視点の因果関係に着目し、１枚のマップにその関係性を示すのが特徴である。→図表３-２-３

重要業績評価指標は、各ビジネス部門の活動と業績を測定するうえでは有効であるが、組織の戦略目標との関連性が必ずしも明確ではない。重要業績評価指標を戦略への方向づけを行い、戦略目標を達成するための因果関係を示すことが必要なのである。戦略マップは、各戦略目標とそれに対応した重要業績評価指標の因果関係を図で示すことで可視化し、関係者間での共有を可能にしている。本来は、戦略目標と無形の資産（情報資本、組織資本、人的資本）の因果関係に着目する枠組みであるが、目標達成に向けた道筋を示すツールとして使用されている。

戦略目標間の因果関係を確認するうえでも戦略マップは有用である。

第１ステップとして、上位の視点である財務の視点による「利益率の向上」「低コスト」などの目標を達成するために、顧客の視点でどのような目標が設定されているかを問う。How？（いかに？）という問いを立て、その解答が論理的に整合しているか否かで因果関係をチェックする。

第２ステップとして、逆の方向でチェックする。下位の視点の戦略目標がなぜ必要なのかを問い、上位の視点の戦略目標によってその必要性が説明されれば体系化されているとの判断になる。Why？（なぜ？）と質問を発し、Because（なぜならば）と矛盾なく答えることができれば、整合がとれていると判断する。

図表3-2-3●戦略マップの例

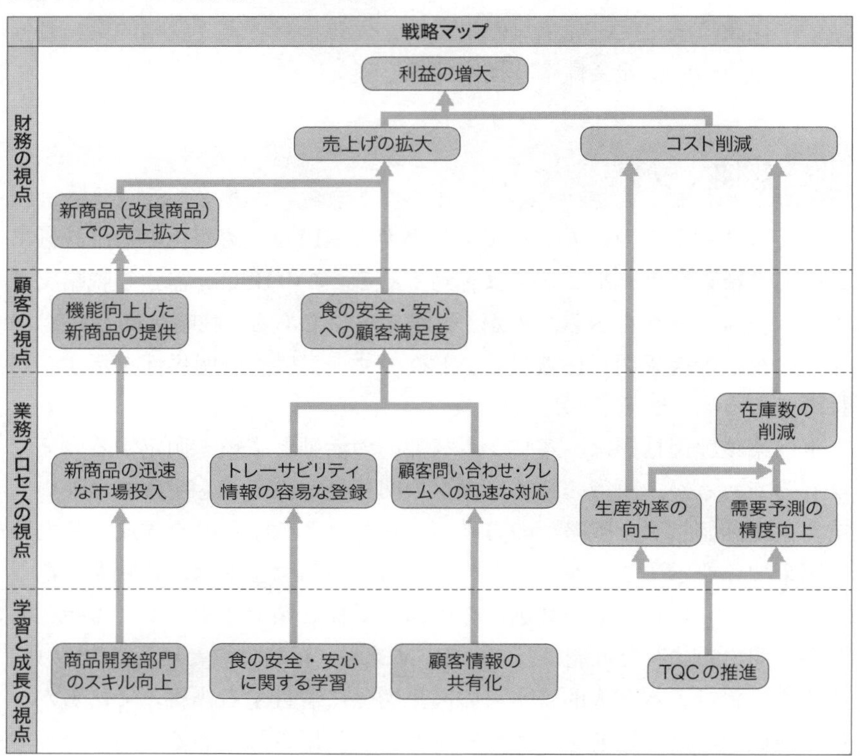

このように戦略マップは、バランスト・スコアカードと一体で活用することで情報化の効果評価に有用である。

4 成熟度モデル

成熟度モデル（Maturity Model）は、組織のマネジメントレベルを評価する指標として有用である。本来あるべき姿を示し、その姿と自組織の現状を比較することにより、達成すべき目標を設定するのに有効である。さらに、成熟度として現状の位置を知ることにより、組織が成長するうえでのステップが明確となり、組織管理上の目標設定が容易というメリットがある。

成熟度モデルは、経営品質やソフトウエア開発プロセスなど多くの目的で使用されているが、情報化の効果評価にはITガバナンス協会が示したCOBIT（Control Objectives for Information and Related Technology）マネジメント・ガイドラインで示したITガバナンスの成熟度が参照されるのが一般的である。COBIT4.0のマネジメント・ガイドラインは、情報テクノロジーをコントロールするフレームワークとして、34のITプロセスを定義し詳細な成熟度モデルを定義している。→図表３-２-４

経営活動の中における情報システムを軸としたIT全般の管理は複雑で広範なものである。それをコントロールするには枠組みを定義し、その

図表３-２-４●COBIT4.0の34のITプロセス

COBIT34のプロセス			
PO１	IT戦略計画設定の定義	DS１	サービスレベルの定義と管理
PO２	情報アーキテクチャの定義	DS２	サードパーティのサービスの管理
PO３	技術指針の決定	DS３	性能とキャパシティの管理
PO４	ITプロセスと組織およびそのかかわりの定義	DS４	継続的なサービスの保証
PO５	IT投資の管理	DS５	システムセキュリティの保証
PO６	マネジメントの意図と指針の伝達	DS６	コストの捕捉と配賦
PO７	IT人材の管理	DS７	利用者の教育と研修
PO８	品質管理	DS８	サービスデスクとインシデントの管理
PO９	ITリスクの評価と管理	DS９	構成管理
PO10	プロジェクト管理	DS10	問題管理
AI１	コンピュータ化対応策の明確化	DS11	データ管理
AI２	アプリケーションソフトウェアの調達と保守	DS12	物理的環境の管理
AI３	技術インフラの調達と保守	DS13	オペレーション管理
AI４	運用と利用の促進	ME１	IT成果のモニタリングと評価
AI５	IT資源の調達	ME２	内部統制のモニタリングと評価
AI６	変更管理	ME３	規制に対するコンプライアンスの保証
AI７	ソリューションおよびその変更の導入と設定	ME４	ITガバナンスの提供

出所：ITGI「COBIT4.0」2005年

ポイントを管理すれば実務上は有効である。COBITが定義する34のITプロセスとおのおのに対応した成熟度モデルは、管理ポイントと改善の道筋を示したものである。図表3-2-5は、COBITの成熟度モデルのベースとなる一般成熟度モデルである。

図表3-2-5●COBITの一般成熟度モデル

成熟度	概要	特　徴
5	最適化	管理プロセスは、ベストプラクティスに従っており、また自動化されている
4	管理	管理プロセスはモニタリングされ、評価測定されている
3	定義	管理プロセスは文書化され、周知されている
2	反復	管理プロセスが標準的なパターンに従うようになる
1	初期	管理プロセスは場当たり的で組織的ではない
0	不在	管理プロセスはまったくない

＊COBITの成熟度モデルは、ソフトウェア工学研究所（SEI）がソフトウェア開発能力の成熟度のために定義したモデルに基づいている。一般成熟度モデルをもとに、34のITプロセスに対して詳細な成熟度モデルを提示している。

出所：COBIT（Control Objectives for Information and Related Technology）Management Guidelines

成熟度のレベルは0から5までの6段階ある。それは、レベル0の「管理プロセスが存在しない」から、レベル5の「最適化された管理プロセスがある」までの、管理プロセス改善の必要性と方向性を成熟度に応じて段階的に表す簡単なスケールである。COBITの成熟度モデルは、34のITプロセスについてすべて、一般成熟度モデルをベースに0から5の成熟度モデルを定義している。

成熟度モデルの導入にあたっては、以下の手順で行う。

(1) 自社の情報化プロセスの確認、定義

情報化を進める組織的プロセスを確認して、定義を行う。経営戦略の可視化、情報化戦略の立案、業務改善の推進など、自社で実施しているプロセスを整理しその仕事内容を定義する。

(2) 各プロセスに対応した成熟度モデルの作成

各プロセスの仕事内容を定義し、おのおのに対応した0～5までの成熟度モデルを作成する。このときに、COBITの一般成熟度モデルを参照するのが有効である。

(3) 自社の成熟度レベルの評価

作成した成熟度モデルに沿って、自社の各プロセスについて成熟度を評価する。

(4) 継続した成熟度レベル評価と管理レベル向上に向けた取り組み

レベル評価に従って、継続して管理レベル向上に取り組む。定期的に成熟度評価を実施し成果を確認する。

成熟度モデルの適用例として、「情報化戦略の立案」プロセス評価のための成熟度モデルを図表3-2-6に示す。

図表3-2-6●成熟度モデルの適用例

■情報化戦略の立案プロセスの成熟度評価

成熟度	概　要	特　　徴
5	最適化	経営戦略と整合性のとれた情報化戦略を策定する機能がある。長期的な情報化計画があり、経営環境の変化に対応して見直し改訂が行われている。
4	管理、測定されている	情報化戦略の策定は標準的業務として定義されており、その策定プロセスは上位管理者にモニタリングされている。情報化戦略の有効性、経営戦略との整合性が定期的に測定されている。
3	定められたプロセスがある	情報化戦略を策定する時期や方法について方針が定まっている。実行は現場任せとなっており、プロセスの妥当性を検証する手続はない。
2	再現性がある	情報化戦略を作成するプロセス、情報化戦略の必要性は理解しているが、文書化はしていない。経営戦略との整合性は考慮されていない。
1	初期	情報化戦略立案のための体系的な意思決定プロセスは存在しない。
0	不在	情報化戦略は作成されていない。

成熟度モデルは、組織のマネジメントレベルの成熟度を評価する指標で、情報化の効果評価と直接つながるものではない。しかし、組織のマネジメントレベルが向上しないと、組織のパフォーマンスは向上しない。成熟度モデルは、情報化の効果に間接的に反映する指標として位置づけていく。すなわち、組織のマネジメントレベルの向上（成熟度の向上）が経営組織体のパフォーマンス向上を実現し、その結果として、これまで述べてきた重要業績評価指標などの成果評価指標の向上につながっていくのである。

5 IT投資マネジメント

IT投資マネジメントとは、情報化投資の計画・意思決定・事後評価の全体プロセスを効果的に管理することを通じて、投資効果を生もうとするマネジメント手法である。情報化投資の経済性評価の精緻化を求めるのではなく、情報化投資の効果を最大にするためのマネジメントのあり方に着目する考え方である。

本節でこれまで述べてきたのは、情報化の効果を評価する評価方法である。情報化の目的が多様になり、情報システムがカバーする業務の範囲も拡大してきた。これに対応するために、情報化の効果評価の手法も多様になってきた。

情報化の効果評価を精緻に行うことも重要であるが、情報化投資の計画・意思決定・事後評価を効果的に管理することで、投資効果の最大化を求めようとするのがIT投資マネジメントである。

最大の投資効果をもたらす情報化投資とは、その企業の戦略に合致しそれを推進するための投資にほかならない。情報化の効果評価は、情報システムに対応して実施されることが多かったが、その方法では業務改善など個別の課題についての効果評価はできても、戦略目標の達成度など企業全体の効果評価としては不適切であった。

従来のIT投資評価は、個別投資案件ごとの採算性評価によりその成否

図表3-2-7●従来のIT投資評価とIT投資マネジメントの違い

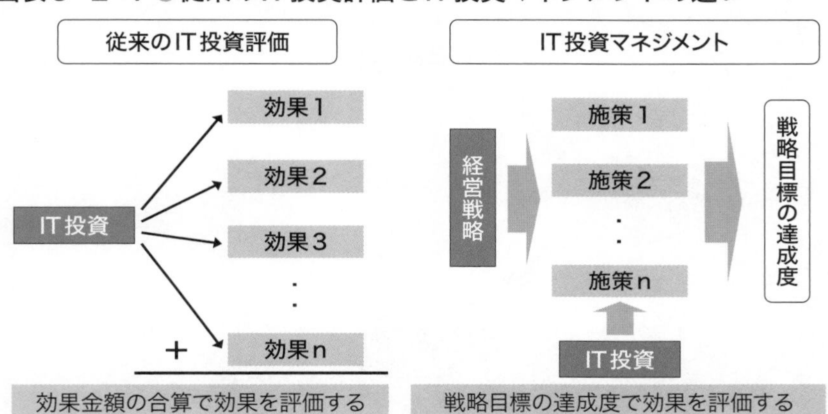

が判断されてきた。IT投資マネジメントでは、個別の採算性計算ではなく個々の施策が全体として企業の戦略にいかに貢献したかで評価を行う。→図表3-2-7

IT投資マネジメントの視点を以下の4項目で示す。

① 情報化投資の評価について、複数の基準の投資評価法が必要である。

② 複数の情報化投資の目的、多様な情報化投資の評価法、これらを統一的に評価することが必要である。

③ これらを統合するのは戦略への方向づけである。

④ 投資効果について、個々の情報化投資の投資効果を問題にするのではなく、当初の戦略目標がどのように達成できたかで評価する。

IT投資マネジメントのもう1つの特徴は、情報化投資の実行後に事後評価を通じて継続的な改善を実施することである。PDCA（Plan→Do→Check→Act）サイクルを継続することで、投資効果を定着・拡大させていく方向を示している。→図表3-2-8

図表３－２－８●PDCAサイクルで情報化投資の効果の最大化を図る

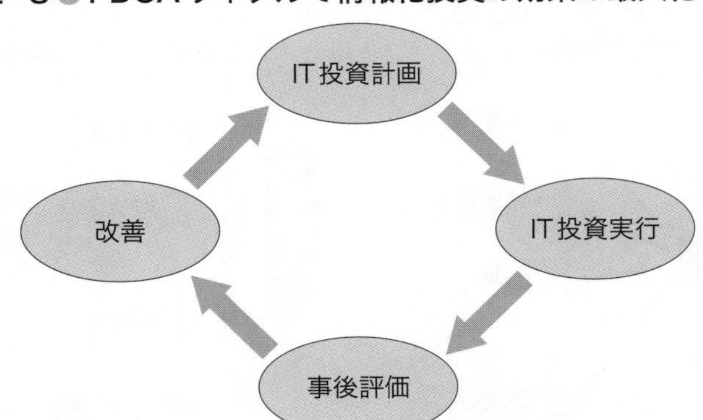

6　情報化企画書の効果評価例

本節ではこれまで、情報化の効果評価の手法を紹介してきたが、ここではその活用法を紹介する。

情報化の効果評価方法は、新たにシステムを構築または改善を行う場合に作成される「情報化企画書」にシステムの導入方針とともに記載される。情報化企画書は、経営戦略の確認、情報化ビジョン、情報化戦略目標、および情報化基本方針などが網羅的に書かれた方針書である。情報化の企画段階で作成され、その後の情報システム開発、本番稼働（運用）、事後評価のもととなる文書である。情報化企画書の例を図表３－２－９に示す。

情報化企画書では、最初に、情報化投資の背景・ねらい、情報化の基本方針が書かれている。経営レベルでの戦略課題の確認から業務レベルの課題を確認し、それを実現するための新業務プロセスを示す。次に、それを実行するための情報システムの導入方針が示されている。

情報化投資の効果評価方法は、この企画書の中で投資効果の検証の項目に記載されている。新たな情報システムの導入は、多大な投資が求められる。コンピュータのハードウェア、ソフトウェア、ネットワークな

図表３-２-９●情報化企画書の例

■情報化企画書の項目（例）

1．情報化投資の背景・ねらい
2．情報化投資の方針
3．解決すべき課題
　(1) 経営レベルでの課題
　(2) 業務課題
　(3) ねらいとする効果
4．新業務プロセス
　(1) 業務改革の方針
　(2) 変更する業務プロセスと主な変更内容
5．導入するシステム
　(1) 現状システムの評価
　(2) 新システムの導入方針
　(3) 導入システムの概要
6．システム費用
7．開発体制
8．概略スケジュール
9．リスク対応
10．投資効果の検証
　(1) 重要業績評価指標（KPI）の達成見込み
　(2) 投資回収の見込み

ど情報機器に関連する投資にとどまらず、人材教育や育成、新たな組織構成の導入など多くの関連する分野での新規投資が必要となる。本節で紹介してきた評価方法は、それら情報化に関連する投資効果を評価するのが目的である。

情報化投資の効果評価は、投資額に対してどれだけのリターンがあったかという財務的な数字で評価されることになる。しかし、本節で検討してきたように情報化の効果は多面的であるため、多様な評価方法を組み合わせて使用する必要がある。さらに、それらの評価方法を自社の戦略目標に合わせて体系的に設定する必要がある。また、システムの計画段階だけでなく、システムの本番稼働後も継続的にその効果を評価し、持続的な改革につながる指標である必要がある。

情報化企画書は、情報化の企画から開発、本番稼働、事後評価までを一貫して、1つの"ストーリー"として書かれた方針書である。情報化企画書に書かれた効果評価の例を図表3-2-10に示す。

図表3-2-10●情報化企画書の効果評価例

投資効果の検証

KPIの達成見込み

対象指標	達成目標	検証の根拠
○マネジメントレベル		
「食の安全・安心への顧客満足度」		
・顧客満足度	ランク4以上	顧客へのヒアリングの結果、トレーサビリティ、コールセンターの改善により、顧客満足度の相当の向上が見込める。
「機能向上した新商品の提供」		
・新商品市場ランキング入数	現状：2→目標：5	顧客情報、マーケット情報がより詳細に把握できるようになれば、目標達成は可能である。
○オペレーションレベル		
「トレーサビリティ情報の容易な把握」		
・トレーサビリティ情報回答時間	現状：1時間以上→目標：1分	新しい詳細業務フローを監査した結果、トレーサビリティに関する情報入力が確実になり、システムのレスポンスが確保できれば、1分での回答は可能である。
「顧客問い合わせ・クレームへの迅速な対応」		
・コールセンターでの1次対応完了率	現状：50%→目標：80%	バラバラだった情報が一元化されることにより、実現可能となる見込み。顧客の問い合わせ状況を分析して、8割以上の問い合わせに即応できるようにDB（データベース）設計することを、RFP（提案依頼書）に盛り込む。

本節では、情報化投資の効果評価法を紹介してきた。情報化の対象範囲は拡大し、その目的も多様になっている。そのため、効果評価方法も多様になっている。また、部分的な個別業務の情報化にとどまらず、企業の戦略的方向性と不可分一体となった情報化投資も拡大しており、企業の戦略目標の達成度を情報化の効果評価と一体で実施する必要も生まれている。

本節で紹介した評価方法はその一部であり、企業の情報化の目的に合わせて体系的に導入する必要がある。

第 3 節 モニタリング・コントロール

学習のポイント

◆モニタリング・コントロールについて、その意義と必要性を理解する。

◆情報化のプロセスにおいて、モニタリング・コントロールの対象範囲、手順を知る。

◆モニタリング結果を評価し、改善活動にフィードバックする方法を学ぶ。

◆モニタリング・コントロールの結果は報告書にまとめ、意思決定者に報告する。

第1節では、情報化の効果評価の基本となる考え方を示した。第2節では、情報化の効果評価のために一般的に使用されている手法を紹介した。

本節では、評価のためのモニタリング・コントロールの方法、手順を示す。

1 モニタリング・コントロールの意義

(1) モニタリング・コントロールとは

組織のマネジメントにおいて、組織活動が計画どおり進行しているかを継続的に評価し、必要に応じて是正措置をとる必要がある。マネジメントサイクルといわれるPlan-Do-Check-Action（PDCA）を継続することによりマネジメントの管理水準を高めていく必要がある。情報化のプロセスにおいてもその効果を継続的に評価することが求められる。

モニタリングとは、計画を達成するためにタイムリーかつ継続的にその実施状況を把握し、計画と実績の差異を把握し評価するプロセスを指す。コントロールとは、モニタリングの結果・評価を受けて、活動の是正措置を行っていくプロセスである。モニタリングとコントロールは、情報化の効果を評価し、継続した改善を続けていくことで効果を生み出していく必須となるプロセスである。→図表３-３-１

情報化は、システムを導入しただけで効果を生み出すことはできない。継続した改革を通じて効果をもたらすことができる。そのため、モニタリング・コントロールのプロセスは、マネジメントの水準を高めるにとどまらず情報化の成果を定着させていく必須の活動なのである。

図表３-３-１●モニタリング・コントロールの位置づけ

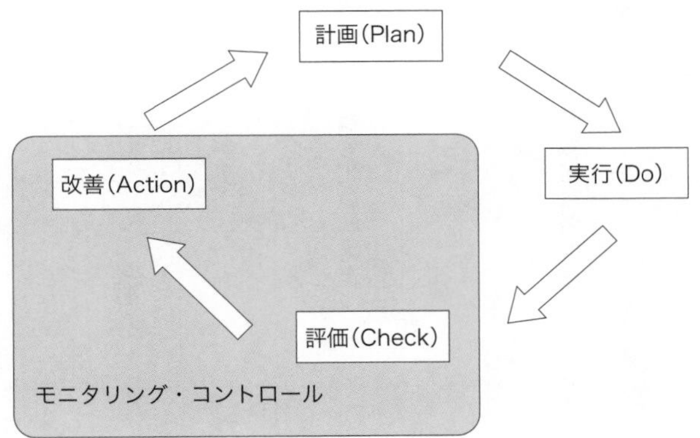

（2）モニタリング・コントロールの対象範囲

モニタリング・コントロールは企業など組織の活動全般において必要となるが、本節では情報化の効果評価における役割について述べる。情報化のプロセスは、以下の５段階に分けることができる。

・経営戦略策定フェーズ
・情報化戦略策定フェーズ
・情報化資源調達フェーズ

・ITソリューション導入フェーズ
・ITサービス活用フェーズ

この5段階のフェーズにおいて、ビジネス活動とIT活動という2つの視点からモニタリング・コントロールを行うことになる。

ビジネス活動とは、経営戦略・経営改革にかかわる活動を指し、経営戦略策定・情報化戦略策定・ITサービス活用を対象フェーズとする。

IT活動とは、ITの企画・開発・運用にかかわる活動を指し、情報化戦略策定・情報化資源調達・ITソリューション導入・ITサービス活用を対象フェーズとしている。→図表3-3-2

図表3-3-2●モニタリング・コントロールの対象範囲

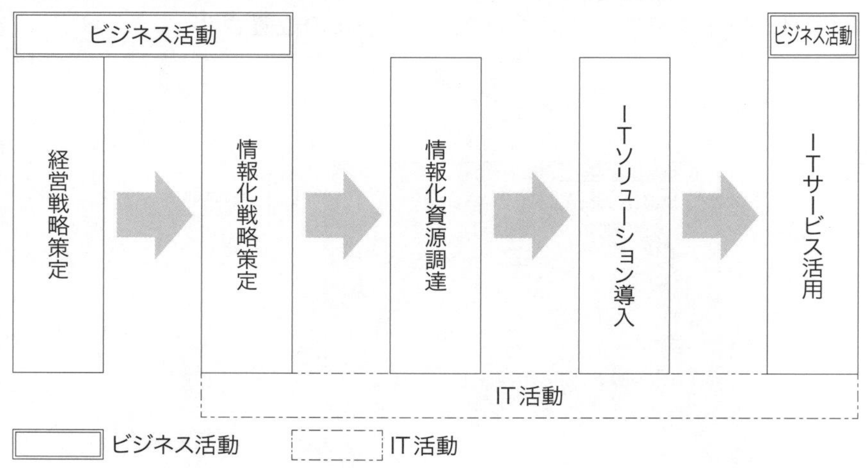

2 モニタリングの対象となるプロセス

(1) モニタリング対象領域の知識

モニタリングは、図表3-3-2で示した5段階のフェーズごとに行う。また、ビジネス活動、IT活動という2つの視点で実施する。ここでは、モニタリング対象領域の特徴とモニタリング項目を示す。なお、モニタリング項目は、情報化企画の段階で、達成目標と対応させて事前に決めておく必要がある。

① 経営戦略策定フェーズ

このフェーズでは、企業内外の環境分析を通じて、経営課題を抽出し、それを達成するための重要成功要因（CSF）を導き出す。重要成功要因は、「海外市場への販路展開」「生産管理の強化と適正在庫実現」など定性的な課題が示されることが多いが、**重要目標達成指標（KGI）**として目標を定量的に評価できる評価尺度が設定される。さらに、その達成度合いを評価する**重要業績評価指標（KPI）**が設定されており、このKGIとKPIの値をモニタリングすることになる。

例として、「生産管理の強化と適正在庫実現」というCSFであれば、「不良品発生比率」「製品在庫回転率」などがそのKPIとなる。

② 情報化戦略策定フェーズ

ここでは、経営戦略で設定したCSFの実現に向け、ITを活用した新たなビジネスプロセスモデルとその実現計画を作成する。そのモニタリングにあたっては、ビジネス活動とIT活動の両面からモニタリング項目を決める必要がある。ビジネス活動におけるモニタリングでは、情報化戦略と経営戦略との整合性がモニタリング対象となり、その指標は先述のKGI、KPIとなる。IT活動におけるモニタリングは、情報システムの企画に関する活動のモニタリングとなる。

③ 情報化資源調達フェーズ

このフェーズは、ITの調達先の選定とIT導入計画書の作成までが含まれる。情報化資源調達計画と経営戦略・情報化戦略との整合性、調達先候補選定の適切性などがモニタリング・コントロールの対象となる。

④ ITソリューション導入フェーズ

IT導入を実施するこのフェーズでは、IT活動とその成果がモニタリング・コントロールの対象となる。IT導入実行計画の経営戦略・情報化戦略との整合性、IT導入実行計画の進捗状況（コスト・品質・スケジュール）などが対象となる。

⑤ ITサービス活用フェーズ

ここでは、導入されたITサービスがビジネス活動にどのように貢献しているかをモニタリングする。また、IT活動の視点からITサービスが有効に活用されているかもモニタリングされる。情報化企画の段階で設定されたモニタリング項目に沿って実施される。例として、情報化戦略達成度、ビジネスプロセス改革達成度、重要業績評価指標とITサービスレベルの整合性などである。

(2) モニタリング・コントロールの手順

情報化の効果評価におけるモニタリング・コントロールは、企業のビジネス活動、IT活動のプロセスおよびその成果そのものを対象とする。モニタリング・コントロールは、①目標の明確化と周知徹底、②状況把握、③差異分析、④リスクに対する対応策・防止策の立案および報告、の4つの手順から構成される。→図表3-3-3

① 目標の明確化と周知徹底

情報化の目標は、その企画の段階でCSFをもとに、KGIとして示されており、その進捗をKPIで評価する方向が示されている。これを組織的にオーサライズすることが第一歩となる。モニタリング・コントロールのしくみを明確にするとともに、それらをモニタリング・コントロールの計画書として整理し、実施のための体制を整備する。

② 状況把握

モニタリング・コントロール対象の状況が目標に対してどのように変化しているかを把握するために、実績データの収集・蓄積を行う。継続的なデータ収集を通じてKGI、KPIを評価することが必要となる。リアルタイムに状況を把握するためには、情報システムの中にモニタリングのしくみを組み込んでおくことが必要となる。

なお、モニタリングには継続的なモニタリングと定期的なモニタリングがある。継続的なモニタリングとは、日常業務の中で実施されるモニタリングであり、先述のように情報システムの中に組み込むことが求め

図表３-３-３●モニタリング・コントロールの手順

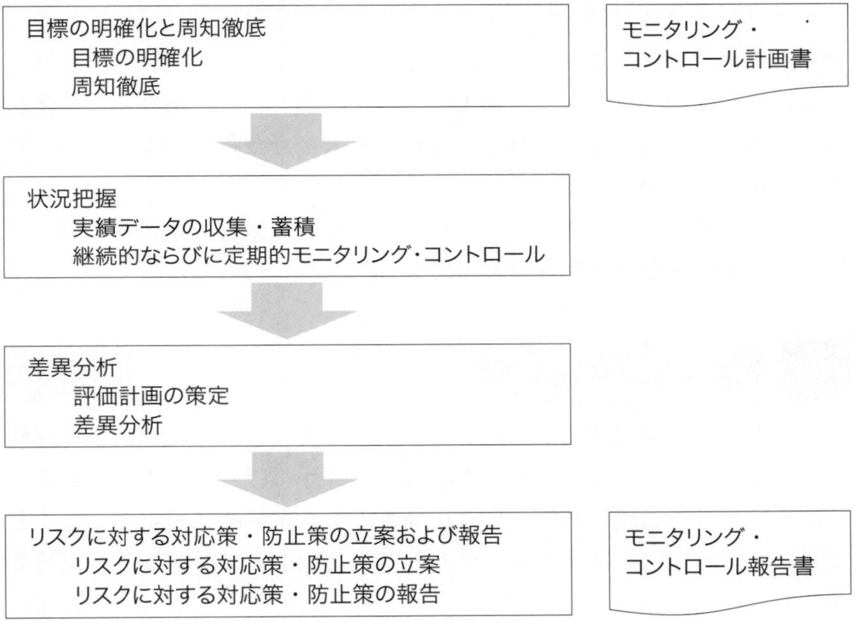

手順	成果物
目標の明確化と周知徹底 目標の明確化 周知徹底	モニタリング・ コントロール計画書
↓	
状況把握 実績データの収集・蓄積 継続的ならびに定期的モニタリング・コントロール	
↓	
差異分析 評価計画の策定 差異分析	
↓	
リスクに対する対応策・防止策の立案および報告 リスクに対する対応策・防止策の立案 リスクに対する対応策・防止策の報告	モニタリング・ コントロール報告書

出所：ITコーディネータ（ITC）プロセスガイドライン　Ver2.0

られる。定期的モニタリングは、企業の内部監査などで組織の合目的性を評価するなど、継続的なモニタリングでは対応できない部分を評価するのが目的となる。

③　差異分析

計画と実績の差異分析は、業務処理があらかじめ意図されたとおりに実施されていることが前提となる。これを確認するとともに、具体的な評価方針・目標、評価の精度、評価対象、評価技法・ツールなどを決めた評価計画が必要となる。

状況把握段階で収集・蓄積した状況と目標とを比較し、目標との差異を明確にする。差異の分析にあたってはその発生要因に踏み込み、原因を総合的に評価することが求められる。

④ リスクに対する対応策・防止策の立案および報告

差異分析・評価の結果でリスクと判断された事象に対しては、影響度合いや費用対効果などを検討し、対応策・防止策を決める。リスクは、セキュリティのようなシステム上のリスクに加えて、法制度違反や契約などの取引上の違反も含まれる。これらを踏まえた包括的な対応策・防止策の策定が求められる。

さらに、モニタリング・コントロールに関する結果の報告が必要となる。しかるべき意思決定者（経営者など）に対して適時に行う。

3 モニタリング実施方法

モニタリングは継続的かつ定期的に実施される。情報化の効果を評価し、必要に応じて方針の見直しや改善活動につなげていく場合もある。モニタリングの実施にあたっては、評価指標を定量的に測定していくとともに、組織活動の状況やシステムの利用実態などにも踏み込んだ活動が必要となる。

（1）モニタリングの指標管理

モニタリングの実施は、情報化企画の段階で作成した指標を継続的に測定し、評価する活動が中心となる。本章第2節で紹介した評価方法を目的に合わせて導入し、評価指標を継続的に測定するとともに定期的な評価を実施し、コントロールにつなげていく。

（2）実態把握

ビジネス活動・IT活動のモニタリング・コントロールにおいては、管理指標の評価に加えて、従業員の動向や顧客の反応などの実態把握が必要となる。ビジネス活動においては、業務プロセスの運用状況や顧客との関係、管理者の評価などを知る必要がある。IT活動においては、情報システムの利用実態把握などが必要となる。事前に設定された評価指標による定量的評価に加えて、その差異分析の一環として実態把握が有効となる。

実態把握は以下の方法で行う。

① アンケート

アンケートは決められた項目に沿って継続的に行う。例として、システムへのアクセス頻度が少ない場合、その理由は、IT環境の使い勝手なのか、推進体制なのか、利用者の習熟度の問題なのか、マニュアルの問題なのかなど、多方面のことが考えられる。これらを調査するためのアンケートを行うが、実際の画面名・帳票名を記載し、「不便」(その理由)、「便利」等を記入させるとよい。選択項目を明確にすることで個人の感想を超えた組織的な傾向を知ることができる。

② ヒアリング

ヒアリングはアンケートを補完するものとして実施されるが、時間を要するためポイントと対象を絞って実施する必要がある。現場の担当者の場合、みずからの利便性を重視した反応になりがちであるが、組織の戦略目標やそれを実現するアクションプランを意識したヒアリング実施が求められる。また、ヒアリング対象者の選定にあたっては、役職や組織内での役割を考慮し、多面的な意見を収集する工夫が求められる。

③ レビュー会議

アンケートやヒアリングを実施した後、関係者に対し、レビュー会議を行う。モニタリング評価指標とアンケート、ヒアリング結果の分析を総合的に行う。

IT投資額（運用費用含む）の対予算額評価、戦略目標達成度の評価などを行う。予算と実績、評価指標の目標値と実績値を比較し、差異が発生した場合はその原因の分析を行う。また、必要に応じて改善のための対策を検討する。

レビュー会議は、情報化企画の実施段階にある場合はそのプロジェクトが実施するのが一般的である。そうでない場合は、企業内部の独立した部門が内部監査の一環として定期的に実施する場合や、IT活動の場合には情報システム部門が実施するケースも考えられる。

(3) 報告書

モニタリング・コントロールの結果は、組織の意思決定者に対して報告される。報告は定期的に行うことが一般的であるが、緊急性が高い場合は即時に行う場合もある。報告書の作成では必要な項目を網羅するとともに、評価指標など客観的なデータを示す。収集した"事実"と報告者の意見を区分して書くことが求められる。図表3-3-4にモニタリング・コントロール報告書の目次例を示す。

情報化プロセスのモニタリング・コントロール報告書は、情報化の効果を継続的に評価し、事前に設定した目的・効果を達成しているかの評価にとどまらず、今後に向けた改革や改善策を検討するために作成される。報告書作成のポイントは、以下の3点である。

図表3-3-4●モニタリング・コントロール報告書の目次例

1 目的
2 対象期間
3 対象範囲
4 手法
5 目標に対する実績の評価結果
6 差異内容
7 対応策、防止策
8 事後評価の必要性

① 予定と実績、予算と実績の差異について、その原因を明らかにする。今後の改善策を示す。

② 情報化による業務改善の進行状況などをチェックし、改善の対策を示す。

③ 重要目標達成指標(KGI)、重要業績評価指標(KPI)の計画値と

実績値を比較し、戦略目標の達成度を評価するとともに、目標実現に向けた対策を示す。

情報化はシステムを導入すれば実現できるものではなく、継続的な改革によって実現される。モニタリング・コントロール報告書は、経営者など組織の意思決定者に対して提出されるが、継続的な改革に向けた組織内の合意形成に必要な書類である。経営者と一般社員、情報化担当者が一体となってPDCAのサイクルを継続的に運用していくことが求められる。図表３−３−５は、モニタリング・コントロール報告書の例である。

図表3-3-5●モニタリング・コントロール報告書例

XXXプロジェクト　モニタリング・コントロール報告書

1．目的
新生産管理システムの運用開始から１年が過ぎ、目標の達成度評価を行う。
課題の抽出と対応策の検討を行う。成果を出すための改善策の提言を行う。

2．対象期間
XX年X月X日～XX年X月X日までの１年間

3．対象範囲
XXXプロジェクトで構築した新生産管理システムと関連するビジネスプロセス全体

4．手法
プロジェクトで設定した重要目標達成指標（KGI）、重要業績評価指標（KPI）の値を収集し、評価分析を行う。
関連業務の管理者、担当者へのアンケート、ヒアリングを実施し、現場の声を収集する。

5．目標に対する実績の評価結果

Ⅰ．IT投資額・運用費用の対予算額評価

項目	投資・費用項目	当初予算	実績	差異の原因
初期投資	システム構築費用	8,500万円	9,100万円	本番稼働の遅れによる
運用費用	ハード・ソフト保守	750万円	750万円	
	運用費用	450万円	700万円	システム改修の発生

Ⅱ．目標達成度

戦略目標		評価指標	当初値	目標値	実績値
財務	売上拡大	年間売上高	150億円	180億円	160億円
	コストの削減	売上高総利益率	22%	30%	25%
顧客	納期への満足度	顧客満足度	—	ランク４以上	ランク3.5
	顧客の定着度	既存顧客定着率	80%	90%	80%
業務	需要予測の精度	需要変動情報の伝達速度	—	５日間	８日間
	不良品率	不良品数／全生産数	10%	３%	６%
	生産効率の向上	生産リードタイム	５時間	4.5時間	４時間

6．差異内容
目標値は２年計画の値であるが、１年目としての達成度を評価した。
生産効率については、１年目で目標値をクリアできた。新システムの効果が出ている。
需要予測の精度向上については、ビジネスプロセス上の問題点が見つかり、改善によって目標値を達成できるめどが立った。
１年目としての目標達成度は十分とは言えない。目標達成のための総合的な対策が必要である。

7．対応策、防止策
本番稼働１年以内にシステムの改修が発生している。今後、システム改修の要請に対しては、ビジネスプロセス全体見直しを先行させる。安易なシステム改修は行わない。
戦略目標の達成に向け課題を再度整理すること。目標値設定の前提となっていた経営環境と業務を再評価し、目標実現に向けた方針を設定する必要がある。

8．事後評価の必要性
XXXプロジェクトの成果を定着させるためには、継続した事後評価が必要となる。
事後評価を受けた継続的な改善への取り組みが求められる。

第３章　理解度チェック

次の設問に、〇×で解答しなさい（解答・解説は後段参照）。

1　情報化の効果評価にあたっては、ハードウェア、ソフトウェアなどIT分野に限定せず、ビジネスプロセス改革や人材育成なども含んで行う。

2　組織が設定する重要業績評価指標（KPI）の因果関係を確認するうえで戦略マップは有用である。

3　モニタリング・コントロールは、情報システムの運用状況の把握のために実施される。

解答・解説

1　〇
情報化の効果は多面的であり、その効果の評価にあたっては、経営戦略との関連性を意識しつつ、財務や顧客、ビジネスプロセスなど多面的な視点で行う必要がある。

2　〇
戦略マップは、バランスト・スコアカードの業績管理ツールとしての側面を補強し、BSCの４つの視点の因果関係をマップで示した戦略実行のフレームワークである

3　×
モニタリング・コントロールは、企業の経営活動全般に対して実施されるもので、情報システムの運用状況の把握はその一部としてIT活動のモニタリング・コントロールの一環として実施される。

参考文献

ロバート S. キャプラン・デビット P. ノートン、吉川武男訳『バランス・スコアカード』生産性出版、1997年

吉川武男『バランス・スコアカード構築』生産性出版、2003年

ロバート S. キャプラン・デビット P. ノートン『戦略マップ〔復刻版〕』東洋経済新報社、2014年

ITガバナンス協会『COBIT〔第3版〕マネジメント・ガイドライン』アイテック、2003年

松島桂樹『戦略的IT投資マネジメント』白桃書房、1999年

関西CIOカンファレンス編集委員会『これからのIT投資』財団法人 関西情報・産業活性化センター（現：一般社団法人関西情報センター）、2011年

ITコーディネータ協会『ITコーディネータ（ITC）プロセスガイドラインVer2.0』ITコーディネータ協会、2011年

第4章

対 策

この章のねらい

経営情報システムを活用するためには、情報システムの安全と安定した運用が欠かせない。そのための対策として、情報システムに対する内部統制と情報セキュリティ管理がある。内部統制と情報セキュリティ管理の対策は、リスクマネジメントの一環である。リスクマネジメントとは、組織の目的・目標に沿ってリスクを適切に管理し、リスクの影響を最小限に抑えて、組織の目的・目標を達成することにある。したがって、対策内容は、固定的なものでなく、組織の状況に即してリスクを評価し、組織が許容できる水準までリスクを低減するように、組織の業容に合った対策を選択して実施することである。

第4章では、内部統制と情報セキュリティ管理の対策について、しくみを組織に導入して運用管理するマネジメントシステムの側面と、実際に講じる対策であるコントロールや管理策の側面を詳説する。マネジメントシステムの側面は、基準、規格、法令およびそのガイドラインなどで要求する内容の運営が求められるが、コントロールや管理策の側面は、リスクを分析・評価した結果で対応を検討して、講じる必要があるコントロールのための管理策を組織みずからが決定することが求められる。

第１節 対策の概念

学習のポイント

◆内部統制と情報セキュリティ管理が基づいている「JIS Q 31000 リスクマネジメント－指針」を通して、リスクマネジメントの概念を理解する。
◆内部統制の背景、法律、関係基準、内部統制の用語、日本版内部統制の概念を理解する。
◆情報セキュリティ管理に関係する基準や関連法令の概要、情報セキュリティの用語、情報セキュリティ管理の概念を理解する。

1 リスクマネジメント

情報システムの安全と安定した運用のための対策として、情報システムに対する内部統制と情報セキュリティ管理が必要であるが、内部統制も情報セキュリティ管理もリスクマネジメントの一環である。リスクマネジメントとは、組織の目的・目標に沿ってリスクを適切に管理し、リスクの影響を最小限に抑えて、組織の目的・目標を達成することにある。したがって、対策内容は、固定的なものでなく、組織の状況に即してリスクを評価し、組織が許容できる水準までリスクを低減するように、組織の業容に合った対策を選択して実施することである。

リスクマネジメントの方法を示した規格として「ISO 31000 Risk management-Guidelines」がある。日本版は「JIS Q 31000 リスクマネジメント－指針」である。

JIS Q 31000のリスクマネジメントのプロセスを図表４-１-１に示す。

リスクマネジメント（Risk Management）とは、組織の目的・目標を達成するために、リスクについて組織を指揮統制するためのマネジメント活動のことである。

JIS Q 31000では、組織の活動にはリスクが含まれるので、組織が業務活動を行う外部および内部の状況を理解してみずからのリスク基準を決め、リスクを特定し、分析し、リスク基準に沿って評価して、リスク対応として管理策によってリスクを軽減するかまたはリスクを受け入れるかを選択することによって、リスクを運用管理する。また、リスクおよび管理策をモニタリングし、レビューする、としている。JIS Q 31000は、組織の全社的リスクマネジメント（ERM：Enterprise Risk Management）のフレームワークとして活用できるといわれている。

本章で詳説する内部統制も情報セキュリティ管理も、「JIS Q 31000 リスクマネジメント－指針」で示されているリスクマネジメントのプロセスがベースとなっている。

図表４-１-１●リスクマネジメントのプロセス

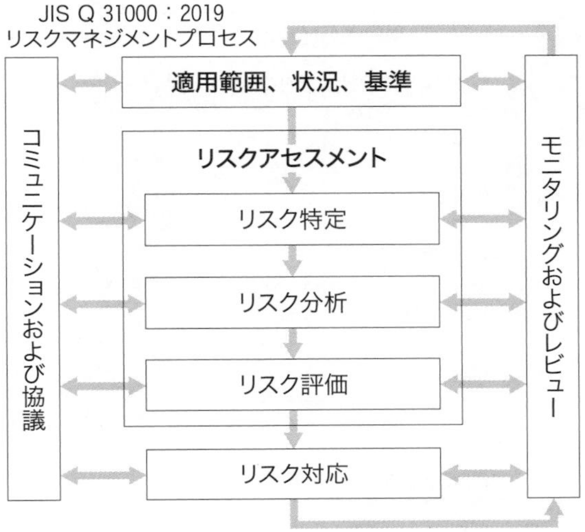

2 内部統制

(1) 内部統制に関する基準および用語定義

① COSOフレームワークと内部統制の法制化

米国では1980年代前半に多くの企業の経営破綻があり、米国のトレッドウェイ委員会は1987年に内部統制のフレームワークとして、3つの目的と5つの基本的要素をCOSO（Committee of Sponsoring Organizations of Treadway Commission）キューブとして示した。→図表4-1-2

企業での相次ぐ会計不祥事に向けて、米国では2002年7月に「上場企業会計改革および投資家保護法（SOX法、サーベンス・オクスリー法＝Sarbanes-Oxley Act）」を制定し、内部統制を実施しその有効性を評価した内部統制報告書を作成して公認会計士の監査を受けることを義務化した。

図表4-1-2●COSOキューブ

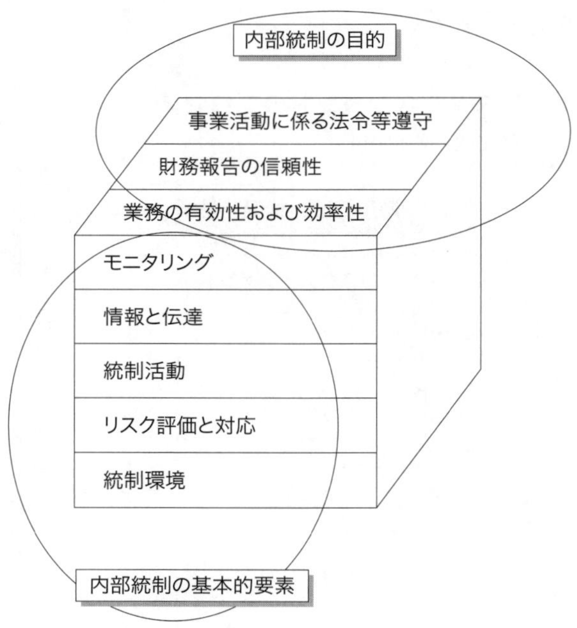

日本でも、日本版内部統制（J-SOX法、日本版ソックス法）を、金融商品取引法として2006（平成18）年6月に制定し、一定規模以上の企業の義務とした。

内部統制のフレームワークの3つの目的は、COSOキューブの業務の有効性および効率性、財務報告の信頼性、事業活動に係る法令等遵守の3つであり、日本版内部統制ではこれに「資産の保全」を加えた。

内部統制のフレームワークの5つの基本的要素は、COSOキューブの統制環境、リスク評価と対応、統制活動、情報と伝達、モニタリングの5つであり、日本版内部統制ではこれに「ITへの対応」を加えた。

② 日本版内部統制のポイント

日本版の内部統制とは、4つの目的を達成するために、6つの基本的要素を業務に組み込み、その業務を組織内のすべての者が遂行するプロセスのことをいう。

1）目的

・業務の有効性および効率性
・財務報告の信頼性
・事業活動に係る法令等遵守
・資産の保全

2）基本的要素

・統制環境
・リスク評価と対応
・統制活動
・ITへの対応
・情報と伝達
・モニタリング

3）日本版内部統制（J-SOX）の特徴

日本版内部統制の制度は、先行して制度が導入された米国の状況を参考にして作成され、米国のSOX法と比べて以下の特徴がある。

i）トップダウン型のリスク・アプローチの採用

日本版では以下の手順で対象業務を特定化できる。米国ではすべての業務に対しチェックリストで確認を行う。

・内部統制の有効性評価に際し、まず、連結ベースでの全社的有効性の評価を行う。
・その後、売上高の３分の２程度をカバーする事業拠点の選定を行う。
・３勘定科目（売上、売掛金、棚卸資産）に関与しているビジネスプロセスの特定を行う。
・当該組織が重要と認識する業務プロセスを加える。

ⅱ）内部統制の不備の区分の簡素化

日本版では、内部統制の不備を「開示すべき重要な不備」と「不備」の２つとした。

内部統制の不備とは、内部統制が存在しない、または規定されている内部統制では内部統制の目的を十分に果たすことができない等の整備上の不備と、整備段階で意図したように内部統制が運用されていない、または運用上の誤りが多い、あるいは内部統制を実施する者が統制内容や目的を正しく理解していない等の運用の不備からなる。

「開示すべき重要な不備」とは、財務報告に重要な影響を及ぼす可能性が高い財務報告に係る内部統制の不備をいい、内部統制の不備のうち、一定金額を上回る虚偽記載、または質的な虚偽記載をもたらす可能性が高いものをいう。たとえば、金額については、連結税引前利益が５％程度とされているが、最終的には、財務諸表における金額的重要性との関連による。それ以外を「不備」という。

ⅲ）ダイレクトレポーティングの不採用

日本版の内部統制では、監査法人は、経営者の評価結果を監査するための監査手続の実施と監査証拠の入手を行うことだけでよい。

米国では、監査法人自身が内部統制の監査を行うダイレクトレポーティング（直接報告業務）があり負担となるため、日本版ではダイレクトレポーティングをなくした。

ⅳ）内部統制監査と財務諸表監査の一体的実施

日本版では、内部統制監査は、財務諸表監査と同一の監査人が実施する。その結果、内部統制監査で得られた監査証拠や財務諸表監査で得られた監査証拠は、双方で利用可能である。

v）内部統制監査報告書と財務諸表監査報告書の一体的作成

日本版では、内部統制監査報告書は、財務諸表監査報告書とあわせて記載することが原則になった。

vi）監査法人と監査役・内部監査人との連携で業務の利用が可

日本版では、監査法人は、監査役などの監視部門と連携し、内部監査人の業務を利用可能とした。監査法人は、監査役が行った業務監査の内容を利用でき、監査法人の負担が軽減できる。

③　内部統制の目的

日本版の内部統制の４つの目的は、次のとおりである。この４つは、相互に密接に関連している。

１）業務の有効性および効率性

業務の有効性は、「財務報告に係る内部統制の評価及び監査に関する実施基準」（**実施基準**という）では「事業活動や業務の目的が達成される程度」としている。

企業目的が利益の拡大であり、その１つの施策として顧客満足度向上がある。そのために顧客の有益な意見を組織的に取り組み、検討し、必要に応じて対応する。これらの活動をモニタリングする。モニタリングは、「内部統制が有効に機能していることを継続的に評価するプロセス」のことであり、内部統制の目的の１つである業務の有効性は、基本要素の１つである「モニタリング」によって、実現していくことになる。

業務の効率性は、「実施基準」では「組織が目的を達成しようとする際に、時間、人員、コスト等の組織内外の資源が合理的に使用される程度」としている。

たとえば、顧客から仕様変更依頼があったとしても、製造現場にはすぐに連絡がいかず、作り続けていたとする。材料、設備稼働費、人件費の無駄等が発生する。そうならないように現場にすぐに情報を伝達して、効率的に仕事をするようにしたい。内部統制の目的の１つである業務の効率性は、基本要素の１つである「情報と伝達」によって実現していくことになる。

２）財務報告の信頼性

J-SOX法における内部統制の一番の目的は、財務報告に虚偽記載がないようにすることである。

会社の株を売買する投資家や会社にお金を貸す金融機関は、財務報告を客観的基準として参照する。財務報告に虚偽記載があって、その会社が倒産すると、買った株券が紙くずとなったり貸したお金が貸し倒れとなったりしてしまう。このような財務報告に虚偽記載はあってはならないので、虚偽記載には罰則がある。

内部統制の基本要素の統制活動からモニタリングまでの６つによって、財務報告の信頼性確保を図ることになる。

３）事業活動に係る法令等の遵守

法律や規則等を守るのは企業活動の基本である。企業活動にかかわる法令等には、次のものがある。

・法律、命令、条令、規則
・会計基準等のように強制力を持って遵守が求められている規範
・業界の行動規範、当該組織の内部規程

財務報告における会計処理は、企業会計原則というルールに沿って行われる。企業会計原則には、一般原則（真実性の原則、正規の簿記の原則、資本取引・損益取引区別の原則、明瞭性の原則、継続性の原則、保守主義の原則、単一性の原則）、損益計算書原則、貸借対照表原則がある。

４）資産の保全

資産の保全は、資産の取得、使用および処分が、正当な手続・承認のもとで行うようにすることである。資産には、知的財産、顧客に関する情報などの無形資産も含まれる。取得した資産を管理し、日常的モニタリングによって資産の保全を行う。J-SOX法での資産の保全は、内部統制上重要であると考え付け加えられた。

④　会社法と金融商品取引法

会社については、以前は有限会社法や商法で規定されていた。2006（平成18）年5月に会社に関する法律として会社法が制定された。この会社法でも内部統制の規定がある。会社法と金融商品取引法による内部統制の違いを図表4－1－3に示す。大きな違いは罰則規定の有無である。罰則規定があると、取り組みがより徹底される。

図表4－1－3●会社法と金融商品取引法による内部統制の違い

	金融商品取引法の内部統制	会社法の内部統制
対象企業	上場企業と連結子会社	資本金5億円以上または負債200億円以上の会社
目　　的	有価証券報告書への記載事項の信頼性の確保	事業活動全般の業務の適正化
評価方法	経営者が内部統制の有効性を評価し、会計士等が監査	内部統制を実現するためのしくみの方針決定の義務づけ
根拠法等	金融庁の「実施基準」	法務省の「会社法施行規則」
罰則規定	内部報告書の未提出、虚偽記載に対し、日本版SOX法を含む法律により規定	なし

⑤　財務報告に係る内部統制の評価および監査に関する実施基準

内部統制の評価・整備・監査・不備の取り扱いなどについては、「財務報告に係る内部統制の評価及び監査に関する実施基準」（金融庁 企業会計審議会、2019（令和元）年9月3日改訂）（「実施基準」という）に示されている。

⑥　システム管理基準 追補版（財務報告に係るIT統制ガイダンス）

上記の実施基準の中の「ITへの対応」に関して、IT全社的統制、IT全般統制、IT業務処理統制などについては、「システム管理基準 追補版（財務報告に係るIT統制ガイダンス）」（経済産業省、2007（平成19）年3月30日）で、取り組み方法の具体的な例が示されている。

⑦　リスクとは

リスクとは、組織目標の達成を阻害する要因をいう。

「JIS Q 31000：2019リスクマネジメント－指針」では、**リスク（risk）**を「目的に対する不確かさの影響」と定義している。不確かさとは、事象、その結果、その起こりやすさに関して、情報、理解または知識が欠落している状態をいう。影響とは、期待されていることから乖離（かいり）することをいう。乖離は、好ましい方向のものも、好ましくない方向のものもある。好ましくない影響に対して対応が必要になる。

⑧ リスク評価とは

内部統制の**リスク評価**では、組織目標の達成を阻害する要因をリスクとして識別（特定ともいう）、分析し、評価する。リスク評価の後では、次項で説明するリスク対応にて、リスクの回避、低減、移転（共有ともいう）、または受容などの適切な対応を行う。

図表4－1－4は、「発生可能性」と「影響度の大きさ」からリスクを分析して評価を行い、必要な対策を講じてリスクを低減する、そして対策

図表4－1－4●リスク評価

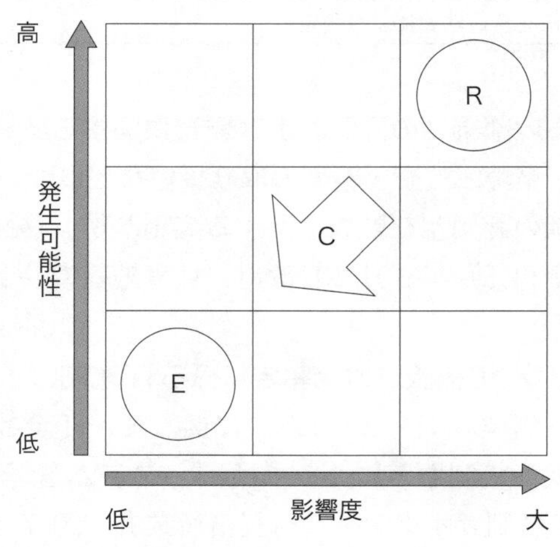

R（Risk）：何も対応させていないリスク
C（Control）：リスクを減少させるための対策
E（Exposure）：リスク対策を講じた後の企業が直面している残留リスク

出所：脇田良一他、2003年

を講じた後の残留リスクを評価する、ということを示している。

⑨　**リスク対応とは**

「JIS Q 31000：2019リスクマネジメント－指針」では、**リスク対応**（risk treatment）の選択肢として以下が例示されている。

ⅰ．リスクを生じさせる活動を開始または継続しないと決定することによってリスクを回避する。

ⅱ．リスク源を除去する。

ⅲ．起こりやすさを変える。

ⅳ．結果を変える。

ⅴ．（たとえば、契約、保険購入によって）リスクを共有する。

ⅵ．情報に基づいた意思決定によって、リスクを保有する。

ⅶ．ある機会を追求するために、リスクを取るまたは増加させる。

なお、実施基準では、上記のⅰを**リスク回避**、ⅱ～ⅳを**リスク低減**、ⅴを**リスク移転**、ⅵとⅶを**リスク受容**、というようにリスク対応の選択肢を４分類で表している。

（２）内部統制の基本的計画および方針

「実施基準」では、経営者は統制環境の整備の一環で、一般的に以下のような事項を含めた内部統制を実施するための基本的計画および方針を定める、としている。

・適正な財務報告を実現するために構築すべき内部統制の方針・原則、範囲および水準

・内部統制の構築にあたる経営者以下の責任者および全社的な管理体制

・内部統制の構築に必要な手順および日程

・内部統制の構築に係る個々の手続に関与する人員およびその編成ならびに事前の教育・訓練の方法等

(3) 3点セット文書

「実施基準」では、財務報告に係る重要な業務プロセスについて内部統制の整備状況を把握して記録・保存するための3点セット(業務の流れ図、業務記述書、リスクと統制の対応(リスクコントロールマトリクス))の図表を例示している。

「業務の流れ図」は、重要な業務プロセスの取引の流れや会計処理を整理・理解するのに利用する。

「業務記述書」は、業務プロセス上の虚偽記載リスクが組み込み済みの統制によって十分に低減できるかを検討するのに利用する。

「リスクコントロールマトリクス(RCM)」は、要点となる業務プロセスで識別したリスクとリスクを軽減するための予防策としてのコントロールを一覧表にし、リスクとコントロールの対応を明確にするのに利用する。

(4) 内部統制の管理体制

「実施基準」では、統制環境の整備の一環で、管理体制について次のような役割と責任を定めている。

- 経営者…取締役会で決定した基本方針に基づき内部統制を整備および運用する。組織の活動に責任を有する。
- 取締役会…内部統制の基本方針を決定する。経営者による内部統制の推進に対する監督責任を有する。
- 監査役等(監査役、監査役会、監査等委員会または監査委員会)…独立した立場で、取締役および執行役の職務の執行を監視・検証する。
- 内部監査人…内部統制のモニタリングの一環として、整備および運用状況を検討・評価し、改善を促す。
- 上記以外の組織内のその他の者…みずからの業務において、内部統制に一定の役割を担っている。

(5) 内部統制のモニタリング

「実施基準」では、次のようなモニタリングを行う体制を整備して、適切に運用するとしている。

・内部統制の有効性の評価

・内部・外部の通報への対応

・把握された問題（不備）の報告

モニタリングは、内部統制のしくみが有効に機能しているかどうかを監視するために行うが、モニタリングには、日常的なモニタリングと日常行われている業務とは独立した部門が行う独立的評価とがある。

日常的モニタリングには、承認手続やレビューのように牽制機能に近いものもある。このモニタリングは、日常の業務の中に組み込んで行うものであり、部長や課長等の職務の一環として行う。

独立的評価とは、日常的モニタリングでは発見できないような問題がないかを独立した部門が行うもので、定期的または随時に行う内部統制のことをいう。独立した部門とは、内部監査部門、監査役等、取締役会および外部の専門家などを指す。

3　情報セキュリティ管理

（1）情報セキュリティ管理に関する基準

情報セキュリティ管理を行うのに関係する規格や法律について、その概要を次に示す。

①　リスクマネジメントの指針

情報セキュリティ管理とは、組織の情報セキュリティ目的を達成するために、情報セキュリティのリスクについて組織を指揮統制するための、リスクマネジメント（risk management）活動のことである。

そのリスクマネジメントのベースとなっているのが、「ISO31000 Risk management-Guidelines」である。日本版は「JIS Q 31000 リスクマネジメント－指針」である。

情報セキュリティ管理は、JIS Q 31000の指針に沿って、“情報セキュリティ”についてリスクマネジメントを行うことであり、情報セキュリティ基準の「JIS Q 27001 情報セキュリティマネジメントシステム(ISMS) – 要求事項」は、前記の**1**「リスクマネジメント」の図表4-1-1のプロセスを踏襲している。

② マネジメントシステムについてのISO規格の共通化

マネジメントシステムのISOとしては、ISO9001品質マネジメントシステム、ISO14001環境マネジメントシステム、ISO/IEC 27001情報セキュリティマネジメントシステムなどがあり、組織の多くは複数のISOマネジメントシステムを運用している。そこで、これらのISOマネジメントシステム規格の整合性を図るため、マネジメントシステムの上位構造、要求事項のテキスト、用語・定義の共通化を検討し、2012年５月に「ISO/IEC専門業務用指針　統合版ISO補足指針」の附属書SLとして共通化規定を定めた。それ以降に発行または改訂された各ISOマネジメントシステムは、この共通化規定に沿って共通化されてきた。この流れに沿って、日本固有のJIS Q 15001個人情報保護マネジメントシステム（PMS）も改訂時に共通化された。

ISOマネジメントシステムの目次は、「１ 適用範囲」「２ 引用規格」「３ 用語及び定義」「４ 組織の状況」「５ リーダーシップ」「６ 計画」「７ 支援」「８ 運用」「９ パフォーマンス評価」「10 改善」というように統一された。特徴的な点としては、「４ 組織の状況」では、組織の外部環境や組織内部の状況を理解し、課題を明確にし、利害関係者の要求事項を明確にし、これらを定期的に見直すように求めた。「５ リーダーシップ」では、ISOマネジメントシステムを組織の事業プロセスと統合するように求めた。事業経営とISOのマネジメントシステムを別のものとして二本立てで運用すべきでないとされた。「６ 計画」では、マネジメントシステムの計画を策定する際に、リスクと機会への取り組みを含めるように求めた。「７ 支援」では、規定や記録の一部について文書化の定めがあるものの、多くは組織みずからの必要性に応じて文書化することとした。たとえば、マネジメントシステムの基本的な文書（マニュアルなど）の文書化の求めはない。一般には組織みずからが、基本的な文書（マニュアルなど）、規定類、手順書、計画や実施結果の記録などを文書化すると決め、文書を作成して管理している。

③ JIS Q 27001 情報セキュリティマネジメントシステム（ISMS）－要求事項

業種に共通な情報セキュリティのマネジメントシステム基準として、国際規格「ISO/IEC 27001 Information Security Management System」があり、日本では「JIS Q 27001 情報セキュリティマネジメントシステム（ISMS：Information Security Management System）－要求事項」として発行されている。

これらの基準は、ISOのマネジメントシステムの枠組みに沿って、PDCAサイクルによる継続的な改善のしくみになっている。

JIS Q 27001の本文では、情報セキュリティ管理の運営のための要求事項として、「組織の状況の特定、トップマネジメントのリーダーシップ、計画策定、支援、運用、パフォーマンス評価、改善」を実践することが示されている。また、附属書Aには、業種に共通な100余り（JIS Q 27001：2014では114）の情報セキュリティの管理策が示されていて、取り扱う情報資産の情報セキュリティリスクを受容できるレベルまで低減するために必要なものを適用すべきとなっている。附属書Aで示されている管理策については、本章第３節「対策の管理策の詳細」の中で概要を示している。

このようなISO基準に沿ったマネジメントシステムを構築し適切に運用していることを、ISO審査機関の審査によって確認されることで、ISOの審査登録（認証登録、認証取得ともいう）ができる。審査登録は、顧客に対して、組織が適切な情報セキュリティ管理のしくみを導入して運用していることの証明として利用されることが多い。

④ JIS Q 27002 情報セキュリティ管理策の実践のための規範

業種に共通な情報セキュリティの管理策の実施の手引きとして、国際規格「ISO/IEC 27002 Code of practice for information security controls」があり、日本では「JIS Q 27002 情報セキュリティ管理策の実践のための規範」として発行されている。JIS Q 27002では、JIS Q 27001の附属書Aで示されている情報セキュリティの一般的な管理策に対応して、管理策のおのおのに対して数〜10個前後からなる実施の手引きなどの詳細情報が提供されている。これら管理策の実施の手引きは、選択した管理策の実施手順を決めるのに大いに役立つ。

⑤ JIS Q 27017 JIS Q 27002に基づくクラウドサービスのための情報セキュリティ管理策の実践の規範

経済産業省の「クラウドサービス利用のための情報セキュリティマネジメントガイドライン2013年度版」では、クラウドコンピューティングを「共有化されたコンピュータリソース（サーバー、ストレージ、アプリケーションなど）について、利用者の要求に応じて適宜・適切に配分し、ネットワークを通じて提供することを可能とする情報処理形態」と定義して、以下のクラウドサービスを紹介している。

・SaaS（Software as a Service）…すぐに使えるアプリケーションを提供するもの
・PaaS（Platform as a Service）…オペレーティングシステム、開発環境、実行環境を提供するもの
・IaaS（Infrastructure as a Service）…CPU、メモリ、ストレージ、ネットワークなどをサービスとして提供するもの

これらのクラウドサービスに関する固有な情報セキュリティの管理策および実施の手引きとして、国際規格「ISO/IEC 27017 Code of practice for information security controls based on ISO/IEC 27002 for cloud services」があり、日本では「JIS Q 27017　JIS Q 27002に基づくクラウドサービスのための情報セキュリティ管理策の実践の規範」として発行されている。ISO/IEC 27002およびJIS Q 27002に対する追加分の管理策と実施の手引きが示されている。

⑥ JIS Q 15001個人情報保護マネジメントシステム（PMS）－要求事項

JIS Q 15001は、1999（平成11）年に制定され、その後、個人情報保護法の制定や改正を受けて改定された。

「JIS Q 15001：2017 個人情報保護マネジメントシステム（PMS）－要求事項」は、個人情報保護のためのマネジメントシステムを確立し、実施し、維持し、継続的に改善するための要求事項を示している。また、附属書Aには、必要な管理体制、内部規程類、個人情報保護法対応、個人データの適正管理、文書化した情報の保持に関する管理策が示されている。

個人情報保護マネジメントシステムは、リスクマネジメントプロセスを適用することによって個人情報の保護を維持し、かつ、リスクを適切に管理しているという信頼を利害関係者に与える。

⑦　プライバシーマーク

プライバシーマーク制度は、（一財）日本情報経済社会推進協会（JIPDEC）が制定・運営しているもので、事業者がJIS Q 15001に沿って個人情報の取り扱いを適切に行う体制等を整備・運用していることを認定し、その証としてプライバシーマークの使用を認める制度である。

プライバシーマーク制度の目的は、消費者の目に見えるプライバシーマークで示すことによって、個人情報の保護に関する消費者の意識の向上を図ること、および、適切な個人情報の取り扱いを推進することによって、消費者の個人情報の保護意識の高まりに応え、社会的な信用を得るためのインセンティブを事業者に与えることである。

⑧　個人情報保護法

「個人情報の保護に関する法律」（平成15年法律57号）（「個人情報保護法」という）は、誰もが安心してIT社会の便益を享受するための制度的基盤として、2003（平成15）年５月に成立し、2005（平成17）年４月に全面施行され、2017（平成29）年５月に大幅に改正された。さらに、2020（令和２）年６月に改正法が成立・公布され、２年以内に施行するとなっている。

法律では、「個人情報を取り扱う事業者の遵守すべき義務等を定めることにより、個人情報の適正かつ効果的な活用が新たな産業の創出並びに活力ある経済社会及び豊かな国民生活の実現に資するものであることその他の個人情報の有用性に配慮しつつ、個人の権利利益を保護することを目的とする」としている。

また、個人情報とは、「生存する個人に関する情報であって、『当該情報に含まれる氏名、生年月日その他の記述等により特定の個人を識別することができるもの（他の情報と容易に照合することができ、それにより特定の個人を識別することができることとなるものを含む。）』または『個人識別符号が含まれるもの』のいずれかに該当するものをいう」としている。個人識別符号とは、生体認証などのためのコード、旅券法の旅券番号、基礎年金番号、運転免許証番号、住民票コード、個人番号（マイナンバー）、健康保険被保険者証、高齢者医療被保険者証、介護保険被保険者証などの番号、その他準ずるものとして個人情報保護委員会規則で定めるもの（雇用保険被保険者証の番号など）などを指す。

この法律は、国の機関、地方公共団体、独立行政法人、地方独立行政法人を除いて*、個人情報データベース等を事業の用に供しているすべての「個人情報取扱事業者」に適用され、規定に違反して秘密を漏らしたり盗用した場合、その者や代表者等に対して懲役または罰金を科す罰則がある。

＊2021（令和3）年改正で、行政機関への適用を検討中。

⑨　番号利用法（マイナンバー制度）

「行政手続における特定の個人を識別するための番号の利用等に関する法律」（平成25年法律27号）（「番号利用法」という）は、マイナンバー制度の基盤として、2013（平成25）年5月に成立し、2015（平成27）年9月、2020（令和2）年3月に改正された。2015年10月から個人番号（マイナンバー）が付番・通知され、2016（平成28）年1月1日に施行され、個人番号が実際に利用されるようになった。マイナンバーは、2016年1月から、社会保障、税、災害対策分野で、法律で定められた行政手続にのみ利用する、となっている。健康保険証としての利用なども予定されている。

法律では、行政機関、地方公共団体その他の行政事務を処理する者が、個人番号および法人番号の有する特定の個人および法人その他の団体を識別する機能を活用することにより、行政運営の効率化および行政分野におけるより公正な給付と負担の確保を図り、かつ、国民が、手続の簡素化による負担の軽減、本人確認の簡易な手段その他の利便性の向上を得られるようにすることを目的としている。

個人番号（マイナンバー）とは、住民票コードを変換して得られる12桁の番号である。また、「個人番号カード」とは、氏名、住所、生年月日、性別、個人番号その他政令で定める事項が記載され、本人の写真が表示され、かつ、これらの事項その他カード記録事項が電磁的方法により記録されたカードである。

個人番号を含む個人情報を「特定個人情報」といい、個人番号を含む個人情報ファイルを「特定個人情報ファイル」という。

また、行政事務を処理する者が必要な限度で個人番号を利用して処理する事務を「個人番号利用事務」、事業者等で行われる必要な限度で個人番号を利用して行う事務を「個人番号関係事務」、また、個人番号関係事務を処理する者を「個人番号関係事務実施者」と、それぞれいう。

なお、個人番号は法律で定めたこと以外の提供（本人みずからによるものを含む）や利用・保管を厳しく禁止している。個人番号や特定個人情報ファイルの不正提供や盗用に対しては、懲役や罰金を科す罰則がある。

（2）情報セキュリティ関連の用語定義

情報セキュリティに関する用語は、国際規格「ISO/IEC 27000 Information security management systems-Overview and vocabulary」で、日本では「JIS Q 27000 情報セキュリティマネジメントシステム－用語」で、定義されている。

①　情報資産

情報資産とは、企業や組織などで保有している情報全般のことである。顧客情報や販売情報などの情報そのもの、および、これらの情報を格納しているファイル、データベース、それを記憶しているディスク装置（HDD）などの外部記憶装置、これら情報を処理するコンピュータシステム、CD-ROMや紙などの記録媒体、コンピュータシステムの稼働を支える電源や空調装置などのインフラストラクチャーも、情報資産である。

情報は、ヒト・モノ・カネと同様に資産としてとらえる。従来、モノやカネについては資産価値があるものとしてさまざまな保護を行っている。一方、情報については価値が見えにくいが、価値の高い情報もあり、カネと同様またはそれ以上の価値のものがある。したがって、情報は、情報資産として重点的に管理すべき対象である。

② 情報セキュリティ

情報セキュリティ（information security）とは、「JIS Q 27000 情報セキュリティマネジメントシステム－用語」では、「情報の機密性（confidentiality）、完全性（integrity）及び可用性（availability）を維持すること。注記：さらに、真正性（authenticity）、責任追跡性（accountability）、否認防止（non-repudiation）、信頼性（reliability）などの特性を維持することを含めることもある」と定義されている。

具体的には、情報の漏えいや破壊などがなく、情報資産が完全な形で適切に利用できる状態のことである。

JIS Q 27000では、機密性、完全性、可用性を以下のように定義している。

○機密性（confidentiality）…認可されていない個人、エンティティ*またはプロセスに対して、情報を使用させず、また、開示しない特性。そのためには、認可されたものだけに情報へのアクセスを許可し利用できるようにし、認可されていないものに情報が漏れないようにする必要がある。

*情報を使用する組織および人、情報を扱う設備・ソフトウェア・媒体など。

○完全性（integrity）…正確さおよび完全さの特性。
そのためには、情報および処理方法が正確であること、および完全であることを保護する必要がある。

○可用性（availability）…認可されたエンティティ（利用者等）が要求したときに、アクセスおよび使用が可能である特性。
そのためには、認可されたものがいつでも情報にアクセスし利用できるように管理する必要がある。

③　情報セキュリティリスク

情報セキュリティリスクとは、情報セキュリティ（情報の機密性、完全性または可用性）についてのリスク（目的に対する不確かさの影響）のことである。

つまり、情報の機密性、完全性または可用性の喪失を引き起こす脅威（threat）が情報資産のぜい（脆）弱性（vulnerability）に付け込み、その結果、組織に損害という影響を与える可能性を指す。

具体的には以下のようなものがある。

・標的型メール（脅威）を受け取った従業員が業務上のメールと思って開封する（ぜい弱性）と、コンピュータにウイルスが感染し、機密情報が窃盗される（機密性喪失リスク）かもしれない。

・カネに困ったシステム運用者（脅威）が厳重に管理されていない特権アカウント（ぜい弱性）を利用して顧客データベースを媒体にコピーして、他社に売却する（機密性喪失リスク）かもしれない。

・販売担当者が顧客の住所の入力を誤り（脅威）、チェック体制がないので（ぜい弱性）、あて先住所不明になって（完全性喪失リスク）商品が顧客に届かないかもしれない。

・施錠されていない窓（ぜい弱性）から泥棒（脅威）が侵入して、業務用ノートPCを盗んで、その業務が一時できなくなり、また、PC内のデータが漏えいする（可用性・機密性喪失リスク）かもしれない。

・ディスク装置の老朽化（ぜい弱性）によって突然故障（脅威）し、交換とデータ復元して再開するのに基幹システムが半日停止（可用性喪失リスク）するかもしれない。

④　情報セキュリティインシデント

情報セキュリティインシデントとは、JIS Q 27000で「望まない情報セキュリティ事象、又は予期しない情報セキュリティ事象であって、事業運営を危うくする確率及び情報セキュリティを脅かす確率が高いもの」とされている。一般的な事件・事故や大きなシステム障害もこれに該当する。また、情報セキュリティ事象は「情報セキュリティ方針への違反若しくは管理策の不具合の可能性、又はセキュリティに関係し得る未知の状況を示す、システム、サービス若しくはネットワークの状態に関連する事象」とされている。

前記の情報セキュリティリスクが現実になった場合についての例を、以下に示す。

・標的型メールを受け取った従業員が業務上のメールと思って開封した（情報セキュリティ事象）ため、コンピュータにウイルスが感染し、機密情報が窃盗された（情報セキュリティインシデント）。
・システム運用者が厳重に管理されていない特権アカウントを利用（情報セキュリティ事象）して、顧客データベースをコピーして持ち出し他社に売却した（情報セキュリティインシデント）。
・販売担当者が顧客の住所の入力を誤り、別の者のチェックを経ないで発送した（情報セキュリティ事象）ので、あて先住所不明になって商品が顧客に届かなかった（情報セキュリティインシデント）。
・施錠されていない窓から泥棒が侵入（情報セキュリティ事象）して、業務用ノートPCが盗まれてその業務が一時できなくなり、また、PC内のデータの漏えいが懸念された（情報セキュリティインシデント）。
・ディスク装置の老朽化によって突然故障（情報セキュリティ事象）し、交換とデータ復元して再開するのに基幹システムが半日停止した（情報セキュリティインシデント）。

（3）情報セキュリティポリシーと対策基準

情報セキュリティポリシーは、図表4-1-5に示すような3層構造で表すことが多い。情報セキュリティポリシーをどの範囲とするかで、狭義と広義とがある。狭義は基本方針と対策基準まで、広義はこれらに実施手順が加わる。

①　方針

情報セキュリティの方針（基本方針ともいう）には、一般に情報セキュリティに関する組織の取り組み姿勢、および組織全体にかかわること

図表4-1-5●情報セキュリティポリシーの構造

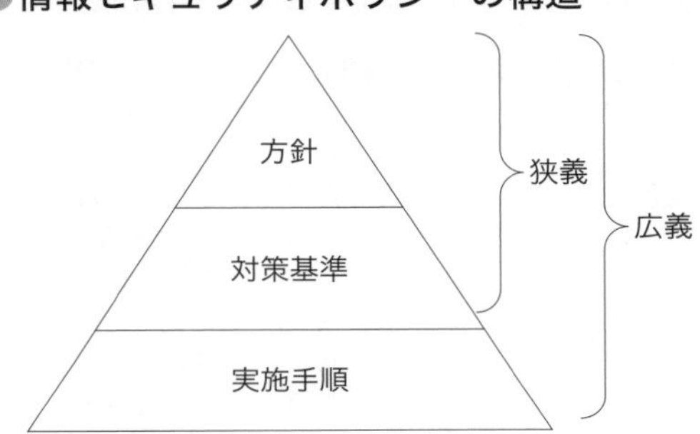

について記述する。

「JIS Q 27001 情報セキュリティマネジメントシステム（ISMS）－要求事項」では、トップマネジメント（経営者）は方針を確立して組織内に伝達しなければならないとし、方針には組織の目的、関連する要求事項を満たすこと、情報セキュリティの目的（目標ともいう）の管理、継続的改善などの声明を含める、としている。

② 情報セキュリティ対策基準

情報セキュリティ対策基準は、方針の内容を受けて具体的な規則を記述したものである。JIS Q 27001に沿った「情報セキュリティマネジメントシステム（ISMS）」を構築する場合には、図表4-1-6のような内容を含めるのが一般的になっている。この文書を「情報セキュリティマネジメントシステム（ISMS）マニュアル」と呼ぶこともある。

③ 実施手順

実施手順とは、情報セキュリティ対策基準の運営基準および管理策基準に記載された事項について、日常の個々の場面に応じた行動のとり方を規定したものである。たとえば、リスクアセスメントとリスク対応の手順、内部監査の手順、また管理策の実施についてシステムの運用手順、電子メールの利用ガイドライン、セキュリティに配慮した業務手順書、さらに各種申請の手続、などである。すなわち、実際に運用する際の手順を記述したものが実施手順である。

図表4-1-6●情報セキュリティ対策基準の文書例

■情報セキュリティ管理運営基準	■情報セキュリティ管理策基準
1 適用範囲	A. 5 情報セキュリティのための方針群
2 関連規格	A. 6 情報セキュリティのための組織
3 用語および定義	A. 7 人的資源のセキュリティ
4 組織の状況	A. 8 資産の管理
5 リーダーシップ	A. 9 アクセス制御
6 計画	A. 10 暗号
7 支援	A. 11 物理的および環境的セキュリティ
8 運用	A. 12 運用のセキュリティ
9 パフォーマンス評価	A. 13 通信のセキュリティ
10 改善	A. 14 システムの取得、開発および保守
	A. 15 供給者関係
	A. 16 情報セキュリティインシデントの管理
	A. 17 事業継続マネジメントにおける情報セキュリティの側面
	A. 18 遵守

(注) 情報セキュリティ管理運営基準は、ISOのマネジメントシステムの枠組みに沿って、PDCAサイクルによる継続的な改善のしくみになっている。

(4) 組織体制

情報セキュリティ管理を運営する組織体制を構築する。情報セキュリティを推進する組織や組織のメンバーの役割分担を決める。専門組織をつくったり、委員会を設置したりすればよいというわけではなく、情報セキュリティにかかわる関係者の責任・権限と義務を明確化し、それぞれの関係者が適切な統制ができるようにすることが大切である。

主要な役割として、一般に以下の役割と責任・権限を割り当てる。なお、ISOマネジメントシステムで定義されている役割は、トップマネジメントと内部監査員だけで、それ以外は一般的な役割の呼び方である。

・トップマネジメント…JIS Q 27000では「最高位で組織を指揮し、管理する個人又は人々の集まり」と定義されていて、経営者や経営陣ともいう。特定の事業部門で取り組んでいる場合は、その事業部門の長が就任する場合もある。

・内部監査員…マネジメントシステムが規格や組織の要求事項に適合し、有効に実施され、維持されているか否かに関する情報をトップマネジメントに提供するために、独立した立場で監査証拠を収集し、その評価を行う人。
・管理責任者…トップマネジメントによって指名された、マネジメントシステムの構築および運用に関して責任および権限を持ち、パフォーマンスをトップマネジメントに報告する人。
・システム・ネットワーク管理者…ITの利用者やアクセス権の登録・削除などのITのセキュリティ管理を行う責任者。
・部門責任者…部門の情報資産と部門内従事者に対する指導監督に対して責任を持つ部門の長。
・従事する人々（従業者という）…職員、臨時員、派遣者など、業務上で情報資産にアクセスしうる人。

(5) モニタリング

モニタリングとは、情報セキュリティポリシーの実施や遵守状況を、人による定期点検やネットワーク技術によるログ記録や異常監視によって、実施状況の情報を集めることをいう。モニタリングして異常な事象や不備な箇所を検知することは、情報セキュリティを維持するうえで重要である。

人による定期点検としては、部門や業務の中での自主点検、システムやネットワーク管理者による利用状況の点検、監査員による独立した立場からの監査などがある。

ネットワーク技術によるログ記録や異常の監視としては、電子メールやWeb経由での情報漏えいを防止するための通信監視や、データベースの破壊・改ざん・漏えいの防止を図るためのアクセスログの記録や異常の監視などがある。

第２節 対策の管理システムの詳細

学習のポイント

◆内部統制および情報セキュリティ管理に対する基準や関連法令の要求事項の概要を理解する。

◆リスクアセスメントとリスク対応、モニタリング、改善の一連のマネジメントプロセスを理解する。

1 内部統制の構築・管理

日本版内部統制（J-SOX）の財務報告に係る内部統制構築に必要な手順の概要を以下に示す。

ⅰ．統制環境…全社的な方針や手続の制定

ⅱ．リスク評価と対応…内部統制の整備状況の把握とリスクの評価、把握された不備への対応および是正

ⅲ．統制活動…リスク低減のための体制の整備と運用

ⅳ．ITへの対応…内部統制に関するITに対する適切な対応

ⅴ．情報と伝達…情報を識別・把握・伝達するしくみの整備と運用

ⅵ．モニタリング…モニタリングの体制の整備と運用

内部統制構築の各手順について、**(1)～(7)** の項で詳細に説明する。

J-SOXの一般的な内部統制プロジェクトの進め方の概要を図表４-２-１に示す。

ⅰ．基本計画策定（統制環境の整備）

○方針決定（経営者が決定）

○手順（進め方、ツールの決定等）およびスケジュール作成

図表４-２-１●日本版内部統制プロジェクトの進め方

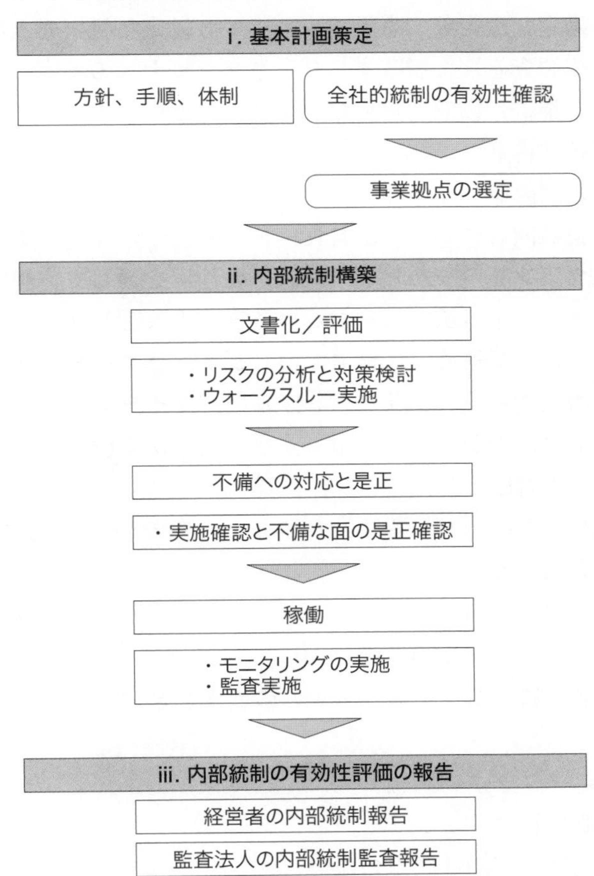

○体制（監査法人名、社内要員名、コンサルティング会社名および外部要員人数）

○範囲の決定

ａ．全社的統制の有効性確認

・チェックリスト等を用意して、証跡を確認する。

ｂ．事業拠点の選定

・売上高の３分の２を占める企業、事業拠点の選定
・選定した企業、事業拠点の中で３勘定科目（売上高、売掛金、棚卸資産）に影響するビジネスプロセスの特定

ｃ．企業ごとに個別重要ビジネスプロセスを決める。

ⅱ．内部統制構築

○文書化／評価

対象範囲について、３点セット（業務の流れ図、業務記述書、リスクコントロールマトリクス）の作成を通じて、適切なリスクコントロール方法を検討する。監査法人と話し合い、使用ツール等を決定して進める。検討するビジネスプロセスの数に応じて作業量が増大する。３点セット作成後、ウォークスルーで、リスクコントロールが適切か運用方法が現実的かを検証する。

○不備への対応と是正

受容または回避することができないリスクの場合、次のいずれかの方法をとる。

・プロセスの改善
・コントロールの見直し
・必要に応じて情報システムの改変など適切な改善を行う。

○稼働

・モニタリングの実施
・監査の実施

ⅲ．内部統制の有効性評価の報告

報告には、経営者が作成する報告書と担当の監査法人が作成する報告書がある。

○経営者は、財務報告に係る内部統制を評価して、内部統制報告書として報告する。記載項目は次のとおりとなっている。

ａ．整備および運用に関する事項

・内部統制の責任者の氏名
・経営者が内部統制の整備および運用について責任を有してい

ることを記載

・整備、運用をする際に準拠した一般に公正妥当と認められる内部統制の枠組み

・内部統制固有の限界

ｂ．評価の範囲、評価時点および評価手続

・評価の範囲

・評価が行われた時点

・一般に公正妥当と認められる内部統制の評価の基準に準拠したことを記載

・評価手続の概要

ｃ．評価結果

評価結果は、次のいずれかの結果を記載し表明する。

・内部統制は有効である。

・評価手続の一部が実施できなかったが有効である。また、実施できなかった評価手続と理由を記載する。

・開示すべき重要な不備があり、内部統制は有効でなかった。また、その不備内容と是正されない理由を記載する。

・重要な評価手続が実施できなかったために、評価結果を表明できなかった。また、実施できなかった評価手続と理由を記載する。

ｄ．付記事項

・有効性の評価に重要な影響を及ぼす後発事象

・期末日後に実施した開示すべき重要な不備に対する是正措置等

ｅ．特記事項

・該当するものがない場合は「該当事項なし」とする。

○監査法人は、経営者が報告した内部統制報告書を監査して、内部統制監査報告書にて、適正に表示しているかについて、監査意見を表明する。

(1) 統制環境の整備

① 統制環境とは

統制環境とは、ほかの基本的要素の基礎となるものである。すなわち、リスク評価と対応、統制活動、ITへの対応、情報と伝達、およびモニタリングに影響を及ぼす基盤となるものをいう。

② 経営者が定めるべき基本的計画および方針

経営者が定めるべき基本的計画および方針の例を以下に示す。

- 適正な財務報告を実現するために構築すべき内部統制の方針・原則、範囲および水準
- 内部統制の構築にあたる経営者以下の責任者および全社的な管理体制
- 内部統制の構築に必要な手順および日程
- 内部統制の構築に係る個々の手続に関与する人員およびその編成ならびに事前の教育・訓練の方法等

③ 内部統制に対する経営者以下の責任者および全社的な管理体制の例

- 経営者は、組織のすべての活動について最終的な責任を有し、取締役会で決定した基本方針に基づき内部統制を整備および運用する役割と責任があり、社内組織を通じて内部統制の整備および運用(モニタリングを含む)を行う。
- 取締役会は、内部統制の整備および運用に係る基本方針を決定し、経営者による内部統制の整備および運用に対する監督責任を有しており、全社的な内部統制の重要な一部である。
- 監査役等は、取締役および執行役の職務の執行に対する監査の一環として、独立した立場で、内部統制の整備および運用状況を監視・検証する役割と責任を有している。
- 内部監査人は、内部統制の目的をより効果的に達成するために、内部統制の基本的要素の1つであるモニタリングの一環として、内部統制の整備および運用状況を検討・評価し、必要に応じて、その改善を促す職務を担っている。

・内部統制は、組織内のすべての者によって遂行されるプロセスであることから、上記以外の組織内のそのほかの者も、みずからの業務との関連において、有効な内部統制の整備および運用に一定の役割を担っている。

④　基本的計画および方針の例

組織が保有している価値基準および組織の基本的な人事・職務制度などを総合していて、次のものを含む。

1）誠実性、倫理観、経営者の意向および姿勢

内部統制活動が有効に機能するために、経営者は、たとえば、次のような行動を行う。

経営者がみずからの倫理観や内部統制に関する考え方を記載した倫理規定・行動指針等を作成し、従業員に伝える。そのうえで、合致した行動をとる。経営者の意向が社内の諸規定に反映される。組織内では、諸規定を遵守することによって、内部統制が整備・運用される。

2）経営方針および経営戦略

内部統制を有効に機能させるために、経営方針および経営戦略を明らかにし、目標を明確にする。そのうえで日々の企業活動は、年度別・部門別等の予算・事業計画等を通じて、内部統制による管理の対象として推進される。その結果、内部統制の目標が達成される。

3）取締役会および監査役等の有する機能

取締役会や監査役等は、組織全般のモニタリングが有効に機能しているかを判断する。

4）組織構造および慣行

内部統制を有効に機能させるためには、状況に応じた組織構造が必要となる。統制を強化する部門への人員のシフト等、事業環境の変化に応じて対応する。

5）権限および職責

内部統制を実現するために組織設計を行うが、各部署や個人に対して、遂行すべき活動の責任・義務・権限を与えて行う。

6）人的資源に対する方針と管理

内部統制を機能させるためには、適切な教育を行う。これをスケジュール化し、管理する。

（2）リスク評価

①　内部統制のリスク評価

内部統制では、次のような手順で、現状の内部統制の整備状況を把握し、重要な業務プロセス上に残存している虚偽記載リスクを識別・分析し、評価を行う。

・現状の規定・慣行・遵守状況から統制状況を把握する。
・重要な業務プロセスの取引の流れや会計処理を「業務の流れ図」として整理・理解する。
・業務プロセス上で虚偽記載リスクと影響する財務報告または勘定科目等を識別する。
・リスクが組み込み済みの統制によって十分に低減できるか「業務記述書」などを利用して検討する。
・内部統制の有効性評価を容易にするため内部統制の整備状況を「業務の流れ図」「業務記述書」「リスクコントロールマトリクス（RCM）」の３点セットとして、記録・可視化する。

識別したリスクについて、関係者が納得できる合理的な指標などを用いて相対的な比較ができるようにし、リスクの影響および対策の費用や時間等一定の基準を設けて、優先順位をつける。

図表４−２−２は、リスク要因を挙げ、どのようなときにリスクが高く、逆に低いかの例を挙げている。

②　財務報告の適切さの要件としてのアサーション

内部統制の組織目標にはアサーションの維持が含まれる。財務報告が適切であることを論理立てて整理するために必要な概念としてアサーションがある。適切な財務情報を作成するための要件であるアサーションには、次のような項目がある。内部統制のリスク評価では、重要な業務

図表4-2-2●リスク要因

リスク要因	リスク 高い ←→ 低い	
不正等への機会	・統制が存在しないか、弱い	・統制が有効である
外部環境	・外部環境の大きな変動 ・外部（株主、金融機関等）からの圧力が大きい	・外部環境の変化がない ・外部（株主、金融機関等）からの圧力が小さい
技術的要因	・複雑なシステム ・独自システム	・単純なシステム ・標準的なシステム
人的要因・誘因・圧力	・要員（経験者）不足 ・トレーニング不足 ・IT知識の欠如 ・職場への不満（金銭的な欲求等） ・過度の成果主義（売上達成への圧力等）	・経験者や専門家が存在 ・十分なトレーニング ・IT知識の共有と活用 ・モラルの高い職場 ・適度な成果主義
場所的な要因	・業務アプリケーションシステムが複数に分散	・集中化されたシステム

出所：経済産業省「システム管理基準 追補版（財務報告に係るIT統制ガイダンス）」2007年

プロセス上におけるアサーションの虚偽記載リスクを識別し、分析し、評価する。

i．**実在性**…おのおのの取引が実際に存在すること。例として、売上げや仕入れは、実在する取引に基づいて計上されることが挙げられる。

ii．**網羅性**…すべての取引が漏れなく記録されていること。例として、売上げとなったものは、漏れなく重複なく計上されていることが挙げられる。

iii．**評価の妥当性**…資産や負債を会計基準に沿った適切な金額で会計帳簿に記録していること。

iv．**権利と義務の帰属**…計上されている資産の権利および負債の義務が企業に帰属していること。例として、売上げや仕入れは、契約等の事実に基づいて計上されていることが挙げられる。

v．**期間帰属の適切性**…取引を適切な金額で記録し、収益や費用を適切な期間に計上していること。

vi．**表示の妥当性**…取引を適切に表示していること。

内部統制において**虚偽記載リスク**を識別・分析・評価するに際し、3

点セット（業務の流れ図、業務記述書、リスクコントロールマトリクス）を作成するが、その際に前記のようなアサーションに誤りや偽りが発生するリスクを識別・分析・評価し、必要な対策を追加することになる。

図表4-2-3に起こりうる不正行為と内部統制のコントロール例を示した。

図表4-2-3●起こりうる不正行為と内部統制のコントロール例

起こりうる不正行為	内部統制のコントロール	アサーション（要件）
当該顧客では、あり得ない売上額の不正計上	・承認者の与信限度額のチェック ・情報システムによる与信限度額のチェック	・権利と義務の帰属 ・評価の妥当性
架空の売上計上	・受注申請書と承認者の権限分離	・実在性 ・権利と義務の帰属

③　3点セットで重要な業務のプロセスとそのリスクを可視化し共通認識化

業務の流れ図、業務記述書、リスクコントロールマトリクス（RCM）を3点セットという。図表4-2-4で業務の流れ図と業務記述書を同一用紙に記載した例を示した。また、リスクコントロールマトリクス（RCM）の例を図表4-2-5に示した。

なお、これらの図表は3点セットの概要を理解するために例示したもので、3点セットの内容は、企業および監査法人、使用するツールによってフォーマットや記載内容は異なる。

図表4-2-4の業務の流れ図からリスクが高い箇所を発見する。この例では、営業課長がチェック後にSE部の業務担当に依頼することになるが、営業課長のところにリスクが潜んでいる例である。図表4-2-5のリスクコントロールマトリクス（RCM）で細かく記載することになる。

リスクコントロールマトリクス（RCM）は、要点となる業務プロセスごとに、統制上の要件となるアサーション、それを阻害するリスク、リスクを軽減するための予防策としての**コントロール**を一覧表にし、共通

図表４-２-４●業務の流れ図（例）

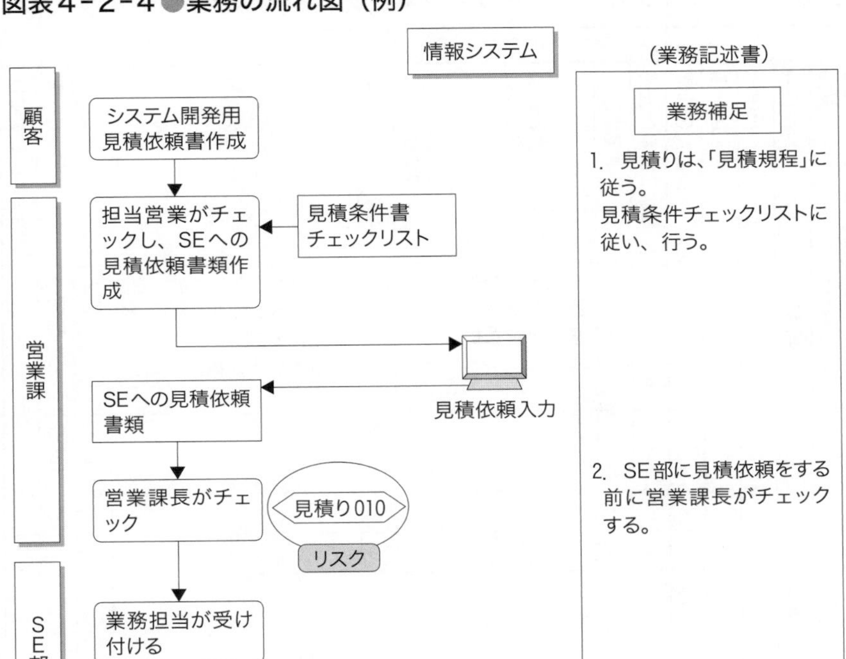

認識を得るためのものである。

業務の流れ図､業務記述書およびリスクコントロールマトリクス(RCM)を記載していると、業務上の無駄が見えてくることがあるので、内部統制の目的の１つである**業務の効率性**の確保のためにも生かすとよい。

リスクの軽減策は、発生時点またはできるだけ上流のほうがよいと気がつく。また、実施する人とチェックする人は分けたほうがよいが、自社の従業員の量と質を考慮して、どのようにするのか考えなければならない。これらの検討過程で業務の効率性のヒントが出てくる。

図表4-2-5●リスクコントロールマトリクス（RCM） イメージ

		アサーション				リスク			コントロール				
組織	プロセス名	実在性	網羅性	評価の妥当性	権利と義務の帰属	リスク番号	リスク内容	リスク重要度	コントロール番号	コントロール内容	タイプ1	タイプ2	コントロール重要度
営業課	見積処理						契約後、機能が膨んだ場合に請求ができない。	高	001	チェックリストに基づき、見積りを行うに際し、前提条件となるデータがそろっているか確認する。	人的	予防的	
									002		人的	予防的	
									003				
SE部	見積処理												

（3）リスク対応

リスク対応では、リスク評価の結果から、リスクに対してどのような対応を行ったらよいかを検討する。

① リスク対応の選択

内部統制のリスク評価を行い、重要な業務プロセス上に残存する虚偽記載リスクが検出され、現状の対策には不備があると判断した場合、リスク対応の選択肢（リスク回避、リスク低減、リスク移転（共有）、リスク受容）を選択する。

不備が従事者のミスや不正によるデータ不正のリスクである場合には、一般に以下のようなチェックや承認などの手順化を行うことによって起こりやすさを変えることで、リスク低減を図ることになる。

- ・権限の分離のために入力者や承認者をアクセス権で制御し、入力者は承認権限を持たず、承認者は入力権限を持たないようにする。
- ・入力内容の正確性確保のために、入力後に確認リストを出力して内容をチェックしたり、関連する数値のチェック機能を利用して確認したりする。
- ・正当性確保のために、取引先マスター上への取引先の登録や与信限度の設定や変更は、与信会議または承認権限者の承認のもとで行う。
- ・正当性確保のために、在庫の棚卸結果を在庫台帳と突合して差異を検証したり、前期比較等の仕訳分析に基づいて異常値がないことを確認したりする。
- ・虚偽の防止のために、取引先マスターには承認された取引先データだけを登録し、顧客への出荷指図は受注データから作成する。

また、リスクが顕在化した後でも対応が可能な場合や、対応費用と対応した結果による効果として想定される額を考慮すると、発生確率がきわめて低く、対応しないでリスク受容したほうが得策の場合が考えられる。たとえば、卸売業を行っていて、本社が東京で、営業エリアが全国にあり、全社の情報システムを本社にあるコンピュータで管理している。地震対策のために北海道にもバックアップセンターをつくって対策するか、または、対策をしないほうが得策か、を検討する。財務諸表の健全性の確保という観点から、地震発生時に本社のコンピュータが停止し復旧にしばらくかかることを受け入れ、対策をしないほうが得策と判断するケースもある。

かつて、同時テロで飛行機がニューヨークのビルに激突した事件があった。その教訓から災害等があっても、すぐに補完し、立ち直って事業を継続させなければということで事業継続計画（BCP：Business Continuity Plan）の重要性が認知された。JIS Q 27001 情報セキュリティマネジメントシステムの附属書Aの管理策には、ITについてのBCP対策の必要性が挙がっている。

わが国でも災害に見舞われ、事業が停止した例が多々ある。そのような備えとして、事業継続計画を策定し、手順化し、訓練して、備えている組織もあれば、リスク受容を選択して静観している企業もある。そのほかに、リスク移転（共有）を選択して保険に加入するという方法もある。

② 不備の是正措置

「実施基準」では、内部統制のリスク評価で、重要な業務プロセス上に残存している虚偽記載リスクを識別・分析し、評価した結果、現状の内部統制がリスクを十分に低減できていないなど、現状の対策に不備があると判断した場合は、把握された不備への対応のための是正措置（ISO/JISでは是正処置という）を以下のように行うとしている。

・是正措置は基本的計画および方針に基づくように行う。
・業務プロセス上の虚偽記載リスクが十分低くなるように、内部統制を是正する。これによって新たな取引の流れ、会計処理の過程ができた場合には、必要に応じ作成した図や表を更新する。
・全社的な内部統制について、統制環境、リスクの評価と対応、統制活動、ITへの対応、情報と伝達、モニタリングの取り組みのほうにも問題があれば必要な是正を行う。

不備への対応のための是正措置として対策をとった後は、モニタリング・コントロールで、対策の運用状況の監視と有効性評価を行っていく。

(4) 統制活動

統制活動とは、経営者の命令・指示が適切に実行されることを確保するために定める方針・手続をいい、以下が含まれる。

・リスク低減のための体制の整備と運用
・権限・職責の分担、職務分掌の明確化
・全社的な職務規程等や個々の業務手順等の整備
・統制活動に係る必要な改善

これらは、業務プロセスに組み込むべきものがある。

統制活動における改善策として参考になる一般的な対策を、本章第3

節「対策の管理策の詳細」に示している。

企業等組織では、不正や誤謬（ごびゅう）によって発生するリスクを減らすために、各担当者の権限および職責を明確にすることが大切である。続いて、職務を複数の者の間で分離していく。たとえば、伝票を起票したら、別の人が承認を行うというようにする。

職務を分離させることを分掌というが、職務分掌を行うことで内部統制を可視化させ、不正または誤謬等の発生をより少なくする効果がある。

なお、不正と誤謬との違いは、不正とは悪意を持って行うこと、誤謬とは当該作業についてのスキルが不十分なために起こしてしまう過ちであるということである。

米国では、デリバティブ（金融派生商品）のような高度な専門的知識が不足していたために判断を間違えてしまったという例が報告されている。組織がビジネスを遂行するために必要なスキルの棚卸を行う必要がある。

(5) ITへの対応

ITへの対応とは、組織目標を達成するために適切な方針・手続を定め、それを踏まえて、業務の実施に際し、組織の内外のITの取り扱いに対し、適切に対応することである。なお、ITへの対応は、組織やITの成熟度によって左右されるものであるが、ITを高度に取り入れている場合には、そのこと自体が内部統制の有効性判断の基準となる。

「実施基準」では、内部統制に関するITに対する適切な対応として、次の２点が必要であるとしている。

・IT環境の理解とITの有効かつ効率的な利用
・ITに係る全般統制（IT全般統制）および業務処理統制（IT業務処理統制）の整備

「システム管理基準 追補版（財務報告に係るIT統制ガイダンス）」では、IT全社的統制、IT全般統制およびIT業務処理統制の整備が求められている。実施基準では、IT全般統制とIT業務処理統制となっているが、実務上IT全社的統制を含めた3つで対応している企業が圧倒的に多いため、ここでは、IT全社的統制、IT全般統制とIT業務処理統制の3つで説明をする。

なお、実施基準は法的強制力があるが、システム管理基準追補版は手引きであるので強制力はない。

「IT」の付かない「全社的統制、業務処理統制」とITへの対応における「IT全社的統制、IT全般統制、IT業務処理統制」との関係を、以下および図表4-2-6で説明する。

・全社的統制

全社的な財務方針、組織の構築および運用等に関する統制である。この中にIT全社的統制が含まれる。なお、システム管理基準追補版では、「全社的統制」としているが、実務では、「的」を省略することもある。

・業務処理統制

虚偽記載がない財務報告は、適切に統制された「業務プロセス」によって行われる。

「業務プロセス」は、購買管理システムや生産管理システムなどのアプリケーション・システムに支援されて遂行される。アプリケーション・システムは、ハードウェアなどのIT基盤に支えられる。

業務が適切に遂行されるよう統制を行うのが「業務処理統制」である。

「業務処理統制」の中に「IT業務処理統制」がある。「IT業務処理統制」には、入力情報の完全性・正確性の確保などがあり、アプリケーション・システムを統制するものである。

「IT全般統制」は、「IT業務処理統制」を支えるものであり、開発、保守、運用に係る管理などがある。

IT全社的統制とは、連結対象企業全体のITに関する内部統制が機能するよう定めた方針や手続等をいう。具体的には、次のものをいう。

図表4-2-6●IT統制の関係

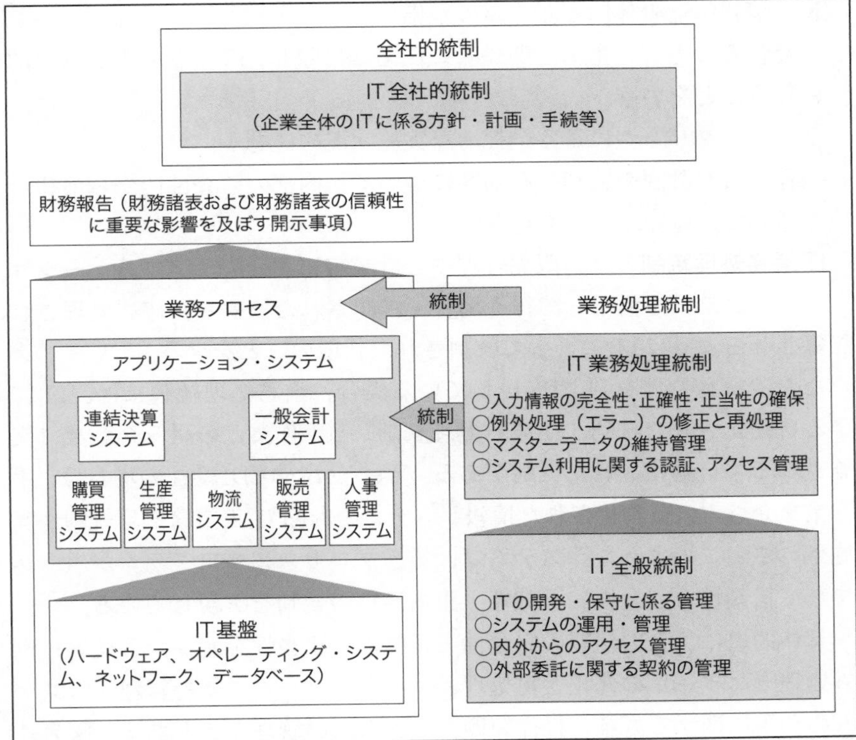

出所：「システム管理基準 追補版（財務報告に係るIT統制ガイダンス）」2007年に加筆

i．ITに関する基本方針の作成と周知徹底

経営者の理念を伝えるものである。これに基づいてIT環境が整備され、業務活動や内部統制の品質向上に貢献することになる。基本方針は従業員に対して教育などによって、周知徹底する。

ii．リスクの評価と対応

連結グループ全体の観点からリスクの洗い出しと評価、対応策の検討を行う。実施は、IT部門が行う。

iii．統制手続の整備と周知による統制活動内部統制機能にITを組み込み、統制の質の向上と業務効率化を図る。

iv. 情報伝達の体制としくみの整備

経営者の方針や指示を関係者に伝えるに際し、ITを活用し、効果的に行うことをいう。

v. モニタリングによる全社的な実施状況の確認

経営者が計画や統制の有効性について、内部の監査部門からの報告を通じて、確認・評価を行う。

IT業務処理統制とは、販売管理や会計業務において、アプリケーション・プログラムを活用して行う場合、承認された取引が正確に処理され、記録されるようにITによって統制された状態のことをいう。

なお、業務処理をITで支援している場合、業務処理統制には、ITによる自動化された統制（IT業務処理統制）と手作業との組み合わせで実施される半自動化された統制がある。Web受注やEDI受注の場合は、手作業を介さずに自動化された情報システムの内部でIT業務処理統制が実施される。このようなシステムは、業務プロセスにプログラムが組み込まれて信頼性（完全性・正確性・正当性）の統制を実現している。

具体的には、入力情報の完全性・正確性・正当性を確保する統制、例外処理（エラー）の修正と再処理、マスターデータの維持管理、システムの利用に関する認証、操作範囲、アクセスの管理などがある。図表4-2-7にITの統制目標とアサーションの関係の例を示す。

なお、1人ひとりに配布されたPCを使用して、スプレッドシート（Excelなど）を活用して財務情報を処理する状況においては、決算データの恣意的（故意的）な修正によって虚偽記載にならないように、しくみを整

図表4-2-7●ITの統制目標とアサーションの関係の例

ITの統制目標	アサーション（要件）
完全性	網羅性、期間配分の適切性
正確性	実在性、評価の妥当性、期間配分の適切性、表示の妥当性
正当性	実在性、権利と義務の帰属、評価の妥当性

備しておく必要がある。

IT全般統制とは、業務処理統制を有効に機能させる環境を実現するための統制活動をいう。IT全般統制としては、ITの開発・保守に係る管理、システムの運用・管理、内外からのアクセス管理等のシステムの安全性の確保、外部委託に関する契約と管理など、業務処理アプリケーションとデータの信頼性を確保するための統制である。

具体的には、次のような統制によって信頼性の確保を行う。

・新規開発プログラムやプログラムの保守では、信頼性をテストし、承認してから、本番環境に移行する。

・プログラムの運用では、未承認の処理や不正な処理を防止する。

・プログラムとデータへのアクセスは、承認された者だけにアクセス権限を設定して、予防的統制を行う。また、アクセス違反をモニタリングして、発見的統制を行う。

・開発・保守・運用の外部委託については、委託先で上記のような統制を行う。

IT全般統制として参考になる一般的な対策を、本章第３節「対策の管理策の詳細」に示している。

（6）情報と伝達

情報と伝達とは、必要な情報が、識別・把握および処理され、組織内外と関係者相互に正しく伝えられるようにすることをいう。

ここでの情報は、ITを利用して使われる情報だけのことではなく、トップからの通達、担当者からの報告、外部への発信、株主や顧客からの意見やクレームなども含む。

情報は、組織の中にあふれている。真実で公正な情報を特定（識別）し、伝達（処理）できるしくみを維持することが重要である。

「実施基準」では、情報を識別・把握・伝達するしくみとして以下の整備と運用が求められている。

・意向・指示が伝達される体制の整備

・重要な情報が適時に伝達されるしくみの整備
・外部からの情報を入手するしくみの整備

どのような情報と伝達が考えられるか以下に例を示す。

1）社内のしくみの整備と維持の例

・トップからミドルへは部長会議で徹底する

経営方針等をすべての者に周知徹底する。月次損益状況の確認と対策の必要性などの確認を行う。

・担当から管理職への報告

たとえば、システム開発会社であれば、仕様の詰めの不備や開発段階での仕様変更の多発によって、当初の契約範囲外の作業が発生する可能性がある。そうならないように進捗会議等で管理職はリスクを早期に発見し、対応する。業務で不具合が生じたときは、担当者は管理職に速やかに報告する。

2）社外とのしくみの整備と維持の例

株主や機関投資家などに適正な財務報告等を発信するしくみの構築と維持が必要である。

また、株主、顧客などのステークホルダーからの情報を収集できるしくみを構築する必要もある。

社外からの情報には、クレームや不正に対する通知等いろいろなものがある。これらの情報をどのように扱うか基準を決めておく必要がある。

クレームをどのように経営に役立たせるか。たとえば、クレーム件数が前年より倍になった場合の情報の取り扱い基準・判断基準も整備する必要がある。クレームはその企業に愛着を持っているから指摘してくれているということで、「お宝」と言っている企業もある。

外部からの通告には、社内の不正に対する通知もあるかもしれない。社内の従業員等であれば、知っている場合もあるが言えない場合もある。理由は、通告すれば、後々になって、会社からの嫌がらせがあるのではないかと躊躇（ちゅうちょ）してしまうことなどが挙げられる。そういうことを防ぐため、「内部通報制度」を整える必要がある。通報した者が後から不利益とならないように監視するものである。内部通報制度は、法令等の遵守のため、従業員や派遣社員、パート等も含めた構成員から、経営者、取締役および社内の担当部署や弁護士等の外部の窓口に直接、情報を伝達できるようにするしくみである。ハラスメント対策で内部通報制度を整備した企業も多いと思われる。それが有効に機能したかどうかを参考にして、内部統制のしくみを検討し、構築する企業が多い。

(7) モニタリング

モニタリングとは、内部統制が有効に機能していることを継続的に評価するプロセスをいう。発見された問題点は、影響度合いを考えて、適切な意思決定者に報告して改善する。

業務上のリスクに対して、情報システムによる自動的なコントロールだけでなく、人によるコントロールで対応している場合がある。人間が介在しているところでは、不正が行われていないかのモニタリングを行う必要がある。

「実施基準」では、次のようなモニタリングを行う体制を整備して、適切に運用するとしている。

・内部統制の有効性の評価
・内部・外部の通報への対応
・把握された問題（不備）の報告

モニタリングは、内部統制のしくみが有効に機能しているかどうかを監視するために行うが、モニタリングには、日常的なモニタリングと日常行われている業務とは独立した部門が行う独立的評価とがある。

①　日常的モニタリング

日常的モニタリングには、承認手続やレビューのように牽制機能に近いものもある。このモニタリングは、日常の業務の中に組み込んで行うものであり、部長や課長等の職務の一環として行う。部長は、発見した問題を取締役等に報告する。取締役等は、取締役会等で早急に対応し、大事にならないようにする。これらのしくみは、文書化しておく。

モニタリングは、内部統制のしくみが有効に機能しているかを監視するために行うので、モニタリング以外の５つの内部統制の基本的要素に対しても行う。以下にその例を示す。

ⅰ．統制環境を対象としたモニタリング

日常的モニタリングで新たに不正が発見された場合、改善および是正処置が行われる。そのような統制環境を事業部長などの部門責任者が確認判断するが、これが適正に行われているかを監視する。

ⅱ．リスク評価と対応を対象としたモニタリング

同業他社や異業種の企業で発見された事例をリスクと認識して自社のしくみで発生しないことを確認し、発生を未然に防ぐ方策を講じるようにするが、これが適正に行われているかを監視する。

ⅲ．統制活動を対象としたモニタリング

たとえば、下請業者に口頭で発注した場合には下請代金支払遅延等防止法に抵触することにもなるため、購買管理規程など各種規程や法令を遵守するという統制活動が適正に行われているかを監視する。

ⅳ．ITへの対応を対象としたモニタリング

勝手にプログラムを変更して稼働させていないかなど、IT全般統制の統制活動が適正に行われているかを監視する。

ⅴ．情報と伝達を対象としたモニタリング

顧客からのクレームに対する回答内容や対応の進捗を監視する。

② 独立的評価

独立的評価は、日常的モニタリングでは発見できないような問題がないかを通常の業務から独立した視点で、定期的または随時に行われる内部統制の評価で、経営者、取締役会、監査役等、内部監査部門および外部の専門家などが行う。取締役会および内部監査部門による例を以下に示す。独立的評価をどのように行うのか、会社の組織機関の設計に取り組むことが必要である。

ⅰ．取締役会による独立評価

取締役会は、内部統制の基本方針を策定する。また取締役会は、経

営者の職務執行に関しての監督機関であり、経営者を選定および解職できる権限がある（会社法362条２項）。そのため、取締役会は、経営者による内部統制の整備および運用に対しても監督責任を持っている。

ⅱ．内部監査部門による独立評価

○方法

効率的に行うためにチェックリストによる評価やマネジメントレビューによる評価がある。

なお、委託業務に係る内部統制について、委託先の会社が実施している内部統制の整備および運用状況を把握し、適切に評価しなければならない。その際には、サンプリングにより一部の項目を検証する方法と、委託先の会社の委託業務に関連する内部統制の評価結果を記載した報告書等を委託先の会社から入手してみずからの判断により委託業務の評価の代替手段とする方法が考えられる。

○手順

・目的、範囲等の確認
・リスクコントロールマトリクス等からチェックリストの作成
・ヒアリングと証拠の確認による監査
・評価
・問題点が発見されれば是正要求の作成
・報告書の作成
・経営幹部への報告会

次年度はどのように行っていくのがよいのか、改善計画案も参考として報告資料に付け加えたい。選定されたメンバーは、中期的にどのようにして自組織を改善していったらよいのかを経営者に提言すべきである。

一方、経営幹部は、報告された問題点に対して、リスクを分類・分析・評価して、適切な対応を行う。

2 情報セキュリティ管理

(1) 情報セキュリティ管理に対する要求事項

情報セキュリティ管理に対する基準や関連法令の要求事項の概要を次に示す。

① JIS Q 27001 情報セキュリティマネジメントシステム（ISMS）－要求事項

JIS Q 27001の本文で示されている「組織の状況の特定、トップマネジメントのリーダーシップ、計画策定、支援、運用、パフォーマンス評価、改善」を、情報セキュリティ管理の運営のために実践することが要求されている。また、附属書Aに示された業種に共通な100余り（JIS Q 27001：2014では114）の情報セキュリティの管理策は、取り扱う情報資産の情報セキュリティリスクを受容できるレベルまで低減するために必要なものを適用すべきである。

附属書Aで示されている管理策については、本章第3節「対策の管理策の詳細」の中で概要を示している。

② JIS Q 27002 情報セキュリティ管理策の実践のための規範

業種に共通な情報セキュリティの管理策の実施の手引きとして、国際規格「ISO/IEC 27002 Code of practice for information security controls」と「JIS Q 27002 情報セキュリティ管理策の実践のための規範」がある。JIS Q 27002では、JIS Q 27001の附属書Aで示されている情報セキュリティの一般的な管理策に対応して、管理策のおのおのに対して数～10個前後からなる実施の手引きなどの詳細情報が提供されている。これら管理策の実施の手引きは、選択した管理策の実施手順を決めるのに参考にするとよい。示されている実施の手引きのおのおのは、必須であるとは限らないので、リスク低減に必要な範囲で採用すればよい。

③ JIS Q 27017 JIS Q 27002に基づくクラウドサービスのための情報セキュリティ管理策の実践の規範

クラウドサービスに関する固有な管理策および実施の手引きとして、

「ISO/IEC 27017 Code of practice for information security controls based on ISO/IEC 27002 for cloud services」と「JIS Q 27017 JIS Q 27002に基づくクラウドサービスのための情報セキュリティ管理策の実践の規範」がある。ISO/IEC 27002、JIS Q 27002に対する追加分の管理策と実施の手引きが示されているので、クラウドサービスを利用または提供する場合は、クラウドサービス固有な管理策の選択、および、選択したクラウドサービス固有な管理策の実施手順を決めるのに参考にするとよい。示されている管理策および実施の手引きのおのおのは、該当する場合には採用することが望ましい。

④ JIS Q 15001 個人情報保護マネジメントシステム（PMS）－要求事項

JIS Q 15001の本文で示されている「組織の状況の特定、トップマネジメントのリーダーシップ、計画策定、支援、運用、パフォーマンス評価、改善」を、個人情報保護管理の運営のために実践することが要求されている。また、附属書Ａに示された個人情報保護のために必要な、管理体制、内部規程類、個人情報保護法対応、個人データの適正管理、文書化した情報の保持に関する管理策は、該当するものを採用する必要がある。

⑤ 個人情報保護法

「個人情報の保護に関する法律」（平成15年法律57号）（「個人情報保護法」という）は、誰もが安心してIT社会の便益を享受するための制度的基盤として、2003（平成15）年５月に成立し、2005（平成17）年４月に全面施行され、2017（平成29）年５月に大幅に改正された。さらに、2020（令和２）年６月に改正法が成立・公布され、２年以内に施行するとなっている。

１）個人情報保護法の目的

法１条で「個人情報を取り扱う事業者の遵守すべき義務等を定めることにより、個人情報の適正かつ効果的な活用が新たな産業の創出並びに活力ある経済社会及び豊かな国民生活の実現に資するものであることその他の個人情報の有用性に配慮しつつ、個人の権利利益を保護することを目的としている」としている。

2）個人情報とは

法2条で「**個人情報**」とは、「生存する個人に関する情報であって、『当該情報に含まれる氏名、生年月日その他の記述等により特定の個人を識別することができるもの（他の情報と容易に照合することができ、それにより特定の個人を識別することができることとなるものを含む。）』または『個人識別符号が含まれるもの』のいずれかに該当するものをいう」としている。なお、記述とは、「文書、図画若しくは電磁的記録（電子的方式、磁気的方式その他人の知覚によっては認識することができない電磁的方式で作られる記録をいう。）に記載され、若しくは記録され、又は音声、動作その他の方法を用いて表された一切の事項（個人識別符号を除く。）」のことである。

「**特定の個人を識別することができるもの**」とは、直接的な情報に加えて、個人情報データベースなどのように、「他の情報と容易に照合することができ」、それにより特定の個人を識別することができるものを含む。

「**個人識別符号**」とは、政令で定める、「DNA、顔の容貌、虹彩、声帯、歩行の態様、手の静脈形状、指紋又は掌紋」から変換した生体認証などのためのコード、旅券法の旅券番号、基礎年金番号、運転免許証番号、住民票コード、個人番号（マイナンバー）、健康保険被保険者証、高齢者医療被保険者証、介護保険被保険者証、などの番号、その他準ずるものとして個人情報保護委員会規則で定めるもの（雇用保険被保険者証の番号など）、である。

個人情報としては、氏名、性別、生年月日等個人を識別する情報に限られず、個人の身体、財産、職種、肩書等の属性に関して、事実、判断、評価を表すすべての情報であり、評価情報、公刊物等によって公にされている情報や、映像、音声による情報も含まれ、暗号化されているかどうかを問わない、としている。

3）要配慮個人情報

法2条で「**要配慮個人情報**」とは、「本人の人種、信条、社会的身分、病歴、犯罪の経歴、犯罪により害を被った事実その他本人に対する不当な差別、偏見その他の不利益が生じないようにその取扱いに特に配慮を要するものとして政令で定める『心身の機能障害、健康診断等の結果及び行われた指導又は診療若しくは調剤、刑事事件の被疑者又は被告人として受けた手続き、少年法の保護事件として受けた手続き』などの記述等が含まれる個人情報」としている（従来、人種、信条、犯罪経歴、病歴、健康などの情報は、「特定の機微な個人情報」と呼ばれていた）。

４）個人情報データベース等、個人データ、保有個人データ

法２条で「**個人情報データベース等**」とは、「個人情報を含む情報の集合物であって、特定の個人情報を検索することができるように体系的に構成したもの」としている。また、個人情報データベース等を構成する個人情報を「**個人データ**」という。さらに、個人データのうち、「個人情報取扱事業者が、開示、内容の訂正、追加又は削除、利用の停止、消去及び第三者への提供の停止を行うことのできる権限を有するもの」を「**保有個人データ**」という。なお、委託業務で顧客から提供を受け預かっている個人データ、データベース化していない個人情報などは、「保有個人データ」に該当しない。一方、６カ月以内に消去する短期保存データについても、該当しないとなっていたが、2020（令和２）年６月の改正では保有個人データに含めることになった。

５）仮名加工情報

法２条で「**仮名加工情報**」とは、個人情報や個人識別符号を削除または復元できない方法で書き換え、他の情報と照合しない限り特定の個人を識別できないように個人情報を加工して得られる個人に関する情報、としている。（2020年６月の改正で新たに追加された）

６）匿名加工情報

法２条で「**匿名加工情報**」とは、当該個人情報に含まれる記述等の一部や個人識別符号の全部を削除することによって、特定の個人を識別することができないように個人情報を加工して得られる情報であって、当該個人情報を復元することができないようにしたもの、としている。匿名加工情報から個人が識別できないので、“個人情報”とはいわない。

7）個人情報取扱事業者

法2条で「個人情報取扱事業者」とは、国の機関、地方公共団体、独立行政法人、地方独立行政法人を除いて*、個人情報データベース等を事業の用に供している者、としている。以降で説明する個人情報の取り扱いルールは、個人情報取扱事業者に適用される。

＊2021（令和3）年改正で、行政機関への適用を検討中。

（注）当初の個人情報保護法では取り扱う個人データが小規模の事業者については適用除外があったが、改正後は適用除外がなくなり、すべての事業者に適用される。

8）個人情報取扱事業者の義務および罰則

法15条から39条までは、個人情報取扱事業者の義務として、以降に示すようなルールが定められている。また、これらルールに違反した場合の罰則として、法82条では「規定に違反して秘密を漏らし又は盗用した者は2年以下の懲役又は100万円以下の罰金に処する」、法83条では「規定に違反し個人情報保護委員会から違反行為の中止その他違反を是正するために必要な措置をとるべきことを命ぜられたとき、その命令に違反した者は1年以下の懲役又は100万円以下の罰金に処する」（2020年6月の改正で、6カ月・30万円から増加された）、法84条では「個人情報取扱事業者（その者が法人である場合にあっては、その役員、代表者又は管理人）若しくはその従業者又はこれらであった者がその業務に関して取り扱った個人情報データベース等を自己若しくは第三者の不正な利益を図る目的で提供又は盗用に対して1年以下の懲役又は50万円以下の罰金に処する」、法87条では「法人の業務に関して法83条、法84条の違反行為をしたときは行為者を罰するほか、その法人に対して1億円以下の罰金刑を科す」（2020年6月の改正で追加された）、としている。

9）利用目的の特定

個人情報を取り扱うにあたっては、その利用目的をできる限り特定しなければならない。利用目的を変更する場合には、変更前の利用目的と関連性を有すると合理的に認められる範囲を超えて行ってはならない。

10）利用目的による制限

あらかじめ本人の同意を得ないで、特定した利用目的の達成に必要な範囲を超えて、個人情報を取り扱ってはならない。ただし、法令に基づく場合、人の生命身体や財産の保護のために必要で本人の同意を得ることが困難な場合、公衆衛生の向上または児童の健全な育成の推進のためで本人の同意を得ることが困難な場合、国の機関もしくは地方公共団体またはその委託を受けた者が法令の定める事務を遂行することに対して協力が必要で当該事務の遂行上本人の同意を得ると支障が出る場合は、この限りではない。

11）適正な取得

偽りその他不正の手段により個人情報を取得してはならない。

12）要配慮個人情報の取得

あらかじめ本人の同意を得ないで、要配慮個人情報を取得してはならない。ただし、法令に基づく場合、人の生命や身体または財産の保護のために必要で同意を得ることが困難である場合、公衆衛生の向上または児童の健全な育成の推進のために必要で同意を得ることが困難である場合、国の機関もしくは地方公共団体またはその委託を受けた者が法令の定める事務の遂行に協力する場合で当該事務の遂行上本人の同意を得ると支障が出る場合、当該要配慮個人情報が本人、国の機関、地方公共団体、法が定める者により公開されている場合、これらに準ずるものとして政令で定める場合は、この限りではない。

13）取得に際しての利用目的の通知等

個人情報を収集するときには、本人に対し個人情報の利用目的を公表しておく必要がある。個人情報を取得した場合は、あらかじめその利用目的を公表している場合を除き、速やかにその利用目的を、本人に通知し、または公表しなければならない。また、書面（電磁的記録を含む）に記載された個人情報を取得する場合は、あらかじめ本人にその利用目的を明示しなければならない（ただし、人の生命や身体または財産の保護のために緊急に必要がある場合はこの限りではない）、とされている。

利用目的を変更した場合は、変更された利用目的について、本人に通知または公表しなければならない。

ただし、本人または第三者の生命や身体または財産その他の権利利益を害するおそれがある場合、当該事業者の権利または正当な利益を害するおそれがある場合、国の機関または地方公共団体が法令の定める事務を遂行することに対して協力する必要があり当該事務の遂行上本人に通知または公表すると支障が出る場合、取得の状況から見て利用目的が明らかであると認められる場合は、この限りではないとされている。

14）データ内容の正確性の確保等

利用目的の達成に必要な範囲内において、個人データを正確かつ最新の内容に保つとともに、利用する必要がなくなったときは、当該個人データを遅滞なく消去するよう努めなければならない。

15）不適正な利用の禁止

違法または不当な行為を助長し、または誘発するおそれがある方法により個人情報を利用してはならない。（2020年6月の改正で追加された）

16）安全管理措置

取り扱う個人データの漏えい、滅失またはき損の防止その他の個人データの安全管理のために必要かつ適切な措置を講じなければならない。

17）従業者の監督

従業者に個人データを取り扱わせるにあたっては、安全管理が図られるよう、従業者に対する必要かつ適切な監督を行わなければならない。

18）委託先の監督

個人データの取り扱いを委託する場合は、委託された個人データの安全管理が図られるよう、委託を受けた者に対する必要かつ適切な監督を行わなければならない。

19）漏えい等の報告等

個人情報保護委員会が定める漏えい等が生じたときは、個人情報保護委員会に報告しなければならない。また、本人に対し通知しなければならない。（2020年6月の改正で追加された）

20）第三者提供の制限

あらかじめ本人の同意を得ないで、個人データを第三者に提供してはならない。

提供元では個人データに該当しないものの、提供先において個人データとなることが想定される情報（個人関連情報）の提供については、提供先が本人の同意を得ているかの確認が必要である（欧州連合（EU）の一般データ保護規則（GDPR）では、IPアドレス、アクセス先URL、アクセス時刻なども個人データとして各種管理を求めていることとの整合性などから、2020年６月の改正で追加された）。

ただし、法令に基づく場合、人の生命や身体または財産の保護のために必要で同意を得ることが困難な場合、公衆衛生の向上または児童の健全な育成の推進のために必要で同意を得ることが困難である場合、国の機関もしくは地方公共団体またはその委託を受けた者が法令の定める事務の遂行に協力する場合で当該事務の遂行上本人の同意を得ると支障が出る場合は、この限りではないとされている。

なお、利用目的の達成に必要な範囲内で個人データの取り扱いを委託する場合、合併等による事業の承継の場合、共同して利用される個人データがその範囲で共同利用される場合については、第三者提供には該当しない。

21）オプトアウトによる第三者提供

第三者に提供される個人データ（要配慮個人情報を除く）について、本人の求めに応じて当該本人が識別される個人データの第三者への提供を停止することとしている場合であって、規定された事項（第三者への提供を利用目的とすること、第三者に提供される個人データの項目、第三者への提供の方法、本人の求めに応じて当該本人の個人データの第三者提供を停止すること、本人の求めを受け付ける方法）を本人に通知または本人が容易に知り得る状態に置くとともに、個人情報保護委員会に届け出たときに限って、当該個人データを第三者に提供することができる。

ただし、要配慮個人情報、不正取得された個人データ、オプトアウト規定により提供された個人データは、提供できない（2020年6月の改正で追加された）。

22）第三者提供に係る記録の作成等

個人データを第三者（国や地方公共団体、独立行政法人等を除く）に提供したときは、個人データを提供した年月日、当該第三者の氏名または名称その他の個人情報保護委員会規則で定められた事項に関する記録を作成し、定められた期間保存しなければならない。

第三者から個人データの提供を受けるに際しては、当該第三者の氏名または名称、法人にあっては代表者の氏名、住所、当該第三者による当該個人データの取得の経緯について、確認を行うとともに、個人情報保護委員会で定められた記録を作成し、定められた期間保存しなければならない。

ただし、第三者提供の制限のただし書きに該当する場合は、この限りではない。

23）保有個人データに関する事項の公表等

保有個人データに関し、定める事項（個人情報取扱事業者の氏名または名称、法人にあっては代表者の氏名、住所、保有個人データの利用目的、開示・訂正・利用停止など請求に応じる手続（手数料を含む）、その他政令で定めるもの）について、本人の知り得る状態（求めに応じて通知する場合を含む）に置かなければならない。なお、2020年6月の改正に伴って、「その他政令で定めるもの」に、個人情報の取り扱い体制や講じている措置の内容等が追加された。

24）開示

本人が識別される保有個人データ、および個人データの授受に関する第三者提供記録（2020年6月の改正で追加）について、電磁的記録（2020年6月の改正で追加）または個人情報保護委員会で定める方法での開示を請求することができる。請求を受けたときは、本人に対し遅滞なく開示しなければならない。ただし開示することで、本人または第三者の生命や身体または財産その他の権利利益を害する場合、当該事業者の業務に著しい支障を及ぼす場合、他の法令に違反することとなる場合には、全部または一部を開示しないことができる。開示しないときまたは当該保有個人データが存在しないときは、その旨を通知しなければならない。開示しない場合は、その理由を説明するよう努めなければならない。

25）訂正等

本人が識別される保有個人データの内容が事実でないときは、当該保有個人データの内容の訂正、追加または削除（これらを「訂正等」という）を請求することができる。他の法令で特別の手続が定められている場合を除き、必要な調査を行い、当該保有個人データの内容の訂正等を行わなければならない。訂正等を行ったまたは行わないと決定をしたときは、遅滞なくその旨（訂正等したときの内容を含む）を通知しなければならない。訂正等をしない場合は、その理由を説明するよう努めなければならない。

26）利用停止等

本人が識別される保有個人データが利用目的に違反した取り扱い、取得、第三者への提供が行われたときは、当該保有個人データの利用または第三者への提供の停止または消去（以下「利用停止等」という）を請求することができる。請求を受け、そのとおりであるときは、違反を是正するために当該保有個人データの利用停止や第三者への提供停止等を行わなければならない。ただし、多額の費用を要するなど利用停止等が困難な場合で、代わるべき措置をとるときはこの限りではない。利用停止等や第三者への提供停止を行ったときまたは行わないとき、本人に対して通知しなければならない。措置をとらないまたは異なる措置をとる場合は、その理由を説明するよう努めなければならない。

本人が識別される保有個人データについて、個人情報取扱事業者が利用する必要がなくなった場合、漏えい等の事態が生じた場合、その他本人の権利または正当な利益が害されるおそれがある場合には、当該保有個人データの利用停止または第三者への提供の停止を請求することができる（欧州連合（EU）の一般データ保護規則（GDPR）との整合性などから、2020年6月の改正で追加された)。

27) 個人情報取扱事業者による苦情の処理

個人情報取扱事業者は、個人情報の取り扱いに関する苦情に対し、必要な体制を整備して、適切かつ迅速な処理に努めなければならない。

28) 仮名加工情報取扱事業者の義務

個人情報取扱事業者は、仮名加工情報の作成にあたって、他の情報と照合しない限り特定の個人を識別することができないように個人情報を加工しなければならない。削除情報等の漏えいを防止するために必要な安全管理のための措置を講じなければならない。利用目的の達成に必要な範囲を超えて仮名加工情報を取り扱ってはならない。法令に基づく場合を除いて、仮名加工情報である個人データ、仮名加工情報を第三者に提供してはならない。仮名加工情報を取り扱うにあたっては、本人を識別するために当該仮名加工情報を他の情報と照合してはならない。また、仮名加工情報に含まれる情報を電話・郵便等の送付・訪問のために利用してはならない。仮名加工情報、仮名加工情報である個人データまたは保有個人データについては、利用目的の変更、漏えい等の報告等、保有個人データの公表・開示等への対応についての要求は適用しない。(2020年6月の改正で追加された。詳細については、1年後に改定されるガイドラインで確認する必要がある)

29) 匿名加工情報取扱事業者等の義務

個人情報取扱事業者は、匿名加工情報の作成や提供にあたって、特定の個人の識別や個人情報の復元ができないように当該個人情報を加工しなければならない。匿名加工情報を第三者に提供するときは、あらかじめ、第三者に提供される匿名加工情報に含まれる個人に関する情報の項目およびその提供の方法について公表するとともに、当該第三者に対して、当該提供に係る情報が匿名加工情報である旨を明示しなければならない。

30) 個人情報保護委員会の個人情報保護法ガイドライン

以下のガイドラインには、個人情報保護法の全体とそれぞれ個別の取り扱いについて、具体的な指針が示されている。

「個人情報の保護に関する法律についてのガイドライン（通則編）」
「個人情報の保護に関する法律についてのガイドライン（外国にある第三者への提供編）」
「個人情報の保護に関する法律についてのガイドライン（第三者提供時の確認・記録義務編）」
「個人情報の保護に関する法律についてのガイドライン（匿名加工情報編）」

2020年６月に改正された法律の施行は約２年後であり、改正された法律に対する個人情報保護委員会の規則や上記ガイドラインの改定が出そろう１年後に詳細の確認が必要である。

これら指針に対応しないで、本人の権利への侵害・不正・漏えいなどが発生した場合には、安全管理措置、従業者の監督、委託先の監督、その他条項で要求される適切な管理への違反などとして、法令違反として問われる可能性がある。

⑥　番号利用法（マイナンバー制度）

「行政手続における特定の個人を識別するための番号の利用等に関する法律」（平成25年５月31日法律27号）（「**番号利用法**」という）は、個人番号（マイナンバー）の制度的基盤として、2013（平成25）年５月に成立し、2015（平成27）年９月、2020年３月に改正された。2015年10月から個人番号（マイナンバー）が付番・通知され、2016（平成28）年１月１日に施行され、個人番号が実際に利用されるようになった。個人番号は、2016年１月から、社会保障、税、災害対策分野で、法律で定められた行政手続にのみ利用する、となっている。健康保険証としての利用なども予定されている。

１）番号利用法の目的

法１条で、行政機関、地方公共団体その他の行政事務を処理する者が、個人番号および法人番号の有する特定の個人および法人その他の団体を識別する機能を活用することにより、行政運営の効率化および行政分野におけるより公正な給付と負担の確保を図り、かつ、国民が、手続の簡素化による負担の軽減、本人確認の簡易な手段その他の利便性の向上を得られるようにすることを目的、としている。

2）個人番号

法２条で「個人番号」とは、住民票コードを変換して得られる（12桁の）番号、としている。

3）個人番号カード

法２条で「個人番号カード」とは、氏名、住所、生年月日、性別、個人番号その他政令で定める事項が記載され、本人の写真が表示され、かつ、これらの事項その他カード記録事項が電磁的方法により記録されたカードであって、カード記録事項を閲覧または改変する権限を有する者以外の者による閲覧または改変を防止するための措置が講じられたもの、としている。

4）特定個人情報

法２条で「特定個人情報」とは、個人番号をその内容に含む個人情報、としている。

5）特定個人情報ファイル

法２条で「特定個人情報ファイル」とは、個人番号をその内容に含む個人情報ファイル、としている。

6）個人番号利用事務

法２条で「個人番号利用事務」とは、行政事務を処理する者が、個人情報を効率的に検索し、および管理するために必要な限度で個人番号を利用して処理する事務、としている。

7）個人番号利用事務実施者

法２条で「個人番号利用事務実施者」とは、個人番号利用事務を処理する者および個人番号利用事務の全部または一部の委託を受けた者、としている。

8）個人番号関係事務

法２条で「個人番号関係事務」とは、個人番号利用事務に関して（事業者等で）行われる他人の個人番号を必要な限度で利用して行う事務、としている。

9）個人番号関係事務実施者

法２条で「個人番号関係事務実施者」とは、個人番号関係事務を処理する者および個人番号関係事務の全部または一部の委託を受けた者、としている。

10）情報提供ネットワークシステム

法２条で「情報提供ネットワークシステム」とは、行政機関の長等および地方公共団体情報システム機構ならびに情報照会者および情報提供者の使用に係る電子計算機を相互に電気通信回線で接続した電子情報処理組織であって、暗号その他その内容を容易に復元することができない通信の方法を用いて行われる特定個人情報の提供を管理するために、総務大臣が設置し管理するもの、としている。

11）法人番号

法２条で「法人番号」とは、特定の法人その他の団体を識別するための（13桁の）番号として指定されるもの、としている。法人番号は、商号または名称、本店または主たる事務所の所在地とあわせて、国税庁法人番号公表サイトで公表されている。

12）個人番号および法人番号の利用

法３条で「個人番号および法人番号の利用」は、社会保障制度、税制および災害対策に関する分野における利用の促進を図るとともに、他の行政分野および国民の利便性の向上に資する分野における利用の可能性を考慮する、としている。

13）再委託

法10条で、個人番号利用事務または個人番号関係事務の全部または一部の委託を受けた者は、当該個人番号利用事務等の委託をした者の許諾を得た場合に限ってその全部または一部の「再委託」をすることができる、としている。

14）委託先の監督

法11条で、個人番号利用事務等の全部または一部の委託をする者は、当該委託に係る個人番号利用事務等において取り扱う特定個人情報の安全管理が図られるよう、当該委託を受けた者に対する必要かつ適切な監督を行わなければならない、としている。

15) 個人番号利用事務実施者等の責務

法12条で、個人番号の漏えい、滅失またはき損の防止その他の個人番号の「適切な管理」のために必要な措置を講じなければならない、としている。

16) 提供の求めの制限

法15条で、何人も、19条各号（個人番号利用事務、個人番号関係事務など）のいずれかに該当して特定個人情報の提供を受けることができる場合を除き、他人（自己と同一の世帯に属する者以外の者をいう）に対し、個人番号の提供を求めてはならない、としている。

17) 本人確認

法16条で、本人から個人番号の提供を受けるときは、当該提供をする者から「個人番号カード」もしくは「通知カードおよびその者を証する書類」や「個人番号が記載された住民票の写しおよびその者を証する書類」等で、本人確認をしなければならない、としている。

18) 特定個人情報の提供の制限

法19条で、何人も19条各号（個人番号利用事務、個人番号関係事務など）に該当する場合を除き、（他人および本人の）特定個人情報の提供をしてはならない、としている。

19) 収集等の制限

法20条で、何人も、19条各号のいずれかに該当する場合を除き、他人の個人番号を含む特定個人情報を収集し、保管してはならない、としている。用済み後は、削除・破棄しなければならない。

20) 個人情報保護法等の特例

個人情報保護法16条の本人の同意による目的外利用および同法23条の第三者提供について、生命等の保護のためや激甚災害の場合を除いて、特定個人情報に対しては適用することはできない。

特定個人情報は、本人の同意を得たとしても、法令で定められた以外の利用や提供をしてはいけないということである。

21）罰則

法48条～57条で、特定個人情報ファイルの不正提供に対して、４年以下の懲役もしくは200万円以下の罰金、または併科する。個人番号の不正提供や盗用に対して、３年以下の懲役もしくは150万円以下の罰金、または併科する、などとしている。

22）個人情報保護委員会のガイドライン

「特定個人情報の適正な取扱いに関するガイドライン（事業者編）」には、事業者が特定個人情報の適正な取り扱いを確保するための具体的な指針が示されている。この指針に対応しないで、不正や漏えいなどの事故が発生した場合には、法12条の個人番号利用事務実施者等の責務である「適切な管理」への違反などとして、法令違反として問われる可能性がある。

（2）リスクアセスメント

①　リスクアセスメントの手順

JIS Q 27001による情報セキュリティのリスクアセスメント手順を以下に示す。

〔リスクアセスメントの基準策定〕

ⅰ．**リスク受容基準**を決定する。

リスクを低減するか受容するかの判断基準をリスク値等で決める。

ⅱ．リスクアセスメントを実施するための基準を確立する。

繰り返し実施できるように明確な手順とする。

〔情報セキュリティリスク特定〕

ⅲ．情報セキュリティの機密性、完全性および可用性の喪失に伴うリスクを特定

どのような情報資産を取り扱い保有しているか調査して資産目録（資産台帳ともいう）を作成し、個々の資産について機密性、完全性お

よび可用性が損なわれた場合の結果の大きさを特定する。

〔情報セキュリティリスク分析〕

iv. リスク分析にて、実際にリスクが生じた場合に起こりうる結果、現実的な起こりやすさから、リスク値を決定する。

〔情報セキュリティリスク評価〕

v. リスク分析で算出したリスク値とリスク受容基準とを比較して評価する。

リスク受容基準を超えないリスクについては、リスク受容することができる。

vi. リスクの優先順位付けを行う。

② 情報セキュリティリスク特定の詳細

どのような情報を取り扱い保有しているかを体系的に洗い出し、リスクを特定し、それぞれの情報の重要性、保護の必要性、取り扱いの程度などを示すために分類する必要がある。

○情報資産の洗い出し

情報、ソフトウェア、ハードウェア、機器などの分類を定め、部門ごとに情報資産の洗い出しを行い、資産目録（資産台帳ともいう）を作成する。

○リスク特定

情報セキュリティ（機密性・完全性・可用性）の観点から、情報を漏えいしたり誤ったり使用できなくなったりした場合のリスクを特定し、事業上の影響の大小により情報資産の重要度を評価する。重要度区分の指針としては、組織内での利用価値、業務への影響度合い、情報取得に要する費用、契約や法規制に対する違反に伴う損害、社会的評判を落とすことによる事業への影響、などから検討する。たとえば、機密性の重要度区分では、「極秘」「部門外秘」「社外秘」「公開」などのランクで分類している例が多い。

重要度の高い情報は、リスクアセスメントおよびリスク対応を優先的に検討する。

③　情報セキュリティリスク分析の詳細

リスク分析とは、情報資産の機密性・完全性・可用性ごとの重要度、それに対する脅威・ぜい（脆）弱性・起こりやすさから、リスクの度合いを求めることである。たとえば、以下のような大きさをもとにリスク値を算出（加算や乗算など）する。

ⅰ．情報資産の機密性、完全性および可用性が損なわれた場合の結果の大きさ

ⅱ．脅威の大きさ

脅威とは、情報資産の情報セキュリティを脅かし、損失を発生させる直接的な原因となるものである。脅威には、人為的脅威と環境的・物理的脅威とがある。

人為的脅威には意図的な不正のものと偶発的な過失のものがあり、また、行為者が組織内部の者と組織外部の者とがある。過失には、入力や操作のミスなどがある。不正には、システム外部からのサーバーなどへの不正アクセス・侵入・盗聴、ファイルやホームページなどの改ざん・消去・破壊、施設に侵入しての盗難・妨害、あるいはネットワークからのコンピュータウイルス、DOS攻撃、なりすまし等の不正と、内部要員（職員、臨時員、派遣員、業務委託先等）による情報の持ち出し、ファイル破壊などの不正がある。

環境的・物理的脅威には、地震、落雷、洪水などの自然災害、誤作動や損傷などの障害、火災や爆発などの事故、感染症の蔓延、紛争・テロなどがある。

ⅲ．ぜい弱性の大きさ

ぜい弱性とは、ある脅威に対して保護や防御の弱さをいう。

ⅳ．現実的な起こりやすさ

実際に脅威がぜい弱性を突くことでリスクが顕在化する可能性を評価する。脅威とぜい弱性が大きくても発生の可能性が高いのか低いのかによって、実際のリスクの大きさが異なる。

④　情報セキュリティリスク評価の詳細

リスク分析の結果で得られたリスクの大きさ（リスク値）と、あらかじめ決定しておいた**リスク受容基準**とを比較し、受容できるリスクかどうかを評価する。リスク受容基準以下のリスクについては、受容することができる。リスク受容基準より高いリスクについては、何らかのリスク対応が必要である。リスク受容基準の決定に際しては、組織の情報セキュリティの方針と目的のほかに、関連する法令・規制の要求事項、顧客との契約や組織みずからの要求事項を考慮する。

(3) リスク対応

リスク受容基準より高いリスクについては、リスク対応を行わなければならない。

① リスク対応の手順

JIS Q 27001によるリスク対応の手順を以下に示す。

i. リスク分析･評価の結果から適切なリスク対応の選択肢を選定する。

ii. 選定したリスク対応の選択肢の実施に必要な管理策を決定する。

管理策はJIS Q 27001附属書Aやその他の基準やガイドラインを参考にして、必要な管理策を選択する。

附属書Aの管理策については、本章第3節「対策の管理策の詳細」の中で概要を示している。

iii. 管理策の採否、その理由などを含めた適用宣言書を作成する。

iv. リスク対応計画を策定する。

選択した管理策を実施するための日程、責任者、必要資源などを含めた計画を作成する。

v. リスク対応計画および残留している情報セキュリティリスクの受容について承認を得る。

vi. リスク対応計画の管理策を実施する。

② リスク対応の選択肢の詳細

リスク分析・評価の結果でリスク受容基準より高いと判定されたリスクに対して、適切なリスク対応の選択肢を選定する。

「JIS Q 31000：2019リスクマネジメント－指針」では、**リスク対応（risk treatment）の選択肢**として以下が例示されている。

ⅰ．リスクを生じさせる活動を開始または継続しないと決定することによってリスクを回避する。

ⅱ．リスク源を除去する。

ⅲ．起こりやすさを変える。

ⅳ．結果を変える。

ⅴ．（たとえば、契約、保険購入によって）リスクを共有する。

ⅵ．情報に基づいた意思決定によって、リスクを保有する。

ⅶ．ある機会を追求するために、リスクをとるまたは増加させる。

なお、上記のⅰをリスク回避、ⅱ～ⅳをリスク低減、ⅴをリスク共有（リスク移転ともいう）、ⅵとⅶをリスク受容、というようにリスク対応の選択肢を４分類で表すこともある。これを以下に示す。

・リスクの低減…リスクを低減するための対策をとる。これには、脅威を下げる抑止、ぜい弱性を補強する防止、リスクを監視し対処する検知と監視、事故が生じた際の回復などがある。

・リスク共有…リスクの低減をしてもまだ残るリスクを他者と共有する。たとえば、対象物に保険をかける、専門業者に業務委託する、などである。

・リスク回避…リスク対策をとっても費用対効果が得られない場合に行う対策である。たとえば、リスクの高いデータの保持やそのような業務そのものを中止するなどの対策がある。

・リスク受容…リスク受容基準を超えないリスクは受容できる。ときには、リスク受容基準を超えるリスクをあえて保有すると決定する場合もある。

③　リスク対応の選択肢の実施に必要な管理策の決定の詳細

選定したリスク対応の選択肢の実施に必要な管理策を決定する。

管理策はJIS Q 27001附属書Ａやその他の基準やガイドラインを参考にして必要な管理策を選択する。

情報資産のセキュリティを守って情報セキュリティインシデントの発生を防止または影響を低減するために、どのような管理策が必要かという観点で、ここでは以下のように分類して考える。

・組織的（管理的ともいう）なセキュリティ
・人的資源のセキュリティ
・物理的および環境的セキュリティ
・通信およびシステム運用（技術的ともいう）のセキュリティ

これらの管理策の詳細は、本章第３節「対策の管理策の詳細」で説明する。

（４）モニタリング

① 監視・測定・分析および評価

JIS Q 27001では、情報セキュリティパフォーマンスおよびマネジメントシステムの有効性を評価するための監視・測定・分析および評価について定めている。

情報セキュリティ管理のプロセスおよび管理策を含む監視および測定の対象、監視・測定・分析および評価の方法・実施時期・実施者を決定し、監視および測定を実施し、その結果の記録を保持し、情報セキュリティパフォーマンスおよびマネジメントシステムの有効性を評価しなければならない。

② 内部監査

JIS Q 27001では、内部監査の計画・実施・結果の保持について定めている。

情報セキュリティマネジメントシステムが、組織自体が規定した要求事項およびJIS Q 27001規格要求事項に適合しているか、有効に実施され維持されているか、の状況に関する情報を提供するために、あらかじめ定めた間隔および必要に応じて臨時に、内部監査を実施しなければならない。トップマネジメント（経営層）から任命された内部監査責任者は、内部監査の頻度・方法・責任・報告などを含む監査プログラムの計画を策定しなければならない。内部監査の実施にあたって、監査基準および監査範囲を明確にし、監査プロセスの客観性および公平性を確保する監査員を選定し、監査を実施しなければならない。監査の結果は関連する管理層に報告し、監査プログラムおよび監査結果の記録を保持しなければならない。

③　マネジメントレビュー

JIS Q 27001では、マネジメントレビューの実施について定めている。

トップマネジメント（経営層）は、情報セキュリティマネジメントシステムが、引き続き、適切・妥当かつ有効であることを確実にするために、あらかじめ定めた間隔および必要に応じて臨時に、マネジメントシステムをレビューしなければならない。

マネジメントレビューでは、外部および内部の課題の変化、不適合および是正処置、監視および測定の結果、監査結果、情報セキュリティ目的の達成を含めた情報セキュリティパフォーマンスに関するフィードバック、利害関係者からのフィードバック、リスクアセスメントの結果およびリスク対応の計画の状況、継続的改善の機会、前回までのマネジメントレビューの結果の状況などを考慮する。

レビューの結果による改善の機会やマネジメントシステムのあらゆる変更の必要性に関する決定を、アウトプットとして記録を保持しなければならない。

（5）改善

①　不適合および是正処置

JIS Q 27001では、組織自体が規定した要求事項およびJIS Q 27001規格要求事項に適合していないことが発生した場合、またはマネジメントシステムが有効に実施されていない場合、これら不適合に対する是正処置について以下の処置の実施を定めている。

ｉ．不適合が発生した場合、その不適合を修正するための処置と不適合によって起こった結果に対処する（修正処置という）。

ⅱ．不適合をレビューし、不適合の原因を明確にし、類似の不適合の有無と発生する可能性を明確にし、不適合が再発またはほかのところで発生しないようにするために、必要な原因除去の処置をとる（是正処置という）。

ⅲ．とったすべての是正処置の有効性をレビューする。

ⅳ．必要な場合にはマネジメントシステムの変更を行う。

ⅴ．不適合内容、実施した処置、是正処置結果について記録を保持する。

② 継続的改善

JIS Q 27001では、情報セキュリティマネジメントシステムの適切性、妥当性および有効性を継続的に改善することを定めている。

第 3 節　対策の管理策の詳細

学習のポイント

◆「JIS Q 27001 情報セキュリティマネジメントシステムー要求事項」の附属書Ａの業種に共通な100余りの情報セキュリティの管理策、および「システム管理基準 追補版（財務報告に係るIT統制ガイダンス）」（経済産業省）の内部統制の「ITへの対応」の取り組みで例示されたコントロールで示されている管理策の概要を理解する。

◆クラウドサービスの利用において必要となる追加の管理策について、主要なものを理解する。

「JIS Q 27001 情報セキュリティマネジメントシステム（ISMS：Information Security Management System）－要求事項」の附属書Ａには、業種に共通な100余り（JIS Q 27001：2014では114）の情報セキュリティの管理策が示されている。そして、「JIS Q 27002 情報セキュリティ管理策の実践のための規範」には、JIS Q 27001の附属書Ａで示されている情報セキュリティの管理策のおのおのに対して数～10個前後、合計で1,000個前後からなる実施の手引きが示されている。この管理策の実施の手引きは、管理策の実施手順を決めるのにおおいに役立つ。

なお、クラウドサービス固有の情報セキュリティについては、「JIS Q 27017 JIS Q 27002に基づくクラウドサービスのための情報セキュリティ管理策の実践の規範」で、JIS Q 27002に対する追加分の管理策と実施の手引きが示されている。

これら情報セキュリティの管理策は、情報資産のセキュリティを守って情報セキュリティインシデントの発生を防止または影響を低減するために役立つ。取り扱う情報資産の情報セキュリティリスクを受容できるレベルまで低減するために、これらで示されている管理策から必要なものを適用すべきである。

なお、「システム管理基準 追補版（財務報告に係るIT統制ガイダンス）」（経済産業省）には、財務報告の信頼性確保のための内部統制の「ITへの対応」に関する取り組み方法の具体的な例が示されている。IT業務処理統制による信頼性（完全性・正確性・正当性）の統制のためのコントロール、および、業務処理統制を有効に機能させる環境を実現するためのIT全般統制におけるITの開発・保守に係る管理、システムの運用・管理、内外からのアクセス管理等のシステムの安全性の確保、外部委託に関する契約と管理、業務処理アプリケーションとデータの信頼性確保などのコントロールが示されている。これら内部統制のためのコントロールとしての管理策は、財務報告の信頼性（完全性・正確性・正当性）を確保するために必要なものを適用すべきである。

ここでは管理策を以下のように分類して説明する。

・組織的（管理的ともいう）なセキュリティ
・人的資源のセキュリティ
・物理的および環境的セキュリティ
・通信およびシステム運用（技術的ともいう）のセキュリティ

1 組織的なセキュリティ

組織的（管理的ともいう）なセキュリティとは、情報セキュリティの実施および運用を統制するための組織内で管理上の枠組みを確立させるための対策である。

(1) 情報セキュリティの役割および責任

すべての情報セキュリティの責任を定め、割り当てなければならない。また、組織の部門ごとの情報資産の保護責任を定める必要がある。

(2) 情報資産の管理

① 組織で取り扱う情報資産を特定し、分類し、保護責任、重要度、取り扱い許可範囲、保管場所、データの抹消までのライフサイクル管理に関する情報とともに目録管理する。

② 情報資産のラベリング、情報資産の構内からの持ち出し・持ち込み、その他情報資産の取り扱いに関するルールを定める。

③ 外部に委託した情報資産、クラウドコンピュータ等外部のコンピュータに置いた情報についても、同様に管理する。

(3) 職務の分離

組織の情報資産に対して意図しない変更または不正使用を防ぐために、責任範囲を分離しなければならない。

(4) 専門組織および関係当局との連絡

情報セキュリティの専門家による協会・団体との適切な連絡体制を維持して、情報の共有を図る。

また、関係当局との適切な連絡体制を維持し、事件・事故時など適切な報告をしなければならない。クラウドコンピュータに置いた情報については、保管されている国等の地域を特定し、その地域の規制内容や関係当局を把握しておく必要がある。

(5) 供給者関係のための情報セキュリティの管理

① 組織の情報資産に対する供給者（業務委託先）のアクセスに関連するリスクを軽減するために、供給者に対する情報セキュリティ要求事項を明確にし、これを契約等で合意しなければならない。

合意の中では、契約当事者それぞれの義務、関連する法令・規制等の事項、情報資産の保護および維持管理に関する手順・基準・方法など、要求される管理策およびその実施を確実にするためのしくみ、アクセス制御、取り扱い者の活動の監視、要員の着任と解任時の管理、利用者および管理者に対するセキュリティ教育・訓練、セキュリティインシデント（事件・事故）や違反等についての報告・通知および調査、契約上の責任を監査（第二者監査）する権利、サービス目標レベル、ハードウェア・ソフトウェアの導入および保守に関する責任、性能基準およびそれらの監視と報告、変更管理のための手続、再委託の制限、などを明確にすることが望まれる。

② 個人情報や顧客秘密情報を供給者が漏えいした場合でも、個人情報の本人や顧客に対する責任は発注した組織にある。供給者との契約で情報セキュリティを要求したとしても、実際に要求どおりに実施しているかについて発注者が監督する義務がある。そのため、供給者のサービス提供やその変更について監視およびレビューする必要がある。

③ JIS Q 27017では、クラウドコンピューティングのサービスを利用する場合は、クラウドサービス提供者がクラウドコンピューティング環境に固有な情報セキュリティに対して適切な管理策を導入し適切に運用しているかについて、供給者に確認する必要がある。これらの確認には、前記①の第二者監査は適当でないため、代わりに第三者監査の報告書、ISMSおよびクラウドセキュリティの認証登録などを文書で確認する方法となる。また、利用者側が実施すべき事項としてクラウドサービス提供者から提示された管理策は、利用組織側で適切に実施しなければならない。

(6) 情報セキュリティインシデント管理および事業継続計画

情報セキュリティインシデントに対する迅速で順序だった対応のために、以下のような対策を行う。

① 管理層の責任および対応手順を確立するとともに、情報セキュリティに関する事象や弱点を適切な連絡経路を通して速やかに報告する手順を明確にする必要がある。情報セキュリティインシデントや情報セキュリティ事象の検出と報告については、本章第４節**1**（9）「情報セキュリティの監視」を参照。

② 情報セキュリティインシデントの調査および外部または内部の不正の証拠を残すために、適切なイベントログを取得し、またログ機能およびログ情報の消失や改ざんに対する保護が必要である。

③ 個人情報、顧客秘密情報、組織の機密情報などが漏えいした可能性がある場合は、経営トップへの報告、漏えい経路の遮断、証拠の収集、漏えい範囲の特定、個人情報の本人や顧客への連絡、当局への報告、原因の追究、再発防止策、損害賠償など、適時に適切に対応しなければならない。個人情報や個人番号の漏えいの場合は、個人情報保護委員会等が定める規則に従って当局へ報告する。

④ 重大な障害や災害で情報システムの稼働が不可能になる事態を想定して、組織の事業継続計画（BCP）に情報システムのBCPを含め、情報システムが関係する業務の継続・復旧の手順を作成し、訓練・試験する必要がある。

（7）法令・規制・契約上の義務の要求事項の遵守（コンプライアンス）

① 情報セキュリティに関連する法的違反や規制・契約上の義務に対する違反を避けるために、関連する法令、規制および契約上の要求事項を特定し、これらの要求事項を満たすための組織の取り組みを明確にして、関係する人々に周知する必要がある。情報セキュリティの活動に密着したものとして、プログラムの著作権、個人情報保護、デジタルフォレンジックのための記録の保護などがある。

② 要求事項が遵守されているかを部門内で随時点検し、また、内部監査で定期的に確認し結果を記録する必要がある。

③ 知的財産権の保護

製品ソフトウェアの導入にあたっては、知的財産権の管理が必要である。主な管理ポイントを次に示す。

・所有ライセンスの種類と数量を把握していること
・所有ライセンスを説明するドキュメントが存在すること
・どのハードウェアにどのソフトウェアをインストールしているかを把握していること
・インストールしたソフトウェアのライセンスを把握していること
・クラウドコンピューティングにソフトウェアをインストールする前に、稼働コンピュータ環境に対して適切なライセンスであるかを確認すること

④ 個人情報の保護管理

個人情報保護法およびそのガイドラインでは、個人情報を取り扱う事業者は、取り扱う個人データの漏えい、滅失またはき損の防止そのほかの個人データの安全管理のため、以下の措置を講じなければならないとされている。個人情報保護委員会の「個人情報の保護に関する法律についてのガイドライン（通則編）」(2020（令和2）年10月1日改正）では、個人情報取扱事業者が具体的に講じなければならない措置や当該措置を実践するための手法の例等として、以下が示されている。

・個人情報保護基本方針の策定…事業者の名称、法令・ガイドラン等の遵守、安全管理、質問および苦情処理の窓口等を記載して、公表する。
・個人データの取り扱いに係る規律の整備…個人データの取り扱いに係る規律として、取得、利用、保存、提供、削除・廃棄等の段階ごとに、取扱方法、責任者・担当者およびその任務等を定めた、個人データの取扱規程を策定する。
・組織的安全管理措置…安全管理について、従業者の責任と権限を明確に定めた組織体制の整備、個人データの安全な取り扱いの規

定や手順書の整備、漏えい等の事案に対応する体制の整備、取扱状況の把握および安全管理措置の見直しなどの対策を講じる。
・人的安全管理措置…従業者に対する、業務上取り扱う個人情報の非開示契約の締結や個人情報の取り扱いに関する規程や違反した際の罰則についての教育・訓練などの対策を講じる。
・物理的安全管理措置…個人データを取り扱う区域の管理、入退館（室）の管理、機器および電子媒体等の個人データの盗難の防止等の措置、電子媒体等を持ち運ぶ場合の漏えい等の防止、個人データの削除および機器や電子媒体等の安全な廃棄などの対策を講じる。
・技術的安全管理措置…パソコンなど情報システムのアクセス制御、アクセス者の識別と認証、外部等からの不正アクセス防止、情報システムの使用に伴う漏えい防止などの対策を講じる。

なお、「JIS Q 15001 個人情報保護マネジメントシステム（PMS）－要求事項」に沿ってマネジメントシステムを整備して運用することで、個人情報保護法の規制に対応した運用管理が行える。また、JIS Q 15001に沿って個人情報の取り扱いを適切に行う体制等を整備・運用していることについて、審査を受けることで、プライバシーマーク使用が認められる。

マイナンバーについては、番号利用法およびそのガイドラインで要求される措置を講じなければならない。

⑤ 暗号化機能の輸出入規制

暗号化機能の輸出入については国ごとに規制があるので、持ち出しおよび持ち込みの双方の国の法律を確認し、必要な場合には定められた手続や認可を得る必要がある。

2 人的資源のセキュリティ

人的資源のセキュリティとは、人に関する情報セキュリティ対策である。

(1) 雇用条件

従業員・職員、派遣社員および請負業者などを含む内部関係者による不正行為などを防止することが大切である。具体的には、雇用契約の中に秘密保持を含む情報セキュリティ全般に関する責任などを盛り込むこと、個人情報および組織内や顧客の秘密情報に対する機密保持契約への署名を求めること、また雇用の終了時には、貸与された情報資産の返却、個人情報および業務上知り得た組織内や顧客の機密情報についての守秘義務の誓約に署名を求めること、などがある。

(2) 情報セキュリティの意識向上、教育および訓練

情報セキュリティを確実にするためには、情報セキュリティの重要性をすべての従業員・職員が十分に理解し、主体的に情報セキュリティの確保を実践することが大切である。

① 業務に就く前におよびその後定期的に、教育・訓練および意識向上の場を設ける必要がある。

② 教育・訓練では、情報セキュリティに関する知識と役割に応じて必要な力量を従業員等に備えさせ、その証拠としての記録を保持する必要がある。従業員等への教育・訓練には、以下のような事項を含める必要がある。

- 情報リテラシー
- セキュリティ事象・弱点についての報告手順等
- 不審者への問いかけ
- 入退室・施錠ルール
- クリアデスクおよびクリアスクリーンの実践
- パスワードの管理、電話・覗き見・記載メモなどによるソーシャルエンジニアリングへの対策
- ウイルス、標的型メール、ランサムウェア等のマルウェアへの対策
- 媒体の取り扱い
- インターネット、電子メール、電話、ファクシミリ、印刷機の利

用上の注意
・知的財産権の保護
・情報処理設備の許可外使用の禁止
・個人所有の機器の利用（BYOD：Bring Your Own Device）の制限
・業務上の個人情報や秘密情報の他言、SNS書き込みの禁止　など

③　意識向上では、情報セキュリティの重要性を認識しみずから実践するように、以下のような事項を認識させる必要がある。
・情報セキュリティの方針
・情報セキュリティ事件・事故を発生させた場合の影響
・情報セキュリティの向上によるメリット
・情報セキュリティの向上に１人ひとりが貢献する必要性

情報セキュリティを自発的に行うようにするための啓発活動も重要であり、ポスター、パンフレット、ニューズレター、ビデオ教材、アンケートなどの方法がある。

3　物理的および環境的セキュリティ

物理的および環境的セキュリティは、建物、設備、装置、作業環境を対象としたセキュリティ対策である。取り扱う情報資産の価値に応じて、物理的および環境的セキュリティのレベルを決め、そのレベルに応じた管理を行う。

（1）災害対策

地震、落雷、火災、洪水、感染症蔓延、紛争・テロなどの災害に対して、対策を講じる。たとえば、地震対策では建物の耐震設計や耐震設備の設置、火災対策では防火設備の設置、感染症対策では交代要員や自宅等からのテレワーキングがある。また、災害で情報システムの稼働が中断されてしまう場合については、組織の**事業継続計画（BCP）**に情報システムのBCPを含め、情報システムの継続・復旧の手順を作成し、訓練・試

験を実施する必要がある。

(2) オフィスや施設のセキュリティ

① 重要な情報および情報処理施設のある領域を保護するために、組織のオフィスを物理的セキュリ領域に区分（ゾーニング）して、その境界を定め、入室に制限を設ける。

② 外部者の施設内への不法侵入、施設内の機器・媒体の盗難対策のために入退室管理設備を設置するなどの対策がある。

③ 秘密情報を保管するための施錠可能な書架、複写機等の適正利用管理、秘密情報を含む媒体・紙書類の安全な処分、クリアデスク、作業の監督、情報処理設備の目的外利用等の監視のための監視カメラ設置と録画保存などの対策がある。

(3) 装置のセキュリティ

① 装置には、クライアント端末、サーバー、HDDなどの外部記憶装置、ネットワークなどがある。クライアント端末については、ソフトウェアのインストール管理、クリアスクリーン、格納情報の暗号化、紛失・盗難防止対策などがある。サーバーや外部記憶装置については、重要な機器の隔離、熱暴走防止のための温度管理や空調設備、ケーブルの保護、電源の安定供給などがある。

② 重要な機器については、二重化、RAID (Redundant Arrays of Inexpensive Disks)、予備機・交代機の準備などの冗長化対策がある。

③ 媒体や機器についての持ち出し時の手続と安全策、処分する際の情報の完全消去などの対策がある。

(4) バックアップ

① 災害や障害が発生した場合の復旧対策の一環として、システムのバックアップ保管、データの定期的なバックアップ採取、バックアップファイルの離れた場所への保管などの対策がある。なお、ミラ

ーリングディスクやRAIDなど装置の冗長化対策は、ディスク装置の信頼性向上にはなるが、更新内容が双方に反映されるため、ファイルの誤操作や改ざん等によるデータ喪失に対するバックアップにはならない。

② システムを予備機に切り替えて復旧させるには、DR（Disaster Recovery）システムの構築が必要になる。本番機のほかに同じ構成の交代機を用意しておく。交代機への切り替え方式としては、予備機で本番機と同じ内容のシステムとアプリケーションを起動し待機状態にしておいて瞬時に本番機から予備機に切り替えられるホットスタンバイ、本番機と同じ内容の予備機を準備しておくが予備機のアプリケーションなどの起動から開始するウォームスタンバイ、予備機として機器を用意しておくがアプリケーションやデータの設定など準備作業をしてから予備機を起動するコールドスタンバイ、の３方式がある。

③ 仮想コンピュータや仮想ストレージにバックアップを置く場合は、単一障害点とならないように、バックアップ先を異なる物理装置群上に確保する必要がある。

④ クラウドコンピューティング上の情報のバックアップについては、クラウド提供事業者が提供するバックアップ機能を使うか、自組織で用意するバックアップ機能を使うかを、自組織の要求事項に照らして検討して決める必要がある。利用しているクラウドコンピューティングの大きな障害による長時間停止やデータの消失を考慮すると、バックアップ先は、別のコンピュータセンターや別のクラウド事業者またはIDC（Internet Deta Center）等でなければならない。

4 通信およびシステム運用のセキュリティ

通信およびシステム運用（技術的ともいう）のセキュリティは、情報交換等を行うための通信のセキュリティと、ネットワークや情報システム等の運用管理など、技術的な管理策である。また、情報システムに実装したセキュリティ機能を利用してコンピュータ犯罪やネットワーク犯罪の発生を防止するセキュリティ対策も扱う。

(1) LANのセキュリティ設定

有線LANおよび無線LANともに、セキュリティ方式は接続制限と暗号化に分けられる。接続制限とは、LAN接続を行うユーザー／機器がLAN接続を許可されているユーザー／機器であるかを確認し、承認することでLAN接続を行う方式である。これら確認作業を認証（authentication）と呼び、認証対象が利用者（ユーザー）である場合はユーザー認証（User Authentication）、機器である場合は機器認証と呼び、メールやファイルなどの場合はデジタル認証と呼ぶ。

① インターネット設定

Webサーバーでは、インターネット経由でアクセスしてきたクライアントのIPアドレスでアクセス制御する。アクセス制御するためには、許可するIPアドレス、拒否するIPアドレスをあらかじめ決めておく。

② ルーターのセキュリティ設定

ルーターには、標準的なセキュリティ機能としてパケットフィルタリングとIPマスカレード（アドレス変換機能）を装備しているものが多い。パケットフィルタリングは、パケットに含まれるアドレスやポート番号などのパラメータをもとに遮断／通過を決定する方式である。また、IPマスカレードを利用することで、インターネット側からLAN側への通信を遮断できる。

無線LANの代表的なセキュリティ脅威として、通信内容の傍受（盗聴）、無線LANの不正利用、アクセスポイントのなりすましがあるので、認証や暗号化のセキュリティ設定を行わなければならない。

WPA（Wi-Fi Protected Access）2などによるパスフレーズの設定、電波が出力される範囲の調整、パスフレーズの定期的な変更、MACアドレスによる利用者制限などの設定も推奨される。

（2）ユーザー認証

ユーザー認証（User Authentication）とは、本人確認をする手段のことである。情報システムの利用者を特定するユーザーIDと利用者本人が1対1の関係であることを保証するためのしくみである。ユーザー認証の方式としては、図表4-3-1に示すように、知識・所有物・属性の3つの観点で分類できる。

図表4-3-1●ユーザー認証方式の種類

○知識による認証（What You Know）
本人しか知り得ない知識・事柄などを利用して認証する。
ex. パスワード、パスフレーズ、暗証番号

○所有物による認証（What You Have）
本人しか所有していないものを利用して認証する。
ex. ICカード、ワンタイムパスワード、USBトークン

○属性による認証（What You Are）
本人自身に備わっている身体的特徴を利用して認証する。
ex. 指紋、指先静脈、手のひら静脈、虹彩、網膜、声紋、筆跡

用語解説
・パスフレーズ：パスワードの文字数が長くなったもの
・ワンタイムパスワード：利用する際に毎回異なる文字列となるパスワード
・USBトークン：パソコンのUSBポートに接続して使う認証用の機器

ユーザーIDの登録および削除について以下のような配慮が必要である。

・IDの複数人での共有使用は、実際の利用者が特定できないので、原則として認めない。
・新規の利用者ID登録の際には、利用者の所属元の責任者の許可が必要である。
・利用者の別の部門への異動や退職の際には、登録の変更または抹消を速やかに申請する。
・一定期間利用実績のない利用者IDについては、利用者の所属元から抹消等の申請をしてもらう。
・パスワードの初期化依頼に対しては、本人確認のしくみを設ける。

(3) 通信の暗号化

機密性が必要なデータ通信をする場合に、通信機能に暗号化機能を装備して暗号通信を行う。暗号通信方式として、一般にVPNを利用する例が多い。VPNは、Virtual（仮想的）なPrivate Network（専用線）という意味である。VPNは、通信業者の提供する閉域通信網を利用するビジネスVPNのほかに、インターネットのような共用ネットワーク内に仮想的な専用線を設けて利用するインターネットVPNがある。VPNを利用し、通信内容を暗号化することで、高い機密性が確保できる。

(4) 電子メールのフィルタリング

社外から入ってくる迷惑メール（同じような内容のメールを繰り返し送ってくるspamメールなど）を排除する機能も持つ。

社外から入ってくる迷惑メールやなりすましメールのリンクURLをクリックしたり、添付ファイルを開くことによって、ウイルス感染させられ情報を摂取される事象が増えてきている。これらのメールをフィルタすることが必要である。

また、メールサーバー上でウイルスチェックする機能も必要である。

(5) セキュリティホールなどのぜい弱性対策

OS、ミドルウェア、アプリケーションプログラムの内部にプログラム上の不具合があり、これらはソフトウェアのぜい弱性という。特に、外部からの侵入を許すようなぜい弱性はセキュリティホール（Security Hole）という。インターネットに接続しているサーバーのソフトウェアにこのようなセキュリティホールがあると、このサーバーが踏み台になり外部からの不正アクセスを許す原因となる。

セキュリティホールなどのぜい弱性対策としては、ソフトウェアを開発・販売しているベンダーがセキュリティホールなどをふさぐためのパッチ（patch）、あるいはアップデートと呼ばれるプログラムの差分ファイルを提供しているので、システム運用部門はこれらの情報を把握し、自社のソフトウェアへの適時な適用を検討しなければならない。

サーバー上で不要なサービスが起動している場合やサーバー上の設定ミスやプログラムの不備がある場合でも、不正アクセスを許す原因となってしまう。サーバー上の対策だけでなく、IDS/IPS、WAF（Web Application Fire Wall）といったネットワーク側で守るしくみの導入も検討しなければならない。

また、IPAとJPCERT/CCが共同で、各ベンダーの製品のぜい弱性対策情報を集約して、JVN（Japan Vulnerability Notes）として公表およびメルマガ発信しているので、この情報の監視も必要である。

（6）ファイアウォール

ファイアウォールの語源は、火災などから建物を防御するための防火壁である。火災のときに被害を最小限に食い止めるというアナロジーから、インターネットを介してやってくる外部のネットワークからの攻撃や不正アクセスに対して、自社のネットワークやサーバーなどを防御するためのソフトウェアおよびハードウェアを**ファイアウォール**と呼ぶ。

企業などのネットワークに使用するファイアウォールは、インターネットと社内のLANとの間に設置する。ファイアウォールの目的は、外部からの許可していない通信を遮断することと許可されたパケットだけを通過させるという基本的な機能によって、外部からの不正なアクセスを社内のネットワークに侵入させないことにある。

ファイアウォールの主要な機能として、以下のものがある。

①　フィルタリング機能

許可していない通信を遮断して、許可されたパケットだけを通過させる。

②　アドレス変換機能

外部のネットワークと内部のネットワークの間でIPアドレスを変換し、外部に内部のネットワークを見せないようにする。

(7) コンピュータウイルスなどのマルウェア対策

マルウェア（malicious softwareの略）とは、悪意のあるソフトウェアという意味である。

IPAによるコンピュータウイルスの定義、および感染時の現象と防止対策を以下に示す。

① コンピュータウイルスの定義

第三者のプログラムやデータベースに対して、意図的に何らかの被害を及ぼすように作られたプログラムであり、次の機能を１つ以上有するもの。

- **自己伝染機能**…みずからの機能によってほかのプログラムにみずからをコピーし、またはシステム機能を利用して、みずからをほかのシステムにコピーすることにより、ほかのシステムに伝染する機能
- **潜伏機能**…発病するための特定時刻、一定時間、処理回数などの条件を記憶させて、発病するまで症状を出さない機能
- **発病機能**…プログラムやデータなどのファイルを破壊したり、設計者の意図しない動作をしたりするなどの機能

② コンピュータウイルスに感染すると

コンピュータウイルスに感染した際の典型的な現象例として以下が挙げられる。

- ユーザーの意図しないディスクアクセスが起こる。アカウント情報、個人データ、機密データを持ち出す目的でアクセスされる場合がある。
- ファイルが削除・破壊される。**ランサムウエア**では、データの持ち出しと暗号化によってデータが利用できなくなり、身代金要求の脅迫がされる。
- ディスクが破壊される。
- システムが立ち上がらなかったり、立ち上げに時間がかかったり、システムがハングアップする。

③ コンピュータウイルスの防止

パソコンユーザーのためのウイルス対策として、ウイルス対策ソフト

による以下の対応が挙げられる。

・最新のウイルス定義ファイルに更新しワクチンソフトを活用すること

ウイルス定義を自動的に更新する機能を活用して更新する。ウイルス定義を随時更新していても、新しく作成されたウイルスには感染することがあるので、他の対策を併用する必要がある。

・メールの添付ファイルは、開く前にウイルス検査を行うこと

添付ファイルを自動的に検査できる機能が利用可能である。しかし、標的型メールなどではウイルス検査で検出できないことも多いので、確実に信頼できるメール以外は開かないという対策が重要。

・ダウンロードしたファイルは、使用する前にウイルス検査を行うこと

ダウンロード内容を自動的に検査が行える機能が利用可能である。

・アプリケーションのセキュリティ機能を活用すること

メーラーや、ブラウザなどに用意されているセキュリティ機能（設定）を活用する。

・セキュリティパッチをあてること

パッチ情報の受信とパッチの実行を自動的に行える自動更新の設定を活用する。

・ウイルス感染の兆候を見逃さないこと

システムやアプリケーションが頻繁にハングアップしたり、起動しなくなったり、ファイルがなくなる、見知らぬファイルが作成される、タスクバーなどに妙なアイコンができる、意図しないインターネット接続やメール送信、その他いつもと違うと感じる、など。

その場合、すぐにLANケーブルを抜いたり無線LANの接続を切断して、セキュリティの管理者に連絡する必要がある。

・ウイルス感染被害からの復旧のためデータのバックアップを行うこと

運用データとバックアップデータの双方が改ざん・損壊されることを防ぐために、バックアップデータを隔離して保存する必要がある。

(8) ネットワークのアクセス制御

ネットワーク接続を許可するにあたって、アクセス制御について次のような事項を取り決めて実施する。

① ネットワーク利用についてのポリシー

・誰にどのネットワークやネットワークサービスへのアクセスが許されるかを決めるための認可手順を定める。

・モバイルコンピューティングやSOHO(Small Office/Home Office)などテレワークからのアクセスについて、利用の認可手順、安全のために講じる対策について定める。

・クラウドコンピューティングについて、利用の認可手順、組織の要求事項を満たすかどうかの確認方法、クラウド環境に格納を許可・禁止する情報の種類、安全のために講じる対策について定める。

② ネットワークの経路制御

指定された経路以外を利用者が選択できないようにする。

③ ネットワークの分離

情報サービス、利用者および情報システムは、ネットワーク上でグループごとに分離し、組織のアクセス制御方針に沿わないアクセスを遮断するように構成する。

分離の方法は以下のようにいろいろなケースが考えられる。

・基幹系システムと情報系システムとを分離

・本番運用系システムと開発・保守・テスト系システムとを分離

・外部ネットワークに直接接続するサーバー群と、社内システムとをファイアウォールで分離

・社内のフロントエンドサーバー群と、データベースなどのバックエンドサーバー群とを分離

(9) ネットワーク不正アクセスの検知

① 侵入検知システム(IDS:Intrusion Detection System、IPS:Intrusion Prevention System)

ネットワーク全体を監視し、アプリケーションシステムやネットワークが不正に、または許可なく使用された形跡を見つけると、管理者に通知または遮断するしくみである。

② 出口対策

不正アクセスやマルウェアを組織のネットワーク入り口で検査して、組織内への侵入を防止する入り口対策を行ったとしても、新たな手口や新たなマルウェアなど定義に未登録のものは検査で検出することはできなく、組織内への侵入を許してしまう。そして、組織の情報が社外へ送信されて情報漏えいが発生してしまう。組織の重要な情報が、何らかの形で外部に送信されそうになったとしても、その送信を「出口」で食い止めれば、外部に重要な情報が漏れるのを防げる。このような出口対策が重要になる。

③ ログ保全

不正アクセスが組織内へ侵入されることを前提として、セキュリティ事故が発生したときに備えて、分析するための各種ログを保存しておくことが重要である。

各種ログ…ファイアウォール、IDS、IPS、WAF、ウイルス対策ソフト、認証などのログ

(10) システム運用管理のセキュリティ

① IT全般統制

IT全般統制は、業務処理アプリケーションとデータの信頼性を確保するための統制である。

たとえば、次のようにして信頼性の確保を行う。

・新規開発プログラムは、信頼性がテストされ、承認されてから本番環境に移行する。

・プログラムの保守も、信頼性がテストされ、承認されてから本番環境に移行する。また、旧システムから変換して新システムに移行するデータも同様の扱いを経て、本番環境に移行する。

・プログラムの運用では、未承認の処理や不正な処理を防止する。
・プログラムとデータへのアクセスは、承認された者だけにアクセス権限を設定する。これを予防的統制という。また、アクセス違反をモニタリングし、プログラムとデータの改ざん防止を行う。これを発見的統制という。たとえば、人事マスターについて、人事部長・課長しかアクセスできない（知らせていない）にもかかわらず、モニタリングをした結果アクセスした従業員を発見したときは、注意を与える。
・開発・保守・運用を外部委託している場合、委託先で、上記のようなプログラムとデータの信頼性を確保させる。

なお、財務情報の信頼性の評価の対象には含まれない（「システム管理基準 追補版」）が、BCP（事業継続計画）を推進することが望ましい。

財務情報の信頼性に係るIT全般統制としては、以下の範囲の活動に対して適切な統制を検討する。

ⅰ. ITの開発・保守に係る管理
・ソフトウェアの開発と調達
・IT基盤の構築
・変更管理
・テスト
・開発・保守に関する手続の策定と保守

ⅱ. システムの運用・管理
・運用管理
・データ管理
・構成管理（ソフトウェアとIT基盤の保守）

ⅲ. 内外からのアクセス管理等のシステムの安全性確保
・情報セキュリティ管理の枠組み
・アクセス管理等のセキュリティ対策
・情報セキュリティインシデントの管理

ⅳ. 外部委託に関する契約管理

・外部委託先との契約

・外部委託先とのサービスレベルの定義と管理

② IT運用管理

ITの運用において、情報の入力・登録・処理・集計・報告等、日常の業務処理の信頼性を確保できるように運用する。たとえば、売上管理システムが故障した場合、売上げデータが消失する等のリスクがあり、財務情報の信頼性（完全性・正確性・正当性）が損なわれてしまう。そのようなことを防止する。

ⅰ. 運用管理ルールの策定と遵守

運用ルールを定めて遵守する。運用ルールに基づいた運用計画を策定して承認する。運用ルールには、例外処理のオペレーションを含める。

ⅱ. 運用計画の承認

規模、処理日時、システム特性、業務処理の優先度を考慮したジョブスケジュールを策定し、承認を受けたジョブスケジュールに従って運用する。

ⅲ. ジョブの実行管理

・業務の入力データの一連の作業について手順、検証方法、承認方法を入力管理ルールとして明文化し、遵守する。たとえば、データの入力は漏れなく、重複なく、正確に行う。入力データの作成手順、取り扱い等は誤謬防止、不正防止、機密保護等の対策を講じ、有効に機能するように実施する。入力データの保管および廃棄をルールに基づいて行う。

・データ管理についてルールを定め、遵守する。たとえば、データへのアクセスコントロールおよびモニタリングを有効に機能するように設定する。データの利用状況を記録し、定期的に分析する。データのインテグリティ（完全性）を維持する。業務内容、処理形態およびリカバリの方法を考慮して、データのバックアップの範囲・方法およびタイミングを決定し、実施する。データの保管・複写・授受、データの交換は、ルールに基づいて行い、誤謬防止、不正防止、コンピュータウイルス対策および機密保護の対策を講じる。

・業務の出力データについて管理ルールを定め、遵守する。たとえば、出力情報は漏れなく、重複なく、正確であることを確認する。出力情報の作成手順・保管・引き渡し・廃棄等の取り扱いをルールに基づいて行い、誤謬防止、不正防止および機密保護の対策を講じる。出力情報の利用状況やエラー状況を記録し、定期的に分析する。

iv. 運用の実施記録、ログの採取と保管

・情報システムは、アクセス記録を含む運用状況を監視する。たとえば、情報セキュリティインシデントは記録して一定期間保管する。情報システムで発生した問題を識別するために、システム運用の作業ログ、障害の内容ログおよび原因ログを記録して保管する。これらのログは、内容が改ざんされないように保管する。

・運用の状況を管理者が確認する。たとえば、運用状況について、作業日誌等で手続どおり対応されているか、ジョブスケジュールどおりに運用されているか、例外処理がある場合にはその処理が承認されていて情報の完全性と正確性が確保されているか、などを確かめる。

v. 教育

情報システムの利用に先立ち、担当者向けの支援プログラムや教育プログラムを準備し、教育研修を実施する。

(11) システムの開発・取得・保守のセキュリティ

① アプリケーションプログラムへのIT業務処理統制の機能組み込み

IT業務処理統制とは、販売管理や会計業務において、承認された取引が正確に処理され、記録されるように、アプリケーションプログラムに統制機能を組み込むことによって統制を行う。

i. 会計上の取引記録の信頼性（完全性・正確性・正当性）を確保す

るために、業務処理の入力プロセス・出力プロセス・内部プロセスにおいて、入力管理・出力管理・データ管理についての統制を実施する。具体的には次のような統制がある。

・入力情報の完全性・正確性・正当性を確保する統制
・例外処理（エラー）の修正と再処理
・マスターデータの維持管理
・システムの利用に関する認証、操作範囲などアクセスの管理
・スプレッドシート（Excelなど）処理の管理

ⅱ．トランザクション（取引）データの統制として、業務プロセスで扱われるトランザクションデータに対して、売上げデータが正確に、適時に、適切に記録されるようにする。数量または単価が、一定の範囲を超えたらエラーにする等の統制機能の組み込みがある。

ⅲ．ファイルに係る統制としては、記録されたマスターテーブルが最新であり、継続して使用が可能であること（維持継続性）およびマスターファイルの信頼性（完全性・正確性・正当性）を担保するために、与信限度額のマスターファイルと最新の与信限度額のリストとの照合など、本来あるべき帳票等とのマッチングの組み込みがある。

ⅳ．業務処理をITで支援する場合の統制としては、ITによる自動化された統制（IT業務統制）と手作業との組み合わせで実施される半自動化された統制がある。Web受注やEDI受注の場合は、手作業を介さずに自動化された情報システムの内部でIT業務処理統制が実施される。このようなシステムは、業務プロセスに組み込まれたプログラムによって、信頼性（完全性・正確性・正当性）の統制を実現している。

②　スプレッドシート（Excelなど）処理の管理

多くの組織でスプレッドシート等がユーザー部門によって使用されている。これらは利用者のPCの中で利用されるため、全社的な管理から漏れることがある。スプレッドシートや作成されたデータのバックアップが適切に実施されていないと、データを滅失することもある。会計処

理の結果をスプレッドシート等から出力し、このデータをもとに財務報告を作成する場合、データの欠落や改ざん等のリスクがある。

したがって、スプレッドシート等の利用に対しては、データや処理の正確性を確保するために、スプレッドシート等のバックアップの手順化、当事者以外による再計算等の手続の整備、データの欠落や改ざんを防止するような機能の組み込みなど、対策のコストや統制の効果を勘案して適した方法で統制を行う必要がある。

③ 情報システムの開発・取得・保守時におけるセキュリティ

ⅰ. 情報システムに関するセキュリティ要求事項の分析と仕様化

新しい情報システムや既存の情報システムの改善における情報セキュリティ要求事項は、方針および規則の遵守、想定される脅威、インシデント事例、ぜい弱性の限界などさまざまな面から特定し、利害関係者によってレビューする必要がある。情報セキュリティ要求事項は、情報システムプロジェクトの設計段階など早い時期に考慮すべきである。

情報セキュリティ要求事項としては、利用者認証、特権利用者のアクセスと認可プロセス、利用者および運用担当者の義務と責任、資産の可用性・機密性・完全性の保護、トランザクションのログ取得や監視、否認防止等の業務プロセス要求、ログ取得・情報漏えい検知などの監視、Webアプリケーションやトランザクション処理に必要な制御、製品入手前にセキュリティ要求事項を含む受け入れ基準による評価、製品入手時の正式な調達プロセスおよび受け入れ試験、供給者が提示するセキュリティ対策、適したセキュリティ構成に関する手引き情報、機能追加時に新たなセキュリティリスクを取り込まない、などの仕様化がありうる。

ⅱ. **クラウドサービス**の利用における要求事項の特定と提供されるサービスの仕様の確認

次のようなクラウド固有なセキュリティ要求事項と提供されるサービスの仕様について、事前に確認する必要がある。

・クラウドサービスの利用方針および手順を定義または追加し、利

用者へ周知
- クラウド上に置いた情報資産のサービス終了時の速やかな返却および除去に関する仕様
- クラウドの仮想環境を他の利用者や許可のない者から保護するための確実な論理的分離
- クラウドの仮想マシンについて必要なポート・プロトコル・サービスだけの有効化、マルウェア対策、ログ取得などの確実な実施による要塞化
- クラウドコンピューティング環境を管理するための操作手順の文書化および重要な操作の監督
- 利用するクラウドサービスに関する監視機能
- ネットワークセキュリティ方針に基づいた仮想ネットワークと物理ネットワークとの設定の整合性

iii．Webアプリケーションサービスのセキュリティの考慮

Webサイトとしては、情報発信（一般のホームページを含む）、情報提供（ダウンロードサイトを含む）、情報収集、電子モール出店、SaaSサービスなどインターネットを介したサービスなどがあるが、Webサイトが攻撃された場合、内容が改ざんされたり、ウイルスが埋め込まれたり、個人情報が漏えいしたりすることがある。また、利用者がそのWebサイトにアクセスした際に、偽のWebサイトへ誘導され、ウイルスに感染させられたり、入力したユーザーIDやパスワードを盗まれたりすることもある。Webサイトのアプリケーションとその情報に対しては、不正行為、契約紛争、認可外の開示・変更から保護するためのセキュリティ対策が必要である。

iv．アプリケーションサービスのトランザクションの保護

受発注などの取引、入出庫などの在庫管理、振り込みや引き落としなどの入出金決済、利用者の個人情報や支払口座・クレジットカード情報の登録・変更などの会員情報管理のオンラインアプリケーションでは、処理漏れ・二重処理・中途処理などを起こさないという、トラ

ンザクション処理の完全性やトランザクションデータに対する機密性が高く求められる。利用途中での操作中断や入出力装置や通信の障害などさまざまなエラーに備えて、すべてを処理する前の状態に戻すか、またはすべての処理を完了した状態に進めるか、利用者の認識・入出力データ・更新対象のデータベースのすべての整合性をとるような“トランザクション制御”を備えるとともに、機密性保持に対応したアプリケーションシステムを開発しなければならない。

④　開発およびサポートプロセスにおけるセキュリティ

システムを開発するための標準化した方針および手続を定め、これに基づいてITを開発し、更改する。システムの開発プロセスにおいて、情報の信頼性（完全性・正確性・正当性）の統制が確実に実現できるようにする。システムの変更および保守管理については、変更管理手続を定め、標準化し、記録し、承認する。

システムの取得、開発および保守のサイクルの中で、情報セキュリテ

図表4-3-2●開発およびサポートプロセスにおけるセキュリティ

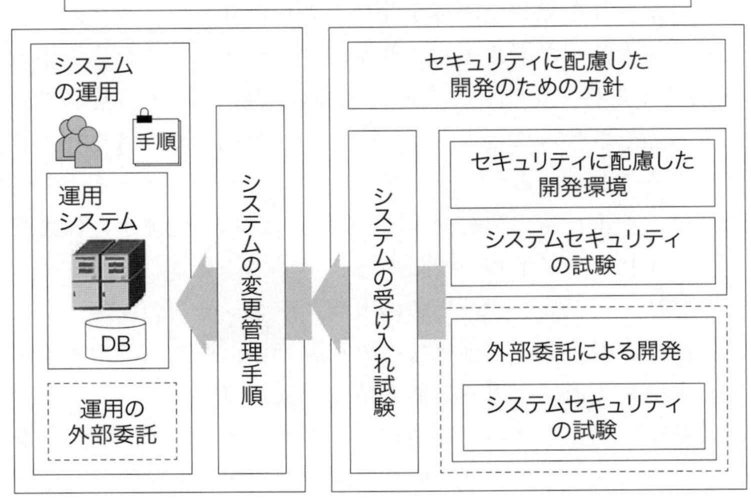

ィを設計し確実に実施するために、セキュリティに配慮した開発のための方針、システムの変更管理手順、オペレーティングプラットフォーム変更後のアプリケーションの技術的レビュー、パッケージソフトウェアの変更に対する制限、セキュリティに配慮したシステム構築の原則、セキュリティに配慮した開発環境、外部委託による開発、システムセキュリティの試験、システムの受け入れ試験といったセキュリティ管理策が求められる。→図表４-３-２

第4節 対策の応用と動向

学習のポイント

- ◆JIS Q 27001の情報セキュリティ管理のPDCA（計画－運用－監視－改善）についての活動例を学び、情報セキュリティ管理の実践方法を理解する。
- ◆リスクマネジメントに関連する基準の概要を理解する。
- ◆情報セキュリティに関連する基準の概要を理解する。

1 セキュリティ管理の実践

「JIS Q 27001（ISO/IEC 27001）情報セキュリティマネジメントシステム－要求事項」には、情報セキュリティのためのPDCA（計画－運用－監視－改善）のISOマネジメントシステムの枠組みが示されている。これらのすべてのプロセスを組織の情報セキュリティ管理の活動として取り込む必要がある。→図表4－4－1

（1）トップマネジメント（経営者）の責任

トップマネジメント（経営者）の責任としては、情報セキュリティの方針や目的（目標ともいう）の確立、組織のプロセスへの統合、必要な資源の提供、重要性の周知、意図した成果の達成、役割の明確化、推進する人々を支援、継続的改善の促進、などがある。

（2）情報セキュリティの方針

情報セキュリティの方針（基本方針ともいう）は、情報セキュリティ

図表４-４-１●JIS Q 27001要求事項

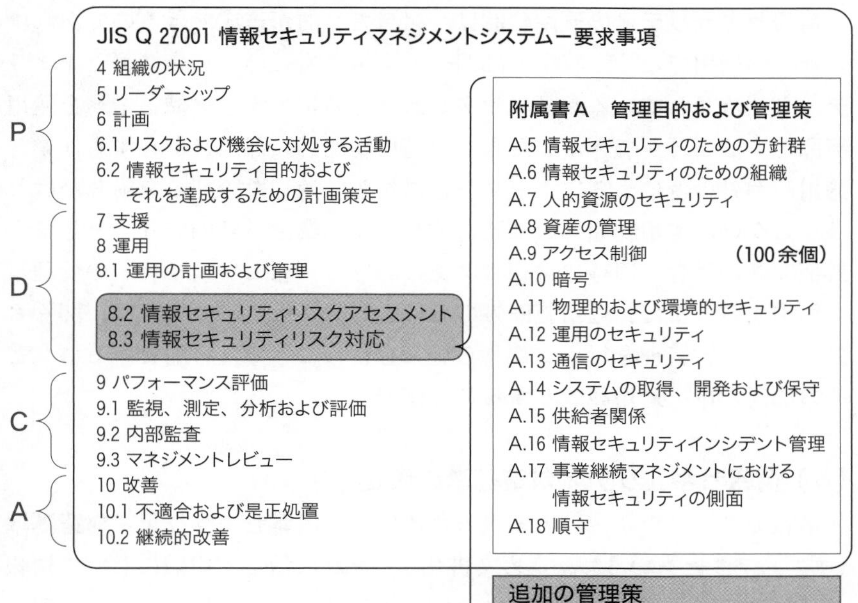

に対する組織の取り組みについて、組織の目的、関連する要求事項を満たすこと、情報セキュリティの目的（目標ともいう）の管理、継続的改善などについて、トップマネジメント（経営者）が表明し周知するもので、対外的には宣言文になり、組織内部と従事者に対しては取り組みの原則・指針を示し実践を要請するものになる。方針は、適用範囲の組織変更、人事異動、声明者の変更などの際には、見直しを行い、必要に応じて改定する必要がある。方針は、必要な外部の利害関係者にも公表すべきとされている。ただし、情報セキュリティの文書のうち、方針以外の情報セキュリティの詳細な取り組みを記載した文書は、外部の攻撃者等に悪用されることを防ぐために、関係する内部の者だけに開示するように秘密管理する必要がある。

(3) 情報セキュリティの適用範囲

情報セキュリティの適用範囲は、組織の目的が達成できるのであれば、全社への適用でなく、特定の部門への適用でもよい。高い情報セキュリティが期待されている製品・サービスとその担当する組織と業務を適用範囲とすることができる。ただし、適用範囲外の部門に依存する作業、適用範囲外の者によるアクセスなどに対して適切な管理策を講じなければならない。適用範囲外の部門に依存する作業は“社内委託”として、外部委託の場合と同様に供給者関係における情報セキュリティの管理策を準用する。また、適用範囲外の者によるアクセスについては、関係者外として秘密管理を行う。これら施策を行うことで、目的とする事業とその部門だけを適用範囲とすることができる。

(4) 情報セキュリティ対策基準の策定

情報セキュリティ方針の実現のためには、情報セキュリティ対策基準（マニュアルともいう）を定め文書化し、それに沿って組織において情報セキュリティの運用を行う。トップマネジメントから任命された情報セキュリティを統括管理する責任者は、トップマネジメントが決定した情報セキュリティの方針の内容を受けて、情報セキュリティ推進体制、リスクのアセスメントと対応、資産の管理、実施すべき管理策などについての取り組みルールを整備し、導入・運用、監視・改善を行う。一般にJIS Q 27001規格に沿って、計画－運用－監視－改善のPDCAサイクルのリスクマネジメントシステムの取り組みを定めることが多い。JIS Q 27001規格に沿った情報セキュリティマネジメントシステムとすることによって、ISO審査機関から審査を受けて、認証登録（認証取得や審査登録ともいう）をすることができる。

(5) 情報セキュリティの目標

情報セキュリティの目標については、JIS Q 27001規格の「6.2情報セキュリティ目的*及びそれを達成するための計画策定」の定めに沿って定期的（年度ごとなど）に組織全体および部門の階層ごとに目標と達成計画を策定し、推進する。

＊JIS Q 27001規格6.2の「情報セキュリティ目的」とは、一般の「目標」のことを指す。

(6) 情報資産の洗い出し

情報セキュリティのリスクアセスメントでは、まず情報資産の洗い出しを行う。組織が保有または取り扱う情報資産の洗い出しを行い、おのおのの情報資産の重要度として機密性（Confidentiality）・完全性（Integrity）・可用性（Availability）（CIAという）が喪失したときの影響度を評価する。以下に、その例を示す。

- ・サーバー室に設置しているサーバー専用の空調機を、情報システムの可用性に大きな影響がある資産として特定
- ・コンピュータにインストールされているソフトウェアを、ぜい弱性による機密性・完全性・可用性および法規制の遵守に大きな影響がある資産として特定
- ・情報の受け渡し、顧客納品物の控え、完成ソフトウェアの保存等の目的に使われて保管されているCD-R、DVD、USBメモリを、機密性・完全性に大きな影響がある資産として特定
- ・部門サーバーのデータバックアップのために毎日使用している未使用のDVDとその枚数を、情報システムの完全性に大きく影響する資産として特定（媒体が不足してバックアップを取得しなかった後にデータが喪失した場合、直前でなく以前のデータにしか回復できないため）
- ・キャビネット内にある社内規定等の文書、出力された顧客リストを、機密性・可用性に大きく影響する資産として特定

(7) リスクアセスメントとリスク対応

リスクアセスメントとリスク対応では、組織で決めたリスクアセスメ

ント手順に沿って、洗い出した情報資産の機密性・完全性・可用性（CIA）のリスクを特定・分析・評価し、リスクの影響を組織が受容できる水準に抑えることができるように必要な管理策を採用する。

① JIS Q 27001規格では、**リスクアセスメント**にて、情報の機密性・完全性・可用性の喪失に伴うリスクを特定することを求めている。脅威、ぜい弱性、結果および影響によって、**リスク特定**を行う例を図表4-4-2に示す。

図表4-4-2●リスク特定の例

脅　威	ぜい弱性	結　果	影　響
機器の磨耗、経年変化、老朽化	定期保守（点検、部品交換）を怠る	機器の故障	可用性：修理中の業務停滞 完全性：最新データの喪失
火災（過熱、漏電、失火、爆発、放火、類焼等）	検知・消火の設備や防火壁が十分でない、または、不備	情報機器、ソフトウェア、バックアップ媒体、文書類の損壊	可用性：業務停滞 完全性：最新データの喪失
泥棒	侵入しやすい窓、施錠漏れ、推測容易な番号の暗証鍵	空き巣でPC等盗難	可用性：PC使用業務の停滞 完全性：PC内最新データの喪失 機密性：情報の流出の可能性
情報を持ち出して売れば金が手に入るという誘惑	担当業務の情報持ち出しが容易	誘惑に負けて情報を持ち出して売却、情報漏えい	機密性：情報漏えい、漏えい対応に忙殺、損害賠償、それに伴う信頼喪失と売上げ・利益減少
ハッカー攻撃	外部接続システムのセキュリティホール	不正アクセスによる情報盗み出し、ウイルス埋め込み、改ざん、ランサムウェア被害	機密性：情報漏えい、Webアクセス者へのウイルス感染、盗難情報による二次被害 可用性：Webサービス停止 完全性：最新データの喪失

② JIS Q 27001規格では、**リスク対応**にて、リスク対応の選択肢を選定し、適切なガイドライン等を参考にして必要な管理策を決定することを求めている。

〔リスク対応の選択肢の選定と管理策採用〕

リスク対応の選択肢の選定と管理策採用の例を以下に示す。

・リスク回避…消費者アンケートで個人情報を収集していた業務をやめる。

・リスク低減…災害時のシステム停止に備えて、情報システムを２カ所に分散配置する。

・リスク共有（移転）…社内サーバーを外部の堅固なデータセンターのホスティングに移行する。

・リスク受容…大地震やビル火災によってオフィスとともに社内サーバーが損壊することを受け入れる。損壊時は、事業継続計画で別場所にて事後対応する。

〔脅威の種類に応じたリスク対応の選択肢〕

脅威の種類に応じた主要な管理策とリスク対応の選択肢との関係については、一般に以下のとおりである。

・個人情報の漏えいリスクに対しては、アクセス管理や監視の強化が必要で、管理コストがかかることから、必要性の高くない個人データの保有をやめるなど、リスク回避が重要な選択肢になる。

・情報システムや設備の障害に対しては、バックアップや予防保守、冗長化、迅速な修理対応の保守契約など一定の投資によって、リスク低減することが重要な選択肢になる。

・従業員の過失（ヒューマンエラー）に基づく誤操作でのシステム障害は想定されるものなので、手順書の整備と訓練、二重チェック、システムによるチェック、技術的な保護策などによるリスク低減が重要な選択肢になる。

・従業員や関係者の不正に対しては、限定したアクセス権限、作業報告の上長確認、アクセスログ、セキュリティ意識の向上、誓約書、罰則などによるリスク低減が重要な選択肢になる。

・悪意ある外部の者の脅威に対しては、ソフトウェアのぜい弱性対策、ウイルス対策、不審なメールへの注意徹底、不正アクセス対策、施設不正侵入防止などによるリスク低減が重要な選択肢になる。

・災害による外部向けWebサーバーの停止に対しては、堅固なデータセンターに委託したり、被災に対する損害保険をかけたり、リスク共有（移転）することが最終的な選択肢となる。
・災害による社内業務用サーバーの損壊のリスクに対しては、バックアップの採取と遠隔保管を実施し事後回復に備えることで、サーバーそのものは現状実施済みの耐震・防火対策のままリスク受容するという選択肢もある。

〔予防的対策と発見的対策〕

リスク低減の管理策には、予防的対策と発見的対策の併用によって対策の効果を上げることができるものがある。そのような例を以下に示す。

・データベースにアクセスしてよい最小限の者を決定して、その者にだけアクセス権を設定する。また、正式に許可された者以外のアクセス権が設定されているか、異動になった者のアクセス権設定が残っているか、許可外の者が特権でアクセスしているか等の不備がないかを点検する。
・オフィス、サーバー室、通路に監視カメラを設置し、見やすい所に「監視カメラ作動中」という掲示を行う。また、監視カメラのモニター画面を総務部で監視するとともに、録画を数カ月以上保存し、何らかの異常があったときに、録画内容を参照して調査する。
・建屋、出入り口、通路、オフィス入り口、オフィス内などを対象に、警備業者に24時間機械警備を委託する。また、監視装置によって施錠忘れや不審者等を検知し、異常時は警備員が駆け付けて現場確認を行う。
・セキュリティルールの遵守、守秘義務、違反時の罰則などを含む誓約書に従業者から署名をもらうとともに、遵守状況の報告を定期的に従業者に求める。また、職場巡視やアクセスログや監視カメラの記録の点検から、ルール不遵守がないかを監視する。
・セキュリティ区域を細分化し、所属部門や職位に応じた入退室可否情報を従業者が携行するICカードと各区域の電子自動ドアに設定する。また、同伴入退室、電子自動ドアのエラー記録（不許可カードの拒否等）および常勤者以外のICカード利用状況を日常点検する。

〔適用宣言書および管理策運用の具体的な規定・手順の策定〕

JIS Q 27001規格では、管理策の採用について必要な管理策の見落としがないことの確認のために、附属書Aに示されている一般的に必要とされる100余の管理策を参照して、１つひとつの管理策の採否確認と採否理由を適用宣言書に記録することを求めている。附属書Aには一般的に必要とされるものだけしか含まれていないので、組織の業態や保有する情報の種類などによっては、そのほかの業界固有のガイドラインなども参考に管理策を追加することも必要になる。

採用した管理策を運用するための具体的な規定・手順については、JIS Q 27001規格の附属書Aの管理策に対して具体的な実施の手引きが示さ

図表４-４-３●リスク対応

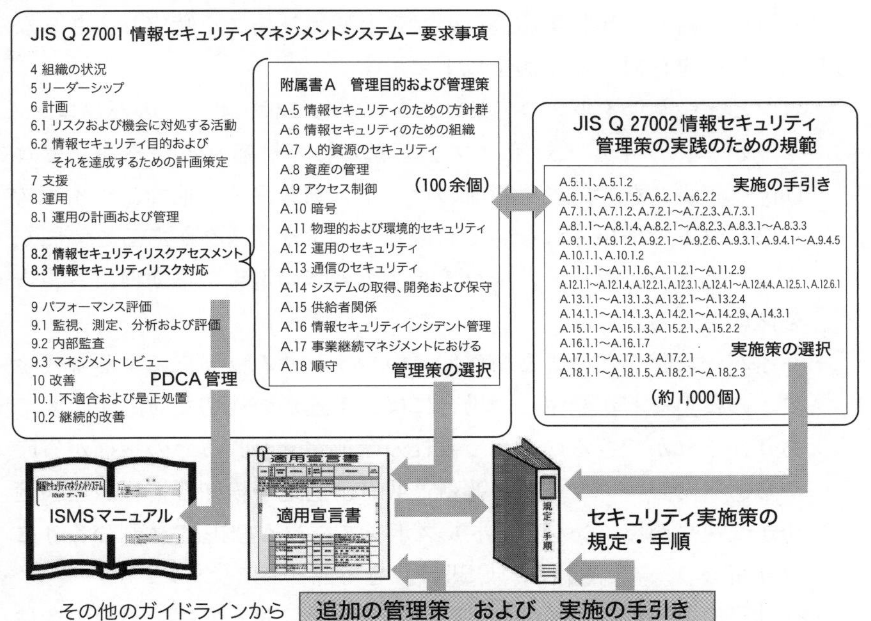

れたJIS Q 27002規格を参考に、必要な実施策を決定してルールとして文書化する必要がある。これを図表4-4-3に示す。

一方で、適用範囲の情報資産に関するリスクに該当する管理策がJIS Q 27001規格の附属書Aにあっても、リスクが高くなく低減の必要がなければ、その情報資産に対してその管理策を適用しなくてもよい。過大な管理で業務効率を阻害しないためには、情報資産に対する管理策の適用を厳選することも必要になる。

〔リスク対応の見直し改善〕

情報セキュリティのリスク分析とリスク対応の決定、管理策の採用、実施策の規定・手順化という作業は情報セキュリティの導入時に行うが、導入後には、情報資産の変動、新たなリスク、管理策の規定・手順の不備、事件・事故の事例やその予兆、情報セキュリティ事象などを含めて、管理策が有効であるかを定期的に、また変化がある場合は随時に、見直しを行い必要な改善を行わなければならない。

情報資産に対して現状実施済みの対策と残留リスクを特定し、さらなるリスク対応を検討する事例を以下に示す。

・コンピュータウイルスの感染リスクに対しては、すべてのパソコン/サーバーにウイルス対策ソフトを導入して対応しているが、ゼロDayウイルスなど定義更新前のウイルス到着、その他で、ウイルス対策ソフトで検出されないで感染してしまうリスクがある。⇒周知し、不審メールの見分けやウイルス感染時の現象の早期検出・報告を徹底させる。

・サイバー攻撃などによる情報漏えいやランサムウェアによる身代金要求の脅迫などが発生した場合には、迅速かつ適切な対応が必要であり、それができるか否かで会社の命運が分かれるとの指摘が省庁からあった。⇒ノウハウの蓄積と共有、迅速な検知と情報伝達、適切かつ速やかなインシデントレスポンスを行うCSIRT体制づくりに取り組む。→本節**3**(5)「CSIRT」を参照

・社外秘である設計手順書の外部流失リスクに対しては、建屋の機械

警備、ICカードによる設計室入退室制限、廃棄手順、委託先を含む従事者とのセキュリティ誓約書等の対策を講じているので、手順書を保管するキャビネットの“施錠管理”は不要としているが、従業者による持ち出しのリスクがある。⇒守秘義務の誓約と罰則の記載内容の見直しと周知徹底で対応する。

・多量の顧客データベースの個人データの流出リスクに対しては、「外部からの不正アクセス対策」および「利用者への適切なアクセス権付与の対策」の２つを万全に行っているが、許可された利用者による目的外の検索・複写・印刷やこれらの持ち出しのリスク、サーバー運用管理者によるデータベースやサーバーのメンテナンス時やベンダー等による情報システムの保守時のアクセスのリスク、がある。⇒アクセスログ採取、作業の計画と報告に対する管理者による確認、守秘義務契約で対応する。

・オフィスの賃貸借契約書において、ビルの管理人はマスターキーを持ち緊急時に限ってオフィスに入室できるという条項はあるものの、通常は入室しないことから、守秘義務の条項のない契約となっているが、委託元の顧客から委託先管理に不備があると指摘されるリスクがある。⇒賃貸借契約書への守秘義務条項追加で対応する。

〔内部不正に対するリスクへの対応〕

内部不正に対するリスクへの対応についての例を以下に示す。

・オフィスの入退室管理について、入室・退出ともにICカードをかざす方式とし、入退室ログによって、入室と退室のペアチェック、勤務時間との整合性チェックを、設備管理者とセキュリティ管理責任者が共同で行う。

・業務オペレーションについて、担当者ごとにユーザーIDを割り当て、業務上必要最小限のアクセス権を割り当て、アクセスログを採取し、定期的に上位管理者が確認する。なお、上位確認者には、参照権限だけを与え、更新権限は与えない。

・システム管理者権限について、最小限の使用者への割り当て、パスワードの定期的な変更確認、使用時の事前許可、使用結果の上位管理者確認を行う。

・従業員のPC利用について、すべてのクライアントPCの操作ログを採取し、ログ分析ツールによる警告をシステム管理者が検出し、違反行為がないかの確認をシステム管理者とセキュリティ管理責任者が共同で行う。

・検出者自身や確認者自身の不正を防ぐ意味でも、検出者と確認者は同一者ではなく、業務・権限を分割した体制とする。

・システムの保守や変更について、作業案件ごとに作業計画を事前承認し、作業後に、操作ログと作業前後の内容、試験結果および記入済み作業チェックリストを添付した作業報告書を提出させ、リーダーと上位管理者が確認する。

(8) 情報セキュリティの運用

情報セキュリティの運用の活動では、マネジメントシステムの各活動、管理策の運用、情報セキュリティ目的・目標の達成について、実施計画を策定して計画に沿って推進する。なお、組織内外の状況の変化が生じた際には、それに伴う影響を評価したうえで、必要に応じてリスクアセスメントおよびリスク対応の結果の見直しを行う。

(9) 情報セキュリティの監視

情報セキュリティの監視の活動では、運用の監視・測定・分析および評価、内部監査、マネジメントレビューによって、運用状況の点検と有効性の評価を実施し、その評価結果を改善の活動および計画にフィードバックする。

① 情報セキュリティインシデント等の監視

情報セキュリティインシデントや情報セキュリティ事象の検出と報告および対応については、役割責任や手順を明確にしておき、発生時には速やかな対応を行う。

○**情報セキュリティインシデント**…「JIS Q 27000：2019 情報セキュリティマネジメントシステム－用語」では、「望まない単独若しくは一連の情報セキュリティ事象、又は予期しない単独若しくは一連の情報セキュリティ事象であって、事業運営を危うくする確率及び情報セキュリティを脅かす確率が高いもの」と定義されている。一般には、情報セキュリティ事象に基づく悪い影響、事件・事故、システム停止などを指す。

○**情報セキュリティ事象**…「JIS Q 27000：2019 情報セキュリティマネジメントシステム－用語」では、「情報セキュリティ方針への違反若しくは管理策の不具合の可能性、又はセキュリティに関係し得る未知の状況を示す、システム、サービス若しくはネットワークの状態に関連する事象」と定義されている。一般には、事件・事故の予兆、ヒヤリハット、試されたまたは失敗した接続やアクセス、不審者、到着したウイルス付きメール、当組織のサーバーへのネットワーク攻撃の痕跡、機器の軽微な故障などを指す。

情報セキュリティインシデントや情報セキュリティ事象の検出・報告・対応は、以下のように行う。

・発生した情報セキュリティインシデントには、まずは、責任者への一次報告、影響拡大や二次被害防止のための応急処置を行い、その後回復処置などを行う。

・発生した情報セキュリティインシデントには、発生時の対応処置後に、原因調査、再発防止策の検討・実施を行い、これらを含めた二次報告を関係者に行う。

・検出した情報セキュリティ事象については、それをみずから試したり検証したりすることなく、管理者に報告を行う。試したり検証したりしようとすると、その行為自体によって情報セキュリティインシデントに発展するおそれがあるので、行わないようにする。

・報告を受けた管理者は、情報セキュリティ事象については、情報セキュリティインシデントとして扱うか、情報セキュリティインシデントの未然防止に役立てるか否かを判断する。
- 情報セキュリティ事象に対しては、情報セキュリティインシデントになる可能性とその影響を分析して、必要ならば防止策または発生時の対応策を決定し実施する。

〔対応例〕

情報セキュリティインシデントへの対応例を以下に示す。

- 社内業務のITシステムの停止時には、復旧を急ぐとともに復旧の見通しを社内の利用部門に通知し、システムの利用部門では事業継続計画などのシステム停止時の対応手順に沿って手作業などによる業務の継続を図る。
- 商品販売などの外部向けWebサイトの停止時には、サイトが一時的に使えないことを表示し復旧を急ぎ、復旧後は仕掛かり中の取引についての事後措置を通知する。
- 有償ITサービスの停止時には、サービスが一時的に使えないことを表示または通知し復旧を急ぎ、事後にSLAに基づいた事後措置を行う。
- 情報漏えいが発覚した際には、(1) 事業者内部における報告、被害の拡大防止、(2) 事実関係の調査、原因の究明、(3) 影響範囲の特定、(4) 再発防止策の検討・実施、(5) 影響を受ける可能性のある本人への連絡等、(6) 事実関係、再発防止策等の公表、の処置を講じる（平成27年特定個人情報保護委員会告示2号による）。
- ITシステムからの顧客等の個人情報の漏えいまたはその可能性が検出された場合には、漏えい状態を止め、漏えいが想定される範囲の本人に通知して二次被害に気をつけるように依頼し、かつ当局に報告するとともに、必要に応じて公表し、また再発防止策の実施結果を報告する。
- ITシステムからの個人番号（マイナンバー）の漏えいまたはその可能性が検出された場合には、漏えい状態を止め、漏えいが想定される範囲の本人に通知して二次被害に気をつけることを依頼するとともに、個人番号再発行の手続について案内を行い、かつ当局に報告し、必要に応じて公表し、また再発防止策の実施結果を報告する。

〔対応の失敗例〕

情報セキュリティインシデントへの対応の失敗例を以下に示す。

・知っている会社の知らない者からのメールの添付ファイルでウイルスが検出され、ウイルス対策ソフトによって添付ファイルが削除された。念のため、そのメールに対して、返信操作により、「貴殿のメールでウイルスを検出しました」という内容のメッセージを送信した。⇒なりすましメールの可能性がある不審メールに返信してはいけない。

・いろいろなWebサイトにアクセスしていたら、急に知らないWebページが繰り返し表示された。その後、パソコンの動作が遅くなり、システムエラーが表示されたので、OSを再起動した。再起動後、覚えのない不達メールが多数届いたので、メールにより、システム管理者に支援を依頼した。⇒ウイルス感染の疑いがある現象の場合、まずパソコンからLAN接続を断ち（有線LANのケーブルを抜く、無線LANの接続を切断）、その後の連絡は電話等で行う。

・社内のパソコンがウイルス感染した。LANから切り離して、ウイルススキャンしたらデータやプログラムの破壊が見られたので、そのデータをバックアップから復元し、CD-ROMからプログラムを再インストールし、その後LANに接続し通常業務に戻った。⇒ほかにもウイルスが潜んでいる可能性がある、また、LAN接続によって再度攻撃にあう可能性もあるので、ハードディスクの初期化、CD-ROMを用いたOSインストールやアップデート、ウイルス対策やセキュリティ設定の実施の後、LANに接続し、業務用ソフトウェアインストールや必要な設定、データの復旧等を実施する。

・金曜日の夕方の懇親会後、深夜に帰宅中に、従業員証兼通門ICカードを紛失していることに気がついた。翌日、飲食した店を見て回ったが、見つからなかった。月曜日の出社時に総務部に紛失届けを提出して、臨時通門ICカードの交付を受けた。⇒気づいた時点で、上司と入退管理担当へ届け出し、紛失した通門ICカードの無効化を速やかに実施する。公共の場での紛失が想定される場合は警察にも紛失届けをする。

② 内部監査

内部監査は、経営者または統括管理する責任者から任命された内部監査責任者および内部監査員が、対策基準や実施基準の内容、経営者や情報セキュリティの責任者・推進者の活動、各部門および従事する人々における運用状況、方針に照らして有効か等を確認し、適合状況および改善点を明確にする。任命された内部監査責任者は、内部監査計画を立案し、内部監査に関する力量がある者から内部監査人を任命し、内部監査を実行し、結果を経営者および被監査部門に報告する。内部監査員は内部監査計画に従って、監査対象部署に対する監査チェックリストの準備、監査の実施、監査記録の作成、検出された事項の報告を行う。なお、内部監査員はみずからの業務を監査してはならない。

③ マネジメントレビュー

マネジメントレビューは、経営者が、統括管理する責任者などから運用状況、改善状況、リスクの変化と対応の必要性等の報告を受け、レビューし、必要な指示を行う。また、基本方針を含め、対策基準や実施基準の変更の必要性の判断も行う。これら経営者の指示や判断の結果から、統括管理する責任者は、必要な変更や改善の取り組みを推進し、その結果を次回のマネジメントレビューに報告する。

内部監査において特定の実施手順についての不遵守が今回監査した各部門で検出されたことがトップマネジメントに報告された場合、トップマネジメントの指示として次のようなことが想定される。

- ・今回の内部監査の対象でない部門での運用状況も調査する（部門間の差があるか？）。
- ・実施手順の内容が従事者に周知されていたかを調査する（やらない

のは知らないため？）。
・実施手順に書かれた対策が有効かどうかを再評価する（有効性が疑われているのでは？）。
・実施手順の再徹底と遵守を指示する（重要性と自身がやるべきことを認識していない？）。

(10) 情報セキュリティの改善

情報セキュリティの改善の活動では運用の不備（不適合）に対する是正処置を行うとともに、リスクや有効性の見直しによる継続的改善も必要である。

① **是正処置**は、組織自体が規定した要求事項およびJIS Q 27001規格要求事項への不適合が発生した場合に、不適合の状態の修正（修正処置）、不適合の原因の明確化、再発防止のために原因の除去（是正処置）を行うことである。

是正処置として、修正処置だけで済ますケースがあるが、原則として根本対策（再発防止策）まで行う必要がある。たとえば、パソコンの内蔵ハードディスクが故障した場合に、ハードディスクを交換した後に、障害報告書に「障害に対する処置：交換し、OS再インストールし、バックアップからデータを復旧。原因：老朽化と思われる。根本対策：交換で対策済」とするようなケースである。しかし、「交換で対策済」は「原因：老朽化」への根本対策（再発防止策）になっていない。会社内で長年使用しているパソコンやハードディスクに対しての交換計画の策定等が求められる。

② **継続的改善**は、情報セキュリティ管理の適切性・妥当性・有効性を継続的に改善することである。情報セキュリティの管理の改善の機会と見直しによる、継続的改善の例を以下に示す。

・情報セキュリティのリスク評価に基づき、選択して実施した管理策については、定期的にその有効性を評価する。管理策の有効性の評価は、計画した管理策を決定した手順で実行して、計画したリスク低減の達成程度を測定して判断する。手順そのものが不十分であることも想定し、決定した手順の実施の程度だけの評価ではなく、リスクを低減したかどうかの成果で評価する。管理策が運用しにくいとか、手間の割りにセキュリティ向上の効果が少ないと感じた場合には、あらかじめ定められた手続により、管理策の見直しを行う。

・リスクの特定・分析と管理策の選択については、定期的に見直すとともに、情報セキュリティ環境に大きな変化があった場合には、そのつど見直す。情報セキュリティに関するヒヤリハット（情報セキュリティ事象）や外部の事件・事故（情報セキュリティインシデント）の事例を、改善の機会として活用し、組織内の同様のリスクについて見直しを行う。

2 関連するリスクマネジメントの基準

(1) COSO改訂ERMフレームワーク

米国COSO（The Committee of Sponsoring Organization of the Treadway Commission＝トレッドウェイ委員会支援組織委員会）は、2017年9月に改訂したERM（Enterprise Risk Management＝全社的リスクマネジメント）フレームワークを公開した。このERMフレームワークは、「全社的リスクマネジメント－戦略とパフォーマンスの統合」と題されていて、①戦略と事業主体のパフォーマンスの重要性を中心にリスクマネジメントを検討する、②内部統制とERMを明確に区別する、③ERMを意思決定に不可欠なものとして位置づける、としている。

改訂されたERMフレームワークは、5つの相互に関連する構成要素、①ガバナンスとカルチャー、②戦略と目標設定、③パフォーマンス、④レビューと修正、⑤情報、伝達および報告、からなり、構成要素には20の原則がある。フレームワーク③パフォーマンスの原則13の「リスク対応の実施」には、リスク対応の選択肢として、「受容、回避、活用、低減、共有」が挙げられている。内部統制にはない「活用」があるが、これは特定の事業目標を達成するうえで有利であると期待されるため、リスクをさらに引き受けると決めることである。

3 関連する情報セキュリティの基準

（1）IPAによる情報セキュリティに関する情報提供、問い合わせ、相談

（独）情報処理推進機構セキュリティセンター（IPA/ISEC）では、情報セキュリティに関する情報提供、問い合わせ、相談などに対応している。組織的（管理的ともいう）なセキュリティ対策の１つである「専門組織および関係当局との連絡」で挙げられている情報セキュリティの専門家の協会・団体として、IPAセキュリティセンターとの適切な連絡体制を維持して、情報の共有を図る必要がある。

①　情報セキュリティ10大脅威

「情報セキュリティ10大脅威」は、前年に発生した社会的に影響が大きかったと考えられる情報セキュリティにおける事案から、IPAと選考会メンバーによって選出し決定したものを公開している。たとえば、2021（令和３）年公開の「組織」の脅威では、１位がランサムウェアによる被害、２位が標的型攻撃による機密情報の窃取、３位がテレワーク等のニューノーマルな働き方をねらった攻撃、などとなっていた。IPAは、この資料を「読者自身のセキュリティ対策への理解と、各企業・組織の研修やセキュリティ教育等に活用されることにより、セキュリティ対策の普及の一助となることを期待」するとしている。

②　情報セキュリティの対策情報

IPAセキュリティセンターでは、日常における情報セキュリティ対策、Webサイトのセキュリティ対策、内部不正対策、長期休暇における情報セキュリティ対策、ウイルス対策、コンピュータ不正アクセス対策、ぜい弱性対策、標的型サイバー攻撃対策、SNS利用者に向けた啓発、IoTの

セキュリティ、制御システムのセキュリティなどについて、わかりやすく解説されたセキュリティ対策情報を提供している。

③ ぜい弱性対策情報JVNの提供

(一社) JPCERTコーディネーションセンターとIPAが共同で運営しているJapan Vulnerability Notes (JVN) は、日本で使用されているソフトウェアなどのぜい弱性関連情報とその対策情報を提供している。

④ 届出・相談・情報提供の受付

IPAセキュリティセンターでは、コンピュータウイルス、不正アクセス、ぜい弱性情報に関する発見・被害、不審を抱いたものについての情報提供などを受け付けている。

(2) PCI DSS

PCI DSS (Payment Card Industry Data Security Standard) は、加盟店やサービスプロバイダにおいて、クレジットカード会員データを安全に取り扱うことを目的として策定された、クレジットカード業界のセキュリティ基準である。国際カードブランド5社 (American Express、Discover、JCB、Master Card、VISA) が共同で設立したPCI SSC (Payment Card Industry Security Standards Council) によって運用・管理されている。日本では、日本カード情報セキュリティ協議会 (JCDSC) がこれらの情報を発信している。

PCI DSSは、ネットワークの安全確保、カード会員データの保護、アクセス制御など12の要件に基づいた具体的な要求事項 (管理策) で構成されている。リスクベースの情報セキュリティマネジメントシステムISMSと異なり、管理策ベースのセキュリティ管理である。

PCI国際協議会によって認定された審査機関 (Qualified Security Assessor : QSA) による訪問審査を受けることで、認証を得ることができる。

(3) 金融機関等コンピュータシステムの安全対策基準 (FISC)

金融機関等のコンピュータシステムが高い公共性および広汎性を有し

ており、十分な安全性の確保が要請されていることから、(公財) 金融情報システムセンター（FISC：The Center for Financial Industry Information Systems）は、金融機関等のよりどころとなるべき共通の「**金融機関等コンピュータシステムの安全対策基準**」によって、金融、保険、証券、クレジットなど金融機関で顧客サービスを行う場合の設備基準・運用基準・技術基準を定めている。基準は、技術の進展、業務の新たな展開などに伴い、随時見直し、改定されている。

(４) サイバーセキュリティ経営ガイドライン

経済産業省、(独) 情報処理推進機構（IPA）の「**サイバーセキュリティ経営ガイドライン**」(Ver2.0、2017（平成29）年11月16日）では、経営者が認識すべき３原則と、CISO（Chief Information Security Officer＝最高情報セキュリティ責任者）等に指示すべき重要10項目を示している。

CISO等は、経営者の指示に基づき、重要10項目についてのセキュリティ対策をセキュリティ担当者に対して具体的な取り組みを指示し、推進することが必要である。

①　経営者が認識すべき３原則

ⅰ. 経営者はサイバーセキュリティリスクを認識してリーダーシップによって対策を進めること

・ITサービス等の提供や利活用の進展から、サイバー攻撃は避けられないリスクとなっている。

・セキュリティ投資は経営戦略上必要不可欠であり、経営者としての責務である。

・サイバー攻撃などにより情報漏えいが発生した場合には、迅速かつ適切な対応が必要であり、それができるか否かで会社の命運が分かれる。

・サイバーセキュリティ対策を実施する責任者（CISO等）を任命し、適切な経営資源を配分する。

ⅱ. 自社だけでなくビジネスパートナーや委託先も含めたセキュリテ

ィ対策が必要

・委託先やサプライチェーンがサイバー攻撃に対して無防備であった場合、自社の重要な情報が流出してしまう。

・自社内だけでなく、委託先やサプライチェーンを含めたセキュリティ対策を徹底することが必要である。

iii. 平時・緊急時とも、サイバーセキュリティリスクや対策に関する情報開示など、関係者との適切なコミュニケーションが必要

・サイバー攻撃による被害発生時のためには平時から適切なセキュリティリスクのコミュニケーションが必要。

・平時からサイバーセキュリティ対策の実施を表明するなど積極的にコミュニケーションを行う。

② CISO等に指示して実施すべきサイバーセキュリティ経営の重要10項目

〔サイバーセキュリティリスクの管理体制構築〕

・指示1…サイバーセキュリティリスクの認識、組織全体での対応方針の策定

・指示2…サイバーセキュリティリスク管理体制の構築

・指示3…サイバーセキュリティ対策のための資源（予算、人材等）確保

〔サイバーセキュリティリスクの特定と対策の実装〕

・指示4…サイバーセキュリティリスクの把握とリスク対応に関する計画の策定

・指示5…サイバーセキュリティリスクに対応するためのしくみの構築

・指示6…サイバーセキュリティ対策におけるPDCAサイクルの実施

〔インシデント発生に備えた体制構築〕

・指示7…インシデント発生時の緊急対応体制の整備

・指示8…インシデントによる被害に備えた復旧体制の整備

〔サプライチェーンセキュリティ対策の推進〕

・指示9…ビジネスパートナーや委託先等を含めたサプライチェーン

全体の対策および状況把握

〔ステークホルダーを含めた関係者とのコミュニケーションの推進〕

・指示10…情報共有活動への参加を通じた攻撃情報の入手とその有効活用および提供

(5) CSIRT

前項のサイバーセキュリティ経営ガイドラインの指示7でインシデント発生時の緊急対応体制の整備が挙げられているが、(一社) 日本コンピュータセキュリティインシデント対応チーム協議会のCSIRT（Computer Security Incident Response Team：シーサート）でその構築を詳しくアドバイスしている。協議会の「CSIRTスタータキットVer 2.0」(2011(平成23) 年８月１日）では、CSIRTの目的を、効果的なインシデントレスポンス（インシデントに対応するための事前もしくは事後の対応）を実践して事業リスクを軽減することとしているが、発生したインシデントに関する分析と対応を行うだけでなく、セキュリティ品質を向上するための教育や監査などの活動も行うとしている。また、CSIRTを構築することにより、インシデントや関連情報の検知と的確な組織への迅速な情報伝達、インシデントレスポンスの実践によるノウハウの蓄積と共有、インシデントの再発防止を目的としたセキュリティ品質の向上ができるメリットがある、としている。そして、CSIRTを構築して、インシデントレスポンスを実践する体制の確立によって企業活動を脅かす重大な事態を回避することが、各企業の生産性の向上につながり、社会的信頼の向上と事業目標の達成が実現される、としている。

「CSIRTスタータキット」には、STEP０～６として、CSIRT構築プロジェクトの立ち上げ、情報収集と現状把握・問題把握、構築計画立案、構築、運用前準備、運用開始、再検討、の手順が示されている。

(6) IoTへのサイバー攻撃の脅威に対する対応

IoT（Internet of Things）が社会インフラとして普及が進むに伴い、

これらのぜい弱性に対するサイバー攻撃事例が発生している。

IoT推進コンソーシアム・総務省・経済産業省の「IoTセキュリティガイドラインver1.0」（2016（平成28）年7月5日）では、IoTの具体的な脅威の事例やIoT特有の性質を踏まえたセキュリティ対策の必要性と、IoTの関係者がセキュリティ確保上取り組むべき基本的な項目として、IoTセキュリティ対策の5つの指針と21の要点を示している。

・指針1…IoTの性質を考慮した基本方針を定める
・指針2…IoTのリスクを認識する
・指針3…守るべきものを守る設計を考える
・指針4…ネットワーク上での対策を考える
・指針5…安全安心な状態を維持し、情報発信・共有を行う

IoTのセキュリティが社会への重大な影響につながりかねないので、IoT電子機器の開発・製造事業者とこれら電子機器を導入・設置する事業者の両社ともに、電子機器に想定される脅威に対して対策を行うことが求められている。

IoTのセキュリティ攻撃としては、以下のような事例が報告されている。

・監視カメラでは、ネットワーク経由で遠隔・集中監視する際に適切なパスワード設定を行わずにネットワーク接続すると、インターネット経由で悪意ある者に侵入され、攻撃の踏み台にされるなど悪用されることがある。
・自動車関連機器では、インターネットから自動車内のネットワークや電子制御機器に侵入され、エンジンやハンドル等が遠隔操作され、自動車が暴走させられる。
・社会インフラに組み込まれた電子機器では、インターネットまたは保守のために用いる媒体経由で、社会インフラとして稼働中の電子機器に侵入し機器を誤動作させ、社会インフラの停止や破壊が引き起こされる。
・工場内の制御機器では、インターネットまたは保守のために用いる媒体経由で、工場内の制御コンピュータに侵入され、生産ラインや

工作機械の誤動作が引き起こされる。

このようなIoT電子機器へのセキュリティ攻撃への対応としては、IoT電子機器の開発・製造においては設計時にセキュリティ攻撃のリスクを分析し耐性のある設計を行い、これらIoT電子機器の導入・設置においては選定時・設置時にセキュリティ機能の確認と設置時のネットワーク設定およびその後の保守管理を適切に行うなど、各事業者は脅威によるリスクを認識して適切な対応策を講じなければならない。

(7) 産業用オートメーションおよび制御システムを対象としたサイバーセキュリティマネジメントシステム(CSMS)

産業用オートメーションおよび制御システム(IACS：Industrial Automation and Control System)のセキュリティ管理のためのマネジメントシステムとして、**サイバーセキュリティマネジメントシステム(CSMS)**がある。

IPAセキュリティセンターは、制御システムセキュリティ強化のための制御システムにおけるセキュリティマネジメントに関する要求事項を規定したIEC62443-2-1(CSMS：Cyber Security Management System)の解説書として「制御システムにおけるセキュリティマネジメントシステムの構築に向けて～IEC62443-2-1の活用のアプローチ～」を2012(平成24)年10月10日に公開した。制御システムのセキュリティをサイバー攻撃から保護するための管理策が示されている。

IPAの「制御システムのセキュリティリスク分析ガイド 第2版」(2020年3月改定版、2020(令和2)年3月16日)では、資産ベースのリスク分析と事業被害ベースのリスク分析の2つを紹介している。事業被害ベースのリスク分析は、攻撃者視点での実際の攻撃シナリオの評価の観点からリスク分析方法を説明している。

産業用オートメーションおよび制御システムのセキュリティマネジメントシステムを構築して運用している組織は、情報マネジメントシステム認定センター(ISMS-AC)が定める「CSMS認証基準(IEC62443-2-1)

Ver.2.0」(JIP-CSCC 100-2.0、2016(平成28)年10月4日)に基づく審査を受けることで、認証登録(認証取得、審査登録ともいう)ができる。

(8)EU一般データ保護規則(GDPR)

EU(欧州連合)の個人情報保護法制である「EU一般データ保護規則(General Data Protection Regulation:GDPR)」は、2016年5月に発効し、2018年5月25日に罰則を含めて施行された。GDPRは、個人データの処理に関する個人の保護、および個人データの自由な流通のための規則を定めたものである。EU加盟国に直接適用されるが、欧州経済領域(EEA)域内で取得した個人データをEEA域外に移転することを原則禁止している。罰則規定があり、違反行為に対して高額の制裁金が課される。

GDPRの特徴は以下のとおりである。

① 個人データの範囲が広い

IPアドレス、アクセス先URL、アクセス時刻なども個人データとしている。

② リスクベースのアプローチ

個人データ処理が個人のプライバシーに及ぼすリスクの大きさに応じた保護対策を講じなければならない。

③ 個人データ処理に本人の同意が必要

個人データ処理の目的について本人の同意を得なければならない。

④ 欧州域外への個人データ移転の制限

欧州の個人データを欧州経済領域(EEA)外へ移転するにはGDPR同等の保証などが必要。

日本の個人情報保護法と個人情報保護委員会の「個人情報の保護に関する法律に係るEU域内から十分性認定により移転を受けた個人データの取扱いに関する補完的ルール」(2018(平成30)年9月公表)を遵守すれば、日本は十分な保護水準を確保していると欧州委員会から2019(平成31)年1月23日に認められたので、日本の民間事業者*は個人情報保護法と補完ルールを遵守すれば欧州域内の事業者から個人データ移転を受けることができる。

＊2021（令和３）年改正で、行政機関に拡大を検討中。

⑤　GDPR遵守の説明責任

データ保護監督機関から求められた際に「GDPR遵守の証明」ができないと違反とされる。

⑥　制裁金が高額

GDPR違反の場合、軽度のときは世界売上高の２％または1,000万ユーロのいずれか高いほうの制裁金が、重度のときは世界売上高の４％または2,000万ユーロのいずれか高いほうの制裁金が科せられる。

第4章　理解度チェック

次の設問に、○×で解答しなさい（解答・解説は後段参照）。

1　内部統制（J-SOX）では、3つの目的を達成するために、5つの基本的要素を業務に組み込む。

2　JIS Q 27001は、情報セキュリティのマネジメントシステムとしてPDCAサイクルの管理を要求している。

3　JIS Q 27001附属書Aには、業種に共通な情報セキュリティの管理策が約1,000個示されている。

4　内部統制（J-SOX）では、対象業務のリスクコントロール方法を検討するために、一般に3点セットという図表を作成する。

5　ITによる自動化された統制とは、統制が組み込まれたプログラムで業務プロセスを実行することで、信頼性（完全性・正確性・正当性）の統制を実現することである。

6　個人情報保護法が適用される個人情報取扱事業者とは、一定規模以上の個人データを取り扱う事業者が対象である。

7　個人番号（マイナンバー）は個人情報の一種であるので、本人の同意を得れば、同意の範囲内で取得、利用、第三者提供が行える。

8　リスク受容基準より高いリスクについては、リスク低減、リスク共有（移転）、リスク回避、リスク受容などのリスク対応の選択肢から対応を決定し、それに沿った具体的な管理策を選んで採用する。

9 情報セキュリティの管理策は、おおまかには、組織的（管理的ともいう）なセキュリティ、人的資源のセキュリティ、物理的および環境的セキュリティ、通信およびシステム運用（技術的ともいう）のセキュリティ、に分類できる。

10 経済産業省・（独）情報処理推進機構（IPA）の「サイバーセキュリティ経営ガイドライン」では、主として、マルウェア対策、不正アクセス対策、Dos攻撃対策、ソフトウェアぜい弱性対策などの技術的な対策を講じて、サイバーセキュリティを向上するよう経営者に求めている。

第４章　理解度チェック

解答・解説

1 ×
設問内容は、米国のCOSOキューブのことである。日本版内部統制（J-SOX）は、以下のとおり４つの目的、６つの基本的要素、である。
目的：①業務の有効性および効率性、②財務報告の信頼性、③事業活動に係る法令等遵守、④資産の保全
基本的要素：①統制環境、②リスク評価と対応、③統制活動、④ITへの対応、⑤情報と伝達、⑥モニタリング

2 ○
JIS Q 27001には、情報セキュリティ管理の要求事項として、「組織の状況の特定、トップマネジメントのリーダーシップ、計画策定、支援、運用、パフォーマンス評価、改善」のPDCAが示されている。

3 ×
JIS Q 27001の附属書Aには、業種に共通な100余り（JIS Q 27001：2014では114）の情報セキュリティの管理策が示されている。なお、JIS Q 27002には、JIS Q 27001の附属書Aで示されている管理策に対応して、管理策のおのおのに対して数～10個前後からなる実施の手引き（合計約1,000個）が示されている。

4 ○
内部統制（J-SOX）では、適切なリスクコントロール方法を検討するために、一般に、業務の流れ図、業務記述書、リスクコントロールマトリクスという３点セットの図表を作成し、結果を記録として保存する。

5　○
プログラムによって、入力情報の完全性・正確性・正当性を確保、例外処理（エラー）の修正と再処理、マスターデータの維持管理、システムの利用に関する認証、操作範囲、アクセスの管理などをコントロールすることで、信頼性（完全性・正確性・正当性）の統制が自動的に行われる。

6　×
個人情報保護法が適用される個人情報取扱事業者とは、国の機関、地方公共団体、独立行政法人、地方独立行政法人を除いて、個人情報データベース等を事業の用に供しているすべての事業者である。当初の個人情報保護法では、取り扱う個人データが小規模の事業者については適用除外があったが、改正後は適用除外がなくなり、すべての事業者に適用される。

7　×
個人番号（マイナンバー）は個人情報の一種であるが、番号利用法で定められた方法でしか、取得、利用、提供をしてはならない。たとえ本人が同意しても、法で定めた以外の取り扱いは行えない。本人についても、法の定めに従って提供が求められた場合を除いて、みずからの個人番号（マイナンバー）を提供してはならない。

8　○
リスクの低減では、脅威を下げる、ぜい弱性を補強する、リスクを監視し対処する、事故が生じてもすぐに回復させる、などの管理策を採用する。リスク共有では、保険をかける、専門業者に業務委託する、などの管理策を採用する。リスク回避では、リスク

の高いデータの保持やそのような業務そのものを中止する。リスク受容では、リスク受容基準を超えるリスクもあえて保有すると決定する。

9 ○

JIS Q 27001 附属書Ａでは管理策をA.5～A.18のように細かく分類しているが、個人情報保護法のガイドラインなどでは、管理策を、組織的（管理的ともいう）なセキュリティ、人的資源のセキュリティ、物理的および環境的セキュリティ、通信およびシステム運用（技術的ともいう）のセキュリティ、のようにおおまかに分類している。

10 ×

「サイバーセキュリティ経営ガイドライン」では、経営者が認識すべき３原則と、CISO等に指示すべき重要10項目を示している。経営者には、リーダーシップ、戦略的なセキュリティ投資、情報漏えい発生時の迅速かつ適切な対応、CISO等を任命し適切な経営資源を配分、ビジネスパートナーや委託先も含めたセキュリティ対策の徹底、サイバーセキュリティリスクや対策に関する関係者コミュニケーションが求められている。

参考文献

JIS Q 31000：2019 リスクマネジメント－指針

日本ITガバンナンス協会訳『サーベインズ・オクスリー法（企業改革法）遵守のためのIT統制目標〔第2版〕』2006年

金融庁 企業会計審議会「財務報告に係る内部統制の評価及び監査の基準並びに財務報告に係る内部統制の評価及び監査に関する実施基準」2019年

会社法／金融商品取引法

経済産業省『システム管理基準 追補版(財務報告に係るIT統制ガイダンス)』2007年

JIS Q 27000：2019 情報セキュリティマネジメントシステム－用語

JIS Q 27001：2014 情報セキュリティマネジメントシステム－要求事項

JIS Q 27002：2014 情報セキュリティ管理策の実践のための規範

JIS Q 27017：2016 JIS Q 27002に基づくクラウドサービスのための情報セキュリティ管理策の実践の規範

経済産業省「クラウドサービス利用のための情報セキュリティマネジメントガイドライン2013年度版」

JIS Q 15001：2017 個人情報保護マネジメントシステム－要求事項

個人情報の保護に関する法律（個人情報保護法）

個人情報保護委員会「個人情報の保護に関する法律についてのガイドライン(通則編)」2019年

行政手続における特定の個人を識別するための番号の利用等に関する法律（番号利用法）

個人情報保護委員会「特定個人情報の漏えい事案等が発生した場合の対応について」（https://www.ppc.go.jp/legal/rouei/）

個人情報保護委員会「事業者における特定個人情報の漏えい事案等が発生した場合の対応について（平成27年特定個人情報保護委員会告示第2号）」

(独) 情報処理推進機構セキュリティセンター（IPA/ISEC）「ウイルス対策スクール」2012年（https://www.ipa.go.jp/security/y2k/virus/cdrom2/school.html）

(独) 情報処理推進機構セキュリティセンター（IPA/ISEC）「ウイルス対策のしおり」2013年（https://www.ipa.go.jp/security/antivirus/documents/01_virus.pdf）

(一社) 日本能率協会審査登録センター『審査員が秘訣を教える！“改定ISO27001(情報セキュリティマネジメントシステム)”対応・導入マニュアル』日刊工業新聞社、2015年

ポール・ソーベル、八田進二監訳『不確実な時代のリスクマネジメント COSO新ERMフレームワークの活用』日本内部監査協会、2018年

(独) 情報処理推進機構セキュリティセンター（IPA/ISEC）ホームページ(https://www.ipa.go.jp/security/index.html)

日本カード情報セキュリティ協議会（JCDSC）ホームページ(https://www.jcdsc.org/pci_dss.php)

(公財) 金融情報システムセンター（FISC)「金融機関等コンピュータシステムの安全対策基準・解説書〔第9版令和2年3月版〕」2020年

経済産業省・(独) 情報処理推進機構（IPA)「サイバーセキュリティ経営ガイドラインVer2.0」2017年

日本コンピュータセキュリティインシデント対応チーム協議会(CSIRT)「CSIRTスタータキットVer 2.0」2011年

IoT推進コンソーシアム・総務省・経済産業省「IoTセキュリティガイドラインver1.0」2016年

(独) 情報処理推進機構セキュリティセンター（IPA/ISEC)「制御システムにおけるセキュリティマネジメントシステムの構築に向けて～IEC62443-2-1の活用のアプローチ～」2012年

情報マネジメントシステム認定センター（ISMS-AC)「CSMS認証基準（IEC62443-2-1）Ver.2.0」(JIP-CSCC100-2.0)、2016年

(独) 情報処理推進機構セキュリティセンター（IPA/ISEC)「制御システムのセキュリティリスク分析ガイド 第2版（2020年3月改定版)」2020年

日本貿易振興機構（JETRO)『「EU一般データ保護規則（GDPR)」に関わる実務ハンドブック（入門編)』2016年

日経xTECH・日経コンピュータ編『欧州GDPR全解明』日経BP社、2018年

個人情報保護委員会「個人情報の保護に関する法律に係るEU域内から十分性認定により移転を受けた個人データの取扱いに関する補完的ルール」2018年

索引

[あ]

[い]

[う]

[え]

[お]

[か]

[す]

[せ]

[そ]

[た]

[ち]

[つ]

[て]

[と]

[な]

[に]

[ね]

[の]

[は]

[み]

[む]

[め]

[も]

[ゆ]

[よ]

[ら]

[り]

[U]

[V]

[W]

[X]

[記号・数字]

――ビジネス・キャリア検定試験のご案内――

（令和３年４月現在）

●等級区分・出題形式等

等級	等級のイメージ	出題形式等
１級	企業全体の戦略の実現のための課題を創造し、求める目的に向かって効果的・効率的に働くために、一定の専門分野の知識及びその応用力を活用して、資源を統合し、調整することができる。（例えば、部長、ディレクター相当職を目指す方）	①出題形式　論述式 ②出 題 数　２問 ③試験時間　150分 ④合否基準　試験全体として概ね60％以上、かつ問題毎に30％以上の得点 ⑤受 験 料　11,000円（税込）
２級	当該分野又は試験区分に関する幅広い専門知識を基に、グループやチームの中心メンバーとして創意工夫を凝らし、自主的な判断・改善・提案を行うことができる。（例えば、課長、マネージャー相当職を目指す方）	①出題形式　５肢択一 ②出 題 数　40問 ③試験時間　110分 ④合否基準　出題数の概ね60％以上の正答 ⑤受 験 料　7,700円（税込）
３級	当該分野又は試験区分に関する専門知識を基に、担当者として上司の指示・助言を踏まえ、自ら問題意識を持ち定例的業務を確実に行うことができる。（例えば、係長、リーダー相当職を目指す方）	①出題形式　４肢択一 ②出 題 数　40問 ③試験時間　110分 ④合否基準　出題数の概ね60％以上の正答 ⑤受 験 料　6,200円（税込）
BASIC級	仕事を行ううえで前提となる基本的知識を基に仕事の全体像が把握でき、職場での円滑なコミュニケーションを図ることができる。（例えば、学生、就職希望者、内定者、入社してまもない方）	①出題形式　真偽法 ②出 題 数　70問 ③試験時間　60分 ④合否基準　出題数の概ね70％以上の正答 ⑤受 験 料　3,300円（税込）

※受験資格は設けておりませんので、どの等級からでも受験いただけます。

●試験の種類

<table>
<tr><th rowspan="2">試験分野</th><th colspan="4">試験区分</th></tr>
<tr><th>1級</th><th>2級</th><th>3級</th><th>BASIC級</th></tr>
<tr><td rowspan="2">人事・人材開発・労務管理</td><td rowspan="2">人事・人材開発・労務管理</td><td>人事・人材開発</td><td>人事・人材開発</td><td rowspan="2"></td></tr>
<tr><td>労務管理</td><td>労務管理</td></tr>
<tr><td rowspan="3">経理・財務管理</td><td rowspan="3">経理・財務管理</td><td rowspan="2">経理</td><td>経理
（簿記・財務諸表）</td><td rowspan="3"></td></tr>
<tr><td>経理（原価計算）</td></tr>
<tr><td>財務管理
（財務管理・管理会計）</td><td>財務管理</td></tr>
<tr><td rowspan="2">営業・
マーケティング</td><td rowspan="2">営業・
マーケティング</td><td>営業</td><td>営業</td><td rowspan="2"></td></tr>
<tr><td>マーケティング</td><td>マーケティング</td></tr>
<tr><td rowspan="5">生産管理</td><td rowspan="5">生産管理</td><td>生産管理プランニング
（製品企画・設計管理）</td><td rowspan="3">生産管理
プランニング</td><td rowspan="5">生産管理</td></tr>
<tr><td>生産管理プランニング
（生産システム・生産計画）
（加工型・組立型）</td></tr>
<tr><td>生産管理プランニング
（生産システム・生産計画）
（プロセス型）</td></tr>
<tr><td>生産管理オペレーション
（作業・工程・設備管理）</td><td rowspan="2">生産管理
オペレーション</td></tr>
<tr><td>生産管理オペレーション
（購買・物流・在庫管理）</td></tr>
<tr><td rowspan="3">企業法務・総務</td><td rowspan="2">企業法務</td><td>企業法務（組織法務）</td><td rowspan="2">企業法務</td><td rowspan="3"></td></tr>
<tr><td>企業法務（取引法務）</td></tr>
<tr><td></td><td>総務</td><td>総務</td></tr>
<tr><td rowspan="2">ロジスティクス</td><td rowspan="2">ロジスティクス</td><td>ロジスティクス管理</td><td>ロジスティクス
管理</td><td rowspan="2">ロジスティクス</td></tr>
<tr><td>ロジスティクス・
オペレーション</td><td>ロジスティクス・
オペレーション</td></tr>
<tr><td rowspan="2">経営情報システム</td><td rowspan="2">経営情報システム</td><td>経営情報システム
（情報化企画）</td><td rowspan="2">経営情報システム</td><td rowspan="2"></td></tr>
<tr><td>経営情報システム
（情報化活用）</td></tr>
<tr><td>経営戦略</td><td>経営戦略</td><td>経営戦略</td><td>経営戦略</td><td></td></tr>
</table>

※試験は、前期（10月）・後期（２月）の２回となります。ただし、１級は前期のみ、BASIC級は後期のみの実施となります。

●出題範囲・試験日・お申し込み方法等

出題範囲・試験日・お申し込み方法等の詳細は、ホームページでご確認ください。

●試験会場

全国47都道府県で実施します。試験会場の詳細は、ホームページでお知らせします。

●等級区分・出題形式等及び試験の種類は、令和３年４月現在の情報となっております。最新情報は、ホームページでご確認ください。

●ビジキャリの学習体系

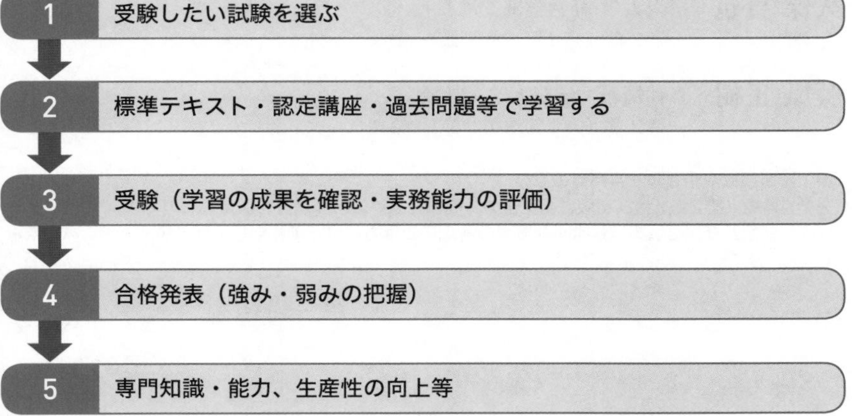

●試験に関するお問い合わせ先

実施機関	中央職業能力開発協会
お問い合わせ先	中央職業能力開発協会　能力開発支援部 ビジネス・キャリア試験課
	〒160-8327 東京都新宿区西新宿7-5-25　西新宿プライムスクエア11階 TEL：03-6758-2836　FAX：03-3365-2716 E-mail：BCsikengyoumuka@javada.or.jp URL：https://www.javada.or.jp/jigyou/gino/business/index.html

経営情報システム 2級〔第2版〕
（情報化活用）

テキスト監修・執筆者一覧

監修者

久保 貞也　摂南大学 経営学部　准教授

執筆者（五十音順）

植野 俊雄　ISU　代表
…第４章

川田　　茂　東京水道株式会社　統括課長
…第１章

久保 貞也　摂南大学 経営学部　准教授
…第２章（第４節・第５節）

藤原 正樹　京都情報大学院大学　教授
…第２章（第１節～第３節）、第３章

（※１）所属は令和３年５月時点のもの
（※２）本書（第２版）は、初版に発行後の時間の経過等により補訂を加えたものです。
初版及び第２版の監修者・執筆者の各氏のご尽力に厚く御礼申し上げます。

経営情報システム 2級〔初版〕
（情報化活用）

テキスト監修・執筆者一覧

監修者

林　　誠　愛知淑徳大学ビジネス学部ビジネス学科　教授

執筆者（五十音順）

北島貴三夫　株式会社IHI監査室 主幹　中小企業診断士、公認内部監査人

鈴木 孝明　（有）経営システム総合研究所　代表取締役、ITコーディネータ

三浦智恵子　自由が丘産能短期大学　専任講師

（※１）所属は平成19年９月時点のもの
（※２）初版の監修者・執筆者の各氏のご尽力に厚く御礼申し上げます。

ビジネス・キャリア検定試験標準テキスト

経営情報システム 2級

（情報化活用）

平成19年11月６日　初　版　発行
令和３年５月28日　第２版　発行

編　著　**中央職業能力開発協会**

監　修　**久保 貞也**

発行所　**中央職業能力開発協会**
〒160-8327 東京都新宿区西新宿7-5-25 西新宿プライムスクエア11階

発売元　株式会社 **社会保険研究所**
〒101-8522 東京都千代田区内神田2-15-9 The Kanda 282
電話：03-3252-7901（代表）

ISBN978-4-7894-9321-5 C2036 ¥3100E